JN152610

「ぼくの映画で、子どもの頃に体験したことが元(もと)になっていない作品は1つとしてない」

スピルバーグ
その世界と人生

[著] リチャード・シッケル
[序文] スティーブン・スピルバーグ
[訳] 大久保清朗／南波克行

西村書店

STEVEN SPIELBERG: A RETROSPECTIVE
Richard Schickel
Foreword by Steven Spielberg

Text © 2015 Richard Schickel
Foreword © 2015 Steven Spielberg
Design and layout © 2015 Palazzo Editions Ltd
Created by Palazzo Editions Ltd., Bath, United Kingdom

Japanese edition copyright © 2015 Nishimura Co., Ltd.
All rights reserved.
Printed and bound in Japan

[巻頭ページ]10歳頃のスティーブン・スピルバーグ。この頃すでに舵をとる人物になるべく思いを育んでいた。1952年から1957年にかけて、ニュージャージー州ハドンフィールドのトマス・A・エジソン・スクールに通学。この校名も、ひょっとしたら創意に富む、後の才能の萌芽の兆しだろうか。

[次ページ]ニューヨークの映画博物館（The Museum of the Moving Image）にて。1994年のスピルバーグ・トリビュートに出席。

まえがき

　本書についてとりわけ伝えたいことは、本文中にスティーブン・スピルバーグの発言として引用したものは、すべて私自身が直接インタビューしたものだということだ。一連のインタビューは、私が「ウォッチ・ザ・スカイ（"Watch The Sky"）」という、50年代のSF映画に関するドキュメンタリーを製作した、2005年から始まる。

　このことはもちろん、著者である私の明らかな偏向を伴うことを否定しえない。私は個人的にもスティーブンという人物が大好きだし、概してその作品群を肯定する。しかし個々のフィルムにおいては、時として批判的なことも書いている。そのことをどうとらえていただけるか。少なくとも私自身は、好きでもなく、その作品を認めてもおらず、楽しんでもいない人物について本を書いたり、TVドキュメントを作ったりするようなことはしない。

　改めて記しておくと、私たちが出会ったのは1998年のこと。当時私がパートタイムの映画担当として働いていたタイム誌が、ラジオ・シティ・ミュージック・ホールで開催される、75周年パーティ用に短い映画の製作を、私に打診してきた折のことだった。その他もろもろある中で、スピルバーグはアメリカの歴史的重要人物についてのスピーチと、短編フィルムの製作上映を依頼されていた。彼が題材に選んだのはジョン・フォードだった。そして私は、そのフィルムの製作の手助けをしたのだった。この共同作業は非常に気持ちよく進んだ。そのときに私は、彼の何とも控え目で、柔和な人柄を知る。また、何よりもまず、私の好きなタイプの人物だということを。この楽しくもささやかな企画を共に進めながら、これ以上ないほど極度に一点集中する彼の仕事のやり方を、私は独り占めすることができた。その仕事ぶりは、決してリモコン操作でするようなお手軽なものではない。

　その後も私たちの関係は打ち解けたものだった――時にはそうとばかりもいえないこともあったが、彼はたとえば第二次世界大戦の戦場カメラマンに関する私のドキュメンタリー「戦争を撮る（"Shooting War"）」の製作総指揮を引き受けてくれた。私にとって、彼はまったく理想的なプロデューサーだった。ラフカットを見るとき、彼はきわめて言葉少なだが、口にすることはまったく的を射たものだった。作品に弱い点や疑問がある場合には、彼はいつも原点に還ろうとする。それもどこか見落としていたり、間違ったりしていたことに気づかなかったこちらが迂闊だったと、決して感じさせぬやり方で。

　後に私は彼に関するフィルムを作った。本書にも引いた長大なインタビューの元になるものだ。彼にインタビューをする機会は他にもあった。私が手がけたその他のテレビ番組や、タイム誌のために行った『ミュンヘン』についての長文インタビュー、そしてもちろん、本書のために特に行われたインタビューもある。私は決して彼と親密な友人関係にあることを吹聴したいのではない。会うときはいつだってそれは大きな喜びだったし、互いにはっきりさせたい疑問があるときは、そこは忌憚なく話し合った。

　本書は、スピルバーグの監督としてのキャリアに焦点をあてたものだ。製作者としての仕事の詳細にはふれていない――何しろ彼には160本以上もの製作、または製作総指揮作品があるのだ。この中には彼自身の多くの監督作品はもちろん、他の監督による長編作品、TVシリーズ、ドキュメンタリー、アニメーション作品を含み、とにかくありとあらゆるジャンルの作品がある。実際、彼は他の映画監督よりずっと多くの時間を、そうした作品の取り組みにあてているのだ。それらプロデュース作品については、すべて巻末のフィルモグラフィに記載している（訳注：原書が刊行された2013年以後の作品については、本書刊行の2015年までを訳者の責任において追記した）。また同様に、ジェフリー・カッツェンバーグとデヴィッド・ゲフィンとの共同による、ドリームワークスSKGの創業者としての仕事の詳細にも本書はふれていない。ドリームワークスは1994年に創立され、その後2005年にパラマウントに売却された。おそらくスピルバーグにとって、この投機のいちばん重要な点は、キャリア初期段階にある年若いフィルムメイカーたちの規範となってみせたことだろう。そして、ドリームワークスの立ち上げと運営のために、1993年から1997年のほぼ4年間、スピルバーグは自分自身の監督作品を作っていないという、そんな空白期間があることにも注視しておきたい。

　そしてまた本書では、私もほとんど与り知らぬ、作品を離れたスピルバーグの人生についても多くは語っていない。けれどそれはそうあるべきだと私は思う。彼は決して人づきあいを好むタイプではなく、プライバシーを大切にする人物だ。もっとも彼が長年くだしてきたであろう職業上の決断などは、とても多くの興味深い話があるだろうけれど。

　スピルバーグが私に話してくれたことは、こうしたドキュメンタリーやインタビュー記事の材料になったことはたしかだが、彼が話したことの全体から見ればそれは驚くほどわずかだ。最終的に掲載した分量は、せいぜい10〜15％程度ではないかと思う――割愛した発言が、取るに足らないという意味ではもちろんない。そうでもしないことには、尺数や字数制限をあっという間に超えてしまうのだ。本書で取り上げたトピックのいくつかにおいて、他のインタビュアーにも同じようなことが語られているかもしれない。しかし、この本における言葉にはどこか特別なものがあるように思う――他に取材した素材ではほとんど見受けられなかった、今詰めつつある話題から逸脱していく感じ、言うなれば逸話風に語ろうとする意思を感じる。彼は決して多くのインタビューを引き受けるわけではない――少なくとも他の大半の監督たちと比べれば――そしてそこでは、論旨がぎゅっと一点集中する傾向があるのだ。

　本書では知られざる秘話といったものを、明かしているわけではないこともお断りしておく。実際、私が見たところ、スピルバーグにはいわゆる私生活上の秘め事がほとんどない。だいたいそうした放埓にかまけるには、あまりに忙しい人物なのだ。この本はだから、ある1人の魅力ある人物と、驚異的でしかもかけがえのない、それでいて今なお十分なリスペクトを獲得しているとはいえない作品群――とりわけ、その領域の広さと洗練さを極めた技巧――について記した、短いポートレートである。これは美点であるが、彼はとても多産な映画作家だ。けれどそのことは、富や受賞歴はもちろん、映画ファンの間での高い評価を得ることを妨げるものではない。

　ともあれ、彼を自分の友人と呼べることは、私にとって大きな喜びだ。そして本書を、かけがえのない友情の証として、ここに示したいと思う。

リチャード・シッケル

目次

まえがき 4
序文 スティーブン・スピルバーグ 7
修業時代 10

激突！ 26
続・激突！／カージャック 33
JAWS／ジョーズ 40
未知との遭遇 51
1941 62
レイダース／失われたアーク≪聖櫃≫ 69
E.T. 78
インディ・ジョーンズ／魔宮の伝説 87
カラーパープル 96
太陽の帝国 103
インディ・ジョーンズ／最後の聖戦 112
オールウェイズ 119
フック 124
ジュラシック・パーク 131
シンドラーのリスト 140
ロスト・ワールド／ジュラシック・パーク 149
アミスタッド 156
プライベート・ライアン 163
A.I. 174
マイノリティ・リポート 181
キャッチ・ミー・イフ・ユー・キャン 188
ターミナル 195
宇宙戦争 202
ミュンヘン 209
インディ・ジョーンズ／クリスタル・スカルの王国 216
タンタンの冒険／ユニコーン号の秘密 223
戦火の馬 230
リンカーン 237

さいごに 243
フィルモグラフィ 249
図版クレジット／出典／謝辞 257
訳者あとがき 258

序　文

　この本について、いくつかお断りしておきたいことがあります。まずこれは完全に網羅的な伝記ではないということ、そしてまた自伝もどきの本でもないということです。とはいえ、確実にいえることがあります。これが、リチャード・シッケルとわたしが初めて出会ってからというもの、彼が長年にわたってわたしにしてくれた、数多くのインタビューに基づいているということです。わたしは、1969年初めにユニバーサルで撮ったTVドラマによって監督人生(キャリア)を開始したのですが、本書ではそれ以来わたしが撮ってきた映画についてコメントしています。

　わたしは幸運にも商業的な成功と、一定の好意的な批評に恵まれてきました。わたしは自分の撮ってきた映画を誇りにしています。自分の思いどおりにはいかなかった作品もありますが、そのことでくよくよすることはありませんでした。もっと重要なこと——はるかに重要なこと——それは、わたしが信じられないぐらい幸福な人生を送ってきたということです。わたしは、自分がいちばん好きなこと——映画を監督すること——をしてきました(40年以上の間に28本の映画を撮りました)。そして何よりも、愛する家庭を築き、そこで暮らす恩恵に浴してきました。

　家族の話題は本書ではあまり深くふれていません。リチャードと話したのは、わたしがこれまで作ってきた映画(また諸事情で作らないことに決めた映画)が中心となっています。そうあるべきだと思います。衆目を集める人間が皆さんに負うべき責務とは、自分が皆さんに提供している活動内容——わたしの場合は映画——をしっかりと説明することです。そのことにリチャードは同意してくれました。わたしのキャリアの中で——その期間の長さにわたし自身が驚きはじめていますが——その選択がなされたのはなぜなのかということに、皆さんは興味を持ってくださるかもしれませんし、くださらないかもしれません。いつの日かわたしの評伝が書かれるかもしれません。ですが、近い将来、わたしが自伝を書くことはないでしょう。わたしは映画作りを愛しています。自分自身で監督するにせよ、わたしが面白いと思った映画——さらには、観客の皆さんが面白いと思ってくれそうな映画——を、プロデューサーとして若い監督たちに撮ってもらうにせよ。正直に言いますが、わたしは今でも映画を作りはじめるとき、初めてアマチュア映画を作りはじめた高校時代と同じ情熱と興奮を抱いています。

　なるほど、わたしの映画作りの技術と熱意が必然的に昂進するのに伴って、おそらく映画に対する達成責任はより重さを増したといえるでしょう。でもわたしはいまだに『インディ・ジョーンズ』や『ジュラシック・パーク』のような映画を撮りたいと思っています。一部の方から簡単なやっつけ仕事だと思われているのとは裏腹に、こうした映画は監督であるわたしにとってははるかに挑戦的なのです。これらの映画を作るのは楽しいですし、皆さんにも楽しんで見ていただけるでしょう。ただ、わたしの思考が『カラーパープル』あたりから少しずつ暗い題材に飲み込まれていったのは疑いありません。年齢を重ねるにつれて、巨大ザメや恐竜よりもシリアスな題材を扱った物語に向かいたいと思うのは自然なことなのです。

1977年、『未知との遭遇』のロケでの横顔。

だからといって、わたしは自分の映画の中で1本として自作として認めたくないものはありません。今だったらもっとうまく作れるとわかっている映画はあるにしても、です。おかしなことに、時にわたしたちは成功作と同じくらい失敗作を愛するものです。失敗作はヒット作以上に多くの教訓をもたらしてくれるというだけのことなのでしょうが。

　この話はこれくらいにして、わたしが与ることのできた幸運な出会いについてふれます。まず、キャリア初期にわたしが知己を得ることになった師匠（メンター）たちから始めましょう。シド・シャインバーグ、ルー・ワッサーマン、リチャード・ザナックたちについては、語るべき言葉が見つかりません。彼らはわたしの中に、わたし自身さえ完全には気がつかなかった資質を発見してくれました。長い修業時代を経なかったことも、わたしにとっては幸運でした。ユニバーサルでTVドラマを作ったとき、わたしはまだ20代初めでした。後に各地で劇場公開されることになるTV映画『激突！』を撮影したときは24歳でした。4年後、ありとあらゆる災厄に見舞われた海上撮影で――演技を放棄した機械じかけのサメはいうまでもなく――『JAWS／ジョーズ』が難航し、ほとんどスタッフ全員が製作中止か、さもなくばせめて監督降板を要求していたとき、わたしの味方になってくれたのはシドでした。シドとわたしが初めて打ち合わせをしたとき、彼は、わたしがうまくいっているときも、そうでないときも味方になると言い、その約束を違えることはありませんでした。映画は――遅ればせながら――完成し、成功しました。わたしは、このことについて、ずっとアンビヴァレントな感情を抱き続けることでしょう。それほど苦渋と恐怖に満ちた仕事だったのです。しかし、製作のあらゆる局面に疑問が向けられて、押し潰されかかっていたわたしが監督としての人生をその後も続けることができたのは、ひとえにシドのおかげであったことを、わたしはまったく疑っていません。

　そう、やはり重要なのは幸運な出会いを大切にすることです。そして危険な落とし穴を避け、好機をとらえる本能です。それから重要なのは、自分が引き受けている仕事を満足のいくかたちでやりとげるのに必要な知性を持つこと――失望の経験は否応のないものだとしても、そのことについてとやかくいうべきものではないと理解すること――です。

　本書がわたしのさらなる幸運な出会いをもたらしてくれることになればと願っています。わたしはこれまで自分について書かれた本に協力したことは一度もありません。ですが著者のリチャードとは友人であり、時には同僚として、ごく気軽に話し合いをします。わざとらしく格好をつける必要はありません。わたしはリチャードの判断を尊重しています。解説の中で、リチャードはわたしが長年追求してきた職業観を簡潔に書きとめてくれています。もっといろいろと言いたいことはあるのですが、熱心な読者は、わたしが自分の仕事にいかに取り組むかについての考え、そしてそこから、わたしがいかに多くの喜びを見出しているかを納得するでしょう。普通であれば引退する年齢にさしかかっていますが、わたしはいつまでも仕事を続けていきたいと思っています。何よりもまず、映画を監督することは、わたしの純粋な情熱であり、わたしの最大の喜びなのですから。

2011年、ドリームワークスにて。

スティーブン・スピルバーグ

「ぼくが、この伝達手段(メディア)、この8ミリカメラという古臭い伝達手段(メディア)を通して、自分の人生をよくすることができると気づいたとき、ぼくは、自分の人生について、自分について、よいことがあると思った。そして、そうだ、誰か他の人たちをこの驚くべき伝達手段(メディア)に夢中にさせることで、満足を味わえるだろうと思ったんだ」

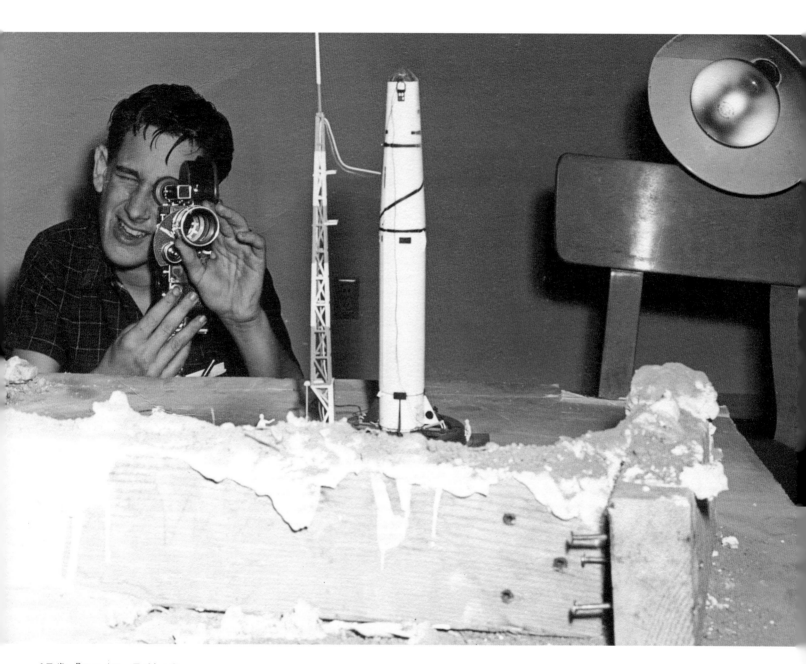

17歳。『ファイアーライト』のセットで発射場面の準備中。

修業時代
The Beginner

18歳のある日、ロサンゼルスのカノガパークで親戚たちと夏休みを過ごしていたとき、スティーブン・スピルバーグはユニバーサル・スタジオ・ツアーに行くことにした。当時、このツアーではバスが使われていたが、途中でトイレ休憩があり、未来の映画監督もそこでひと息ついた。他の観光客たちとスピルバーグとの違いは、彼らがバスに戻ったのに対し、彼は売店の物陰に身を潜め続けたということだった。ツアー客が出発して30分後、彼は姿を現して思いのままに撮影所内を歩きまわったのである。

これは衝動的な行動だったのだろうか。それとも将来に向けて周到に計画された逃避行だったのだろうか。これは後者だと思うしかない。その後のキャリアが示すように、スティーブン・スピルバーグはとりわけ衝動的な人間とはいえない。彼の重要作品の多くは10年以上にわたって構想されている。だが本質的にいえば、それは大したことではない。「ぼくはユニバーサル・スタジオの撮影所内にいた。どうしたら帰れるかわからなかったけど、午後中ずっと、いろいろなドアから出入りしていた。サウンドステージ、編集室などをね。自分だけの撮影所ツアーをして素晴らしい時を過ごせたよ」。

だが結局、閉園時間が迫ってきても、スピルバーグはカノガパークへの戻り方がわからなかった。家に電話をする時間になった。偶然にも、スピルバーグが声をかけたのは、チャック・シルヴァースという名の映画ライブラリー館長だった。彼の話を聞いて、大笑いしながらも感心したシルヴァースは、その図々しさを讃え、これが最も重要なことだが、彼に3日間のパスポートを用意してくれたのである。少年はそれをこのうえなく有効活用した。しかし、この期間終了の頃には覚悟が決まった。どこまでやり通せるか根性を試そうと決心したのである。一張羅(いっちょうら)のバル・ミツワー(訳注：ユダヤ教の成人式)のスーツを着て——当時はまだ撮影所で仕事をするときは晴れ着姿であったのだ——いつも笑顔のメインゲートの門衛のスコティに向かって期限切れのパスを振りかざした。その夏の残りの間、スコティはただ椅子に腰かけて、そのまま黙認してくれたのである。

彼は一度として呼び止められたりしなかった。撮影所内のスタッフたちは忙(せわ)しなくかけまわりながら仕事に没頭していて、問いかけようとする者は誰もいなかったのだ。コツは一心不乱を装い、決して振り返らないというものだ。撮影所のスタッフたちは、比較的短い期間のうちに、スピルバーグが何か撮影所で職を見つけたのだと思っていた。誰も彼の用向きが何なのかをたずねる者はいなかったのである。

「ぼくは母と父についての物語を撮りたいとずっと考えているけど、怖くてとてもできないんだ。いつかそれを作ろうと思う。けれどそれは難しい。ぼくの母と父と3人の妹たちの私生活での出来事を題材にして、そこに世界のすべてを作り上げていくのだから。映画を撮る前に、オズの魔法使いのところに勇気をもらいにいかなくちゃいけないよ」

　スピルバーグもわからなかった。「あの頃は映画で何かをなしうるなんていう大それた考えはなかったよ」と振り返る。そんなことありうるだろうか？　私はあると思う。多くの小説、演劇、映画が切り売りしているような「立身出世神話」をスピルバーグが思い描いていた、と考えるよりはずっとありうることだ。世間知らずの若者がふとしたことから偉業をなしとげ、撮影所の壁を破って、スターの座を獲得するというものだ。

　いずれにせよスピルバーグは撮影所のささやかな部署——編集や音響編集やミキシングのスタッフがあくせくと働いているところ——では有名人となった。ある日のこと、編集主任のリチャード・ベルディングがお前も自分で使ってみたいかとスピルバーグに聞いた。もちろんですとも、と彼は答えた。よし、じゃあ205号室に行ってムヴィオラ（訳注：映画編集で使うフィルム確認装置）を取ってくるんだ。ふさがっていたら、この機械はよそで入り用なんだと言えばいい。少年はずんずん歩いていって、上半身裸の汗だくの大男と渡り合い、コンセントを引き抜いて持ち出そうとした。怒鳴り声とちょっとした諍いが起こり、スピルバーグ少年はあわてて逃げ出した。戻ってみると従業員たちは大笑い。彼はムヴィオラのことで怒り狂っていた男がマーロン・ブランドであることに気がつかなかった。ブランドはタヒチの隠れ家で撮影した16ミリフィルムの編集中で、ユニバーサルとの契約期間中は編集室を根城にしていたのである。スピルバーグはその後ブランドに再会することは一度もなかった。かなり後年に電話で短く話はしたとのことだが。

　本質的に——だが漠然とではあるが——当時のスピルバーグは映画撮影所の内部から外を見ていた。そしてそれは逆の立場よりもずっといいものである。それよりも重要なのは、彼がこの（セミ）プロのやり方で処世術を体得したということだ。専門用語を学び、良きにつけ悪しきにつけ撮影所がいかに経営されており、そこでの通常業務がいかに効率をあげているか——そして時に創造性を脅かすものであるか——を学んだのである。彼は決して体制への反逆者になったことはない。彼は長期にわ

スピルバーグ一家、1951年頃。（左から）妹アン、父アーノルド、スティーブン、母リア。アーノルドとリアはその後2人の娘スーとナンシーをもうける。夫婦が離婚するのは1960年中頃のこと。

[13～14ページ] 家族アルバムから。子ども時代の記憶と経験がスピルバーグの作る映画に多大な影響を与えることになる。

修業時代 13

「ぼくはピアノ音楽に反抗していたといえる。ぼくにはよくわからないものだったからなんだ。ぼくの母はクラシック音楽を演奏していたけれど、それは特に子どもにとってはぞっとするものだった。それは、黒板をツメでひっかくような、『サイコ』のヴァイオリンの音だった。ぼくはそのたびにぎゃーぎゃー泣きわめき、母はぼくをあやしつけることができなかった」

たって、体制側の重要人物だった。つまり重要なのは2つの点である。まずスピルバーグのユニバーサルに対する揺るぎない愛情——彼のオフィスはいまだにこの撮影所内にある——、そして自分の映画人生がそのときすでに決まっていたとまでは思っていなかったにせよ、撮影所との私的な関係には終わりが来たということである。スピルバーグは映画監督になるのだから。

しかし、そのことを本人が認めるかどうかはさておき、スピルバーグはすでに映画監督であったといえる。その地位に潜む力を彼はすでに味わっていたのである。

スピルバーグが初めて見た映画はセシル・B・デミルの『地上最大のショウ』であった。父親がシンシナティに見に連れていってくれたのである。たちまち大好きになってしまった。彼はすぐ映画ファンとなり、親の支配というしがらみから逃れていくことになる。12、13歳の頃までに、父親のコダック社の8ミリカメラを奪い取り、ささやかとは到底いえないような自主映画を作りはじめていた。そのうちの1本『ファイアーライト』は2時間半の長さがあった。サイレントで撮影され（音は後から追加された）、完成に1年が費やされた。これは今まで作った4本の駄作のうちの1本であるとスピルバーグは言っている。だが正直、年齢と監督も脚本も未経験であることを考えれば、それほど悪くない出来だ。彼は地方の映画館で、リムジン送迎つきのプレミア上映も開催した。

当時のスピルバーグ家は各地を転々としていた。コンピューター・エンジニアの父アーノルドが稼ぎのいい勤め先を求めて転職するごとに、6つのアメリカの都市を転々とすることになった（母リアはピアニストで、後にロサンゼルスのピコ大通りでデリカテッセンの経営者となる）。

学校のクラスでいつも転校生だった彼は、そのせいでつらい思いをした。家庭にも問題があった。スティーブンは家族全員を愛していたが（彼には3人の妹がいた）、最終的に両親は離婚。スピルバーグは心に痛手を負う。少年時代という難しい年頃に、家に父親がいない生活の過ごし方を学んだと述べている。

ほとんどの子どもたちと同じくスピルバーグにとっての問題は支配——あるいはむしろ支配の欠如——だった。子どもは親の運命に左右される。街、家、学校が変わる理由はただぼんやりと納得するしかない。行く先々の学校では友だちができなかったと彼は振り返っている。たとえばやっと友だちができても、とつぜん引っ越しさせられてしまうのだ。彼はまた、深刻ではないがはっきりとわかるユダヤ人差別のことを振り返る。本当に幸せな場所は1つしかなかった。それが映画作りだったのだ。

「映画のもたらす自在さに、ぼくは夢中になってしまったんだね。ある出来事のシークエンスを創造する——2つの鉄道模型を使って撮った列車事故を、何度も何度も繰り返し見る。ぼくは、この世界を一変させる映画を通して人生観を変容させることが可能なのだと気がついたのだと思う。それが自分にとって何かプラスになるのではないか」、そしてさらに、「ぼくの作っているものが、ぼくよりも他の人に影響を与えることになるのではないか」。

スピルバーグが夢中にならなかったのは大学生活だった。ユニバーサルでの「潜入」中に、彼はロングビーチのカリフォルニア州立大学に入学した（彼の学力は、レベルの高い大学の映画学科——南カリフォルニア大学〈USC〉やカリフォルニア大学ロサンゼルス校〈UCLA〉など、彼にもっとふさわしいはずの場所——への入学には届かなかったようである）。彼は他にするべきことがなかったので、当時は読書家とはいえなかったにもかかわらず、英文学を専攻した。この大学では当時、映画の専門課程は開講されていなかったが、それでへこたれる彼ではなかった。彼は、空き時間に6本の短篇映画を作るだけの資金をなんとか調達した。もしかしたらアルバイトで映画製作の仕事をした方が彼の教育には向いていたのかもしれないが。

この時期に彼が作った映画の1つに『遭遇』がある。銃を持たず、その代わりにナイフで仕事をしなければならない殺し屋の物語だ。それから、『スリップストリーム』というパロス・ベルデスで撮影された自転車チェイスの映画がある。スピルバーグはトニー・ビルを主演させた。しかしあろうことか、彼は映画の完成前にお金を持ち逃げしてしまった。このときまでにスピルバーグは大学では「有益な目的を見出せない」ことはわかっ

「どんな子だって、実は映画作りを経験していると思う。誕生日のプレゼントにキャラクターや、おもちゃの兵隊や人形——ぼくの子どもの頃はカウボーイだった——を買ってもらうと、腹ばいになってそれをカーペットの上に並べて、目のそばまで人形を近づけてみる。すると、とてもリアルに見える。そしてその兵士から見た構図から、腕の長さの先にある別の兵士の構図に切りかえて、バン、バン、バン！ と撃つ。これが映画作りの始まりだ。ぼくたちはみんな生まれたときからフィルムメイカーなんだ。ぼくはそこから一歩も抜け出せなかったのだと思う」

『ファイアーライト』の監督は父の８ミリカメラを奪い取る。

修業時代　15

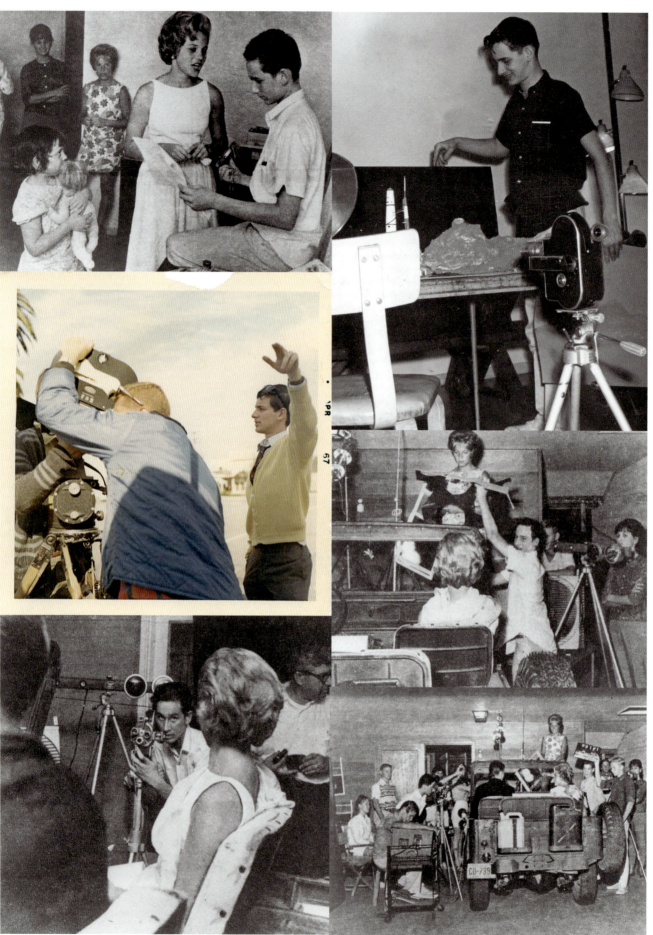

初挑戦に奮闘中。『ファイアーライト』は2時間半もの長さがあり、製作に1年を費やした。地方新聞はスピルバーグを「10代のセシル・B・デミル」と評している。

ていたが、ベトナム戦争中であり、彼には学生としての兵役猶予が必要だった。それは今日の彼が言うように「人生の資本投資」だったのだ。

彼はすべての授業を、月曜日と火曜日に受講する時間割にした。こうしてユニバーサルには残りの3日間は無職であると報告できるようにしておいたのである。それまでの何本かの映画作りを通してスピルバーグが気がついた一番大事なことは、広く一般受けする映画、撮影所の重役の目にとまるような映画を作らなければいけないということだった。

その結果できたのが『アンブリン』だ。5ページもの梗概が存在するのは初めてのことだ。恋人同士になりそうな2人のティーンエイジャーが、モハベ砂漠の荒涼たる風景のなか、お互いにちょっかいを出しながらぶらぶらと歩いていく物語である。スピルバーグはこの企画を、シネフェックスという特殊効果会社の経営者でありながら、映画プロデューサー志望のデニス・ホフマンという男に見せた。彼は26分の映画には十分といえる10,000ドルを提供した。この映画には『ファイアーライト』と同様に会話はないが——ただしこれはあとから追加された——音響効果はあった。スピルバーグは「ペプシコーラのコマーシャル」程度にすぎないと言っているが、それ以上の作品だ。少なくとも、玄人はだしの腕前だ。ホフマンはこの映画を数種の映画祭に出品し、いくつか映画賞も獲得した。その後、パラマウントに売り出し、地方映画館では、あの1970年の大ヒット映画『ある愛の詩』の添え物として公開されたのである。

その間に、スピルバーグは絶大な影響力を持つ権力者で、ユニバーサルの製作部長ジェニングス・ラングとの関係を温めていた。彼は破天荒なまでに粗野な人物で、反吐が出そうなマティーニの調合法やプロデューサーのウォルター・ウェンジャーに睾丸を撃たれたという噂で知られていた。ウェンジャーは、ラングと彼の妻で女優のジョーン・ベネットとの浮気を疑っていた——これは正しかった——ためだ。ラングはスピルバーグに惚れ込み、映画製作を約束する。映画会社での職を提供することはなかったのだが。彼は事情通という以上に、撮影所の政治の裏表を知りつくした案内人となったのだ。

『ファイアーライト』の製作でスピルバーグは映画の経済面と創造面のいずれにも没頭するようになった。彼は1964年3月24日にプレミア上映を計画した。500ドルの経費で1ドルの利益を上げられると彼は計算した(上)。

修業時代 17

「太平洋へ続く荒野の道を、ヒッチハイクで旅する少年と少女の交響詩にするつもりだった。とてもシンプルな物語で、1日で書き上げた」

アマチュア時代の最後の作品となった『アンブリン』の公開は、ユニバーサルとの契約で保証されていた。スピルバーグは本作への思い入れから、この題名を後に設立することになる製作会社の社名にした。

スピルバーグを最初に導いたスタジオの人物は、チャック・シルヴァースだった。当時テレビ・プロデューサーの任にあり、実際に『アンブリン』をシド・シャインバーグに持ち込んだ人物だ。スピルバーグがTV映画の監督に抜擢されたとき、ユニバーサルで最も重要な後見人であった。ある日、彼は11時の会議に自分のオフィスに来るようスピルバーグに声をかけた。「翌朝の10時40分に行ったんだけど、いくらなんでも早すぎた。15分ほど待たされてから、シドはぼくに会うなり、7年の契約をオファーしてきた。会ってからほんの10分間のことだ」。

　シャインバーグの回想では、スピルバーグはこうしたことの次第に、みるみる幽霊のように青ざめて、返事を少々ためらったという。他のスタジオからも声がかかっているのかと思わされたが、そうではなかった。単に「動転していた」のだった。そのとき、シャインバーグが口にしたのは、こんな魔法の言葉だ。「君がこのユニバーサルの一員になるなら1つ保証しよう。私は君の成功をサポートする。しかし君の失敗もサポートする」。

　「その言葉は」スピルバーグは言う。「絶対に忘れられない」。ただちに彼がサインしたのはいうまでもない。

　数日後、自分にあてがわれた小さなオフィスに座って、最初の仕事が来るのを待ちながら、彼はこう考えていた。「ユニバーサル・スタジオはずっと自分の家のように感じていた。ぼくにとっては生まれ育ったわが家よりも親しみがあったんだ。こんなことを言うのは、最低でひどいことだと思う。もちろん母と父、それに妹たちのことは心から愛してる。けれどここここそ、ぼくの居場所なんだ」と。

　その気持ちに嘘偽りがないことには、もちろん裏付けがある。今日までにハリウッドのほとんどすべてのスタジオで映画を作りながらも、彼自身の製作会社はユニバーサルの撮影用地近辺に場所を定めている。非常に控え目ながら、居心地のいい、レンガ造りの建物で、目立たぬ場に追いやられている印象はまったくない。壁には彼のコレクションである、ノーマン・ロックウェルの絵画が飾られ、さらに『市民ケーン』に登場した橇がガラスケースに入れられている。そして会議室には最新の玩具、「海を行く豪華客船セブンシーズ」のスケールモデルがある。

　1969年、後の自分の地位など知るよしもなく、ユニバーサルにおける最初の仕事として提示されたのは、何とジョーン・クロフォードが主演で、ロッド・サーリング原作の『四次元への招待』の一挿話だった。スピルバーグが担当するのは、この企画の呼び物となる重要な回で、通常エピソードはボリス・シーガルとバリー・シアーが監督を務める。スピルバーグによると、

『アンブリン』の恋人役、パメラ・マクマイラーの撮り方を検討するスピルバーグ。彼はこの映画を「ペプシのコマーシャル」程度にすぎないと考えていた。

修業時代　19

『四次元への招待』(1969年)のジョーン・クロフォードのクローズアップのための準備。あらゆるアングルを試すスピルバーグ。

「あと1つだけ……」(訳注：コロンボの口癖の1つ)。『刑事コロンボ／構想の死角』(1971年)の合い間にピーター・フォークと。

自分のキャリアは始まる前からほとんど終わっていた、と言う。

このエピソードで盲目の女性を演じるクロフォードは、貧しい男から角膜を金で買う。彼女は完全に視力を失ってしまう前に、ニューヨークの町を見たかったのだ。しかし彼女が目にしたのは折しも起こった大停電による暗闇と、その後の混乱だった。これは、あてがわれたスタッフの規模が大きいということ1つとっても──アマチュア撮影をしていた頃の、片手で足りる人数とは違って75人もいるのだ──これほど難しい題材を手がけたことはなく、監督第1作を撮る者としては、ひどく野心的な企画だった。そのうえさらに、スタッフはハリウッドの大ベテランたちだ。それもスピルバーグの「生涯のお気に入り作品」を作ってきた「ハリウッド黄金時代」の人々なのだ。

撮影初日の顛末は、もう予想されるとおりだ。「ぼくはニキビ面の長髪だった。それにビュー・ファインダーをそれっぽく首からぶら下げていた。何か悪いことが起こらぬようお守りのつもりだったんだ。そんな姿で現場に入ると、みんなはぼくを一瞥するなり、こう言った。今すぐもうちょっとましな格好で来ることだ。さもなきゃ二度と来るなって」。

「スタッフたちに猛烈な敵意で迎えられたことは忘れられない。ぼくが彼らの身の安全でも脅かしているかのようだった。スタッフはとにかくみな、妨害の連続だった。仕事はなるべく自分たちは首を切られぬ程度にゆっくりとやって、でもぼくのことはおそらく番組から追い出そうとしていた。プロとしての最初の仕事で、ぼくは4日間の遅れを何とかしなければならなかった」。

「思ったとおり、スタジオはぼくをやんやとせっついてくる。プロデューサーのウィリアム・サックハイムには怒鳴られ、製作補のジョン・バダム(後に映画監督となり、スピルバーグの友人になる)には『あともう少しペースをあげるように』、と言われっぱなしだった」。

「それは情け容赦がなかった──砲火の洗礼だ。彼らに悪意があったかどうかはさておき、ぼくはこの仲間たちと組むことを約束し、ぼくらは就労中の身であり、この面々でこの苦難を乗り切らなければいけなかった。ぼくがどうこうできる話じゃない。しかし、それにしても地獄の毎日だった」。

それでも彼の助けになったのは、最も近くにいた面々だった──カメラマンのディック・バチェラーと俳優陣、そこにはジョーン・クロフォードその人も含む、バリー・サリヴァンとトム・ボスレーがいた。彼らはみな、いうまでもなくプロフェッショナルなベテランであり、誰もがその姿を見たいと願う俳優たちだった。彼らとしてはこの若者が試練を乗り越えるのに、手を貸すほかはなかった。

結果は当然の成り行きとして、成否入り混じっていた。番組はNBCで放送され、高視聴率をとってシリーズ化も決まった。それでもスピルバーグは、自分がスタジオ周辺で「シャインバーグの金喰い虫」呼ばわりされるのを耳にした。自分では永遠にも感じられるほど、彼はわずかな仕事を細々とこなしつつ、無為の時を過ごしていた──数カ月後に『ドクター・ウェルビー』を手がけたが、その後は1年以上も継続的な仕事にはつながらなかった。

最も有名な作品は、おそらく『刑事コロンボ／構想の死角』だろう。パイロット版ではないものの、テレビ史に残るこの長

寿番組の最初期のエピソードとなった。『ドクター・ウェルビー』の後、再びスタジオに戻ってくるまでの期間、彼はシャインバーグに休職を願い出て、受理される（要は単に仕事のない数カ月間を、契約終了日に付け加えて引き延ばしたのだったが）。そして作られる当てのないスクリプトの何本かに取り組んだ結果、かなり有望なものも生まれた。

その中の1つが、やがて彼の最初の劇場用長編作品となる『続・激突！／カージャック』に結実する。これは実話に基づく、やや常軌を逸した夫婦の物語だ（ゴールディ・ホーンとウィリアム・アザートンが演じている）。2人は自分たちの子どもを、里親から取り戻そうとするうち、映画の、特に長い追跡劇の舞台となったテキサスの、大衆的ヒーローに祭り上げられていく。ユニバーサルはこれら著作権料のかからない素材をいくつか有しており、それをスピルバーグが目にとめ、共同での脚本執筆の後、彼の友人であるハル・バーウッドとマシュー・ロビンスに引き継がれ、2人は脚本としてクレジットされる。彼らは若き映画監督グループの一員で（マーティン・スコセッシ、ジョージ・ルーカス、ブライアン・デ・パルマらがその仲間だ）、みなこの業界の入り口にかじりついて、自分の最初の低予算映画を作ったばかりか、あるいはまさに作ろうとしていた。それまでは互いのシナリオを読み、互いの課題解決に手を貸し、それにフィルム保存のために手を尽くすことまでしていた。というのは、当時、ホームビデオが登場する以前には、スタジオはそうした活動に関心がなかったからだ。

バーウッドとロビンスが全力で執筆にいそしむ一方、スピルバーグはまた別のアイデアにも取り組んでいた。大学時代の友人、クラウディア・サルターとの共同脚本で、『大空のエース／父の戦い子の戦い』という作品だ。第一次世界大戦時の撃墜王が、彼の利発な息子とともに、1920年代初めのアメリカで曲芸飛行の巡業旅行をする物語。空を飛ぶことは、問題をかかえた親子関係と並んで、後年のスピルバーグがしばしば扱うテーマである。

そしてちょうどこの頃、独立系プロデューサーとして、以後長く続くコンビを組んだばかりのリチャード・ザナックとデヴィッド・ブラウンが、この脚本に目をとめた。2人はスピルバーグとサルターに10万ドルを提示する――スピルバーグの映画界でのまだ長くないキャリアとしては、とんでもない額だった。もちろん彼らはこれを受け入れ、映画はクリフ・ロバートソンを主演に、20世紀フォックスでの製作が決まった。監督はスピルバーグで進められたが、ロバートソンが参加しての製作上のリライトがかかった後、スピルバーグの手を離れ――脚本もサルター単独名義となり、スピルバーグは原案として名を残し、監督はジョン・アーマンで決まった。期待を持たれた作品ではあったが、最終的には限定的な公開にとどまり、商業的にも批評的にもまったくの失敗作として終わる。

しかしスピルバーグはまったくこたえなかった。当時の彼は、若い同世代の監督の卵だけでなく、ユニバーサルをはじめ、その他のスタジオの重鎮とも通じ、着々と人脈を築いていた。

「シャインバーグの金喰い虫」。恩人シド・シャインバーグ（左）と、『オールウェイズ』（1989年）をビデオ確認する。

たとえこうした逆境にあっても、シャインバーグゆかりの面々は彼の才能を信じ続けた。彼は超人的に働き、いくぶんシャイで初対面の相手には人見知りする傾向があっても、生来の人柄のよさがあり、友人や恩人への忠義には篤（あつ）かった。こうした人間関係の多くは、その後も長く続くことになる。

　1970年から71年にかけて、再びユニバーサルの仕事に戻り、安定的な仕事を残す。この間に6本のテレビ用作品を作り、そのうち最も知られるのが『刑事コロンボ』の1エピソードだ。このシリーズは1971年9月からNBCの連続放送となる。とはいえ、このシリーズへのスピルバーグの貢献は、ささやかな権威づけだろう。ピーター・フォークの口癖や特徴はある風変わりな一面であって、それらが決めゼリフにまでなるのは、まだ先のことだった。

　しかしスピルバーグのキャリアはまだ大いに有望だった――何といっても彼は若かった（1971年時点でまだ24歳なのだ）。やがて彼がメジャー監督としてのキャリアに恵まれるだろうことを疑う者はいなかった。逆に、彼に権力も富も賞讃もやってくるのが、わずか4年後のことだと予想した者もいなかった――特に、彼の最初の転機のきっかけとなったものが、すべてを考え合わせても、とても控え目な企画だったのだから。

「新しい何かを発見するとき、それはいつだってストーリーのことだ。新たにやるべきことを発見するとき、ぼくはそのたび奮い立つ。もう一度子どもの頃に還（かえ）るんだ。ぼくにとっての若さの源泉は、アイデアでありストーリーだ。自分で何かを思いついたり、他の誰かが書いたものを読むと『これはいい。この物語を語らなければ。これを映画にしなければ』と思ってしまう。そんな気持ちがぼくを駆りたてている」

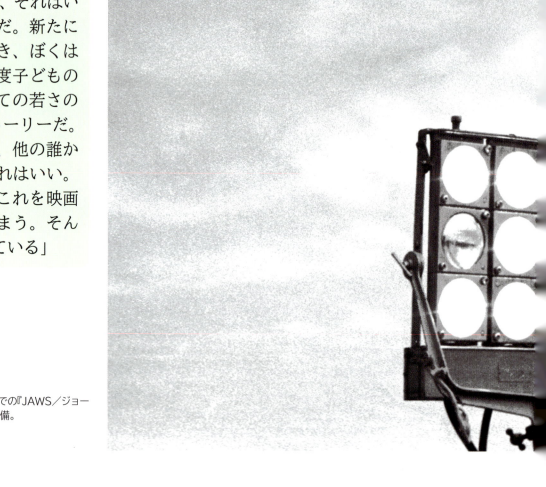

テスト環境での『JAWS／ジョーズ』撮影準備。

『プライベート・ライアン』（1998年）冒頭の、忘れがたい25分の戦闘シーン撮影の間、ドイツ側の銃位置からオマハ・ビーチのドッグ・グリーンを測量。この作品で『シンドラーのリスト』（1993年）に続き、スピルバーグは2度目のアカデミー監督賞に輝いた。

「もしも映画が現実を反映するものだとしたら、ぼくの映画はすべて多かれ少なかれ、現実の物語を映し出している。つまりそこには、馬鹿ばかしいことや、面白おかしいこと、悲劇的な別れや死、打ちのめされるほどの巨大で圧倒的な力、そしてやがて来たる救済までのすべてがあるんだ」

激突！

Duel(1971年)

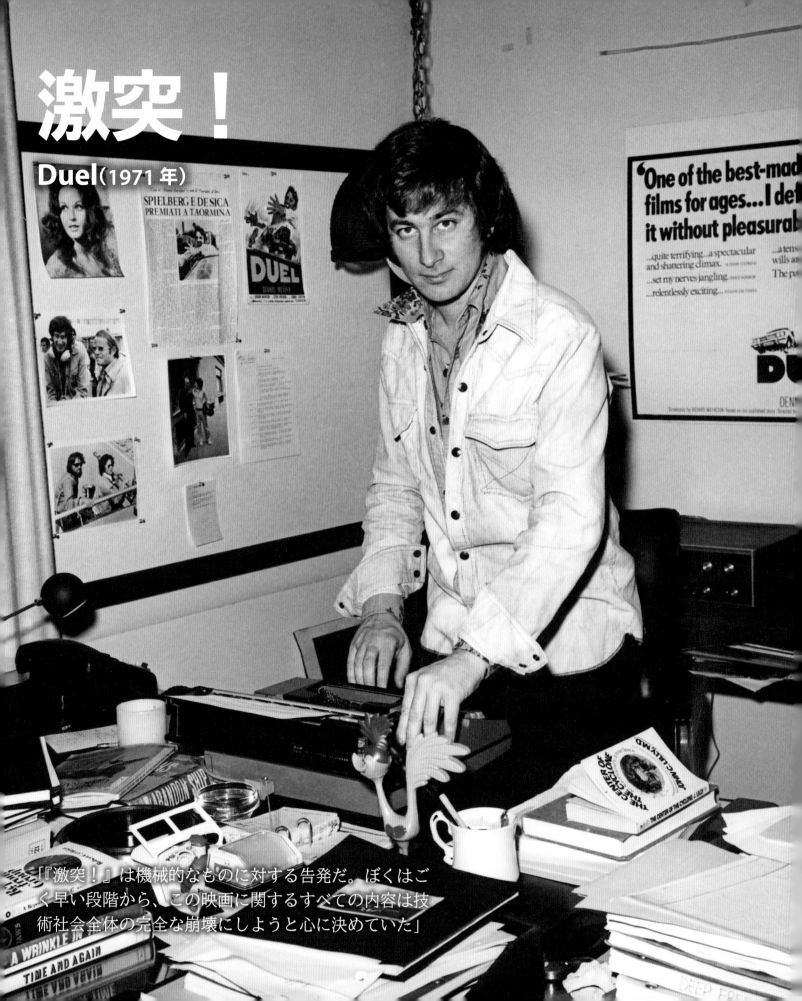

「『激突！』は機械的なものに対する告発だ。ぼくはごく早い段階から、この映画に関するすべての内容は技術社会全体の完全な崩壊にしようと心に決めていた」

「この作品の初めての劇場公開はヨーロッパで、スクリーンの画面サイズは1.85：1だった。テレビ画面では左右が切れるので問題なかったが、1.85：1では、17ものショットで後部座席にいるぼくの姿が映ってしまったんだ。それで自分の姿を消すために、フィルムを光学的にブローアップしなければならなかった」

『激突！』がよくできた小品であることは、一見して明らかだ。サスペンスに満ち、アクションにあふれ、最高に面白く、そして動機なき悪意ともいうべきものを語っている。まったく何の説明もないまま、巨大で異形のトラックが、何の底意もなかった運転手——定期的に社に連絡を入れねばならないような、平凡なサラリーマンだ——を殺そうと、ほとんど人気(ひとけ)のない広大な砂漠のハイウェイを、どこまでも付け回してくる。そう、映画の冒頭で目の前のトラックを追い越したのが、たまたまデニス・ウィーヴァー演じる運転手だったというだけのことだ。しかしまさかそれが命を狙われるほどの復讐につながるとは——そして口論を起こした道路沿いの休憩所で、2人はきっと出会っているに違いない。

劇場用長編作品での成功へと向かう路上にて。『激突！』は1971年にTV映画として放映されたが、2年後に劇場版がヨーロッパで封切られる。

[前ページ]最初のオフィス。まだあまり多くのものは貼られていない掲示板に、スピルバーグは『激突！』を早くから評価した、シチリアのタオルミナ国際映画祭の記事を貼っている。

バックミラーを見るデニス・ウィーヴァー。彼が車を走らせるほどに、事態は悪化していく。

　プレイボーイ誌に掲載された、リチャード・マシスンの短編の映画化権をスタジオが取得したのは、ごくごく低予算の併映作品か、せいぜい"今週のTV映画(ムービー・オブ・ザ・ウィーク)"の1エピソードにできそうだ、といった程度のお定まりの作業にすぎなかった。そして、たまたまそれを読んだ、当時スピルバーグのアシスタントだったノナ・タイソンが話を持ってきた。「あなたが監督するべきです」と、彼女に言われたという。「まさにあなた向きの物語だから」と。「どうしてぼく向きだって思ったのか、さっぱりわからないよ」と、スピルバーグは振り返る。けれど、マシスンが書いた短編を一読するや、その物語に「完全に参ってしまった」と言う。彼は、自分が演出した『刑事コロンボ』のフィルムも持参しながら、プロデューサーのジョージ・エクスタインのもとに出向き、映画化に向けたプレゼンを開始した。

　結果からいうと、彼は幸運をつかんだ。スタジオには、『激突！』をグレゴリー・ペック主演で作ろうと言い出した者もいた。となるとそれに見合った規模へと企画全体の修正が必須となり、それに釣り合う"名のある"監督を探さねば、ということになりかねなかった。困ったことに、それは映画のトーンをひっくり返すということだ。ペックはヒーローであるべき俳優だ。彼が何者かに脅かされ、物語の中心となる状況で、ただ1人パニックに陥(おちい)るだなんて想像もできない。ただし、デニス・ウィーヴァーだったら話は別だ。彼はTVシリーズ『ガンスモーク』で、片足の不自由な保安官助手チェスターを長年演じてきた――いかにもどこにでもいそうな人物。彼なら、置かれた状況に震え上がり、勇敢さなどでなく、むしろ恐怖のあまり火事場の馬鹿力で、この難を逃れようとする姿も、イメージできるのではないか。いずれにせよペックは役を他に譲り、ウィーヴァーがそれを獲得した。

　スピルバーグは振り返る。「要するに"最低のごろつき"の話だと解釈したんだ。トラック運転手だけがごろつきなんじゃない。ハイウェイにいる者は全員ごろつきだ――ガソリンスタンドにいる者も、コインランドリーにいる者も、カフェにいる者も。主人公の妻もごろつきだ。ランドリーに洗濯しにきた女性もだ。全体を見ると、カフェのウェイトレスだけはいい人だ。主人公にとってこんなひどい1日はない。人生で最悪の週を生きのびるために、何とかしなければならないというね。それが映画化するにあたってのぼくの見解だったし、そう見てもらえるように目標を定めた」。

　物語の出だしは比較的穏やかだ。ウィーヴァー演じる人物（デヴィッド・マン）が、トラックはどうやら本気で自分を付け狙っているらしいと気づくのは、ずいぶんたってからのことだ。トラックが道路沿いのスタンドに突っ込んできて、ようやく事態の深刻

正体のわからない敵に立ち向かうウィーヴァー。モハベ砂漠のハイウェイで。

さに気づく──客寄せに飼われている毒ヘビや毒グモが逃げ出す秀逸なシーンだ。だが、いちばん恐ろしいのはカフェのシーンだろう。ウィーヴァーは店内を見渡し、そこで一服している柄の悪い運転手たちの1人が、自分を付け回している相手に違いないと思い込む。

スピルバーグは、自分が『激突！』をヒッチコック風の物語に仕立てたと思われているが、それは誤りだと語っている。この映画の成功の大部分は、セリフを切り詰めたマシスンの脚本に負っていると──「とてもヒッチコック的でサスペンスフルだ」と述べ、「初めて思い知ったよ。『おいおい、いい脚本さえ手に入れて、確実な演出をすれば、いやでも最高の映画ができるじゃないか』って。いい映画を作るには、とにかくすごい脚本が必要なんだと、初めて痛感したんだ」。

そのことが実製作におけるスピルバーグの貢献を減じるわけではないが、本作はTV映画だ──撮影期間は11日間で本編74分。「特番みたいなものだね」とスピルバーグは言う。実のところ、長編作品とするには少なくともあと15分は足りない。それでも非常に念の入った、詳細な撮影プランが必要だった。とにかくスピルバーグは、この作品に気合いたっぷりだったのだ。

撮影にあたって、彼はストーリーボードを使わなかった。代わりに、撮影地となるモハベ砂漠を貫くハイウェイ全体の地図を描き、カメラを置こうと思う場所に、小さなVのしるしを書いて示した（チェイスシーンを撮った数箇所では、5台ものカメラを同時に回している）。「そうやってハイウェイの1マイル以内だけで、たくさんのショットを撮ったよ──少なくとも5回はアングルを変えてね──それから車の向きを変え、レンズも変えたうえで道路の反対側に行くといったやり方で、右から左だけでなく左から右への進行方向でも撮るんだ」。マシスンが「きわめて視覚的で、実に素晴らしい」物語を執筆してくれたことにも、助けられたという。

スピルバーグはスケジュールどおりに撮影を終えた。スタジオも作品の出来に大いに満足した。さらに1971年11月13日にはNBCから放送されて、高視聴率と高い評価を得た。連続もののテレビ番組という定型を超えた、放映時間の長い"今週のTV映画"は、当時かなりの注目を集めていた。そして、この質素ながらも十分に練られた小品は、その期待にしっかり応えたのだった。

なぜなら、この物語がただの「決闘」（訳注：『激突！』の原題）以上のものを描いているからだ。きわめて身近で、よくある社会的な不安感に訴えている。誰だって今日の仕事のことで頭をいっぱいにして、車を走らせることはあるだろう。取るに足らないミスだってするだろう。それなのに、なんの謂れもなく唐突に命がけの闘いをするハメになる──この映画

参考書類の山に囲まれて。スピルバーグはすでに次回作『続・激突！／カージャック』の物語に一心に取り組んでいた。

では、誰が死のうが生きようが誰も頓着しないような、名もないハイウェイでそれが起こる。なるほど本作を、冴えわたった、サスペンスあふれる、非凡なスリラーだとみなすのは正しい。しかし同時にこれは、実存的な恐怖の含意とも読み取れるだろう。

　数々の映画祭で受賞を果たし、熱い議論も生んだヨーロッパ向けに、スタジオは2年後に上映時間を少し長くする形で、劇場公開版のリリースを決めた。この映画は、もしかしたら階級間闘争に関する考察なのだろうか。セールスマンという中産階級に、復讐の機会を狙っていた労働者階級のトラック運転手という、物語の中のマルクス・レーニン主義的な要素に気づくべきだろうか。

　スピルバーグはそうしたことについて何も語っていない。しかし物語は完全には終わっていないのだ。10年以上もたって、スピルバーグがこの頃とは比べものにならぬほど有名になってから、『激突！』の別バージョンがアメリカ市場でも限定公開されたものの、成功とはいえない結果となった。けれど、それはもうたいした問題ではない。とにかく、誰もが彼の中に認めていた有望な才能を、自分がついに発揮しはじめたことを彼は喜んだ。いよいよ最初の劇場用長編作品『続・激突！／カージャック』へと駒を進める自由を得たのだ。彼は後に語っている。『激突！』は自分が大監督になるうえで、きわめて大きな意味があったと。とはいえ『JAWS／ジョーズ』は、この段階においてはまだ夢ですらもなかった。もしかしたら原作者のピーター・ベンチリーの頭の中にくらいはあったのかもしれないが。このときスピルバーグの頭は、来たるべき初めての劇場用長編作品『続・激突！』のことでいっぱいだった。

劇場公開用ポスター。日本版（左）、ポーランド版（右上）、フランス版（右下）。ポーランド版ポスターで、サメのようなグラフィック・デザインを行ったヤン・ムウォドジェニェツは、後のスピルバーグの仕事を知っていたのだろうか？

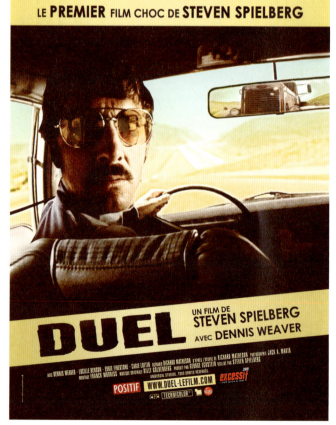

続・激突!／カージャック

The Sugarland Express（1974年）

「『続・激突!／カージャック』だけは、正直にいって、もし始めから全部撮り直せるものなら、まったく違ったふうに撮ることになるだろうね」

開始の合図を待ちながら。13歳で『ラスト・ガン』と呼ばれる最初の映画を撮った男がピストルの取り扱いを実演。

ハル・バーウッドとマシュー・ロビンスによる脚本は、スピルバーグの意向でさらに磨きがかけられた。『激突！』の成功後、他に2本の正式な撮影申し込み（また多くの打診）を受けていたスピルバーグは、しかしながらこの作品を自らの劇場用長編作品のデビュー作にすることに決めた（当時を振り返って「あの頃は、もういつでも全力発進できる状態だったといえるね」と彼は言う）。スピルバーグは脚本をジェニングス・ラングに提出。ラングは快諾したものの、撮影許可には1つの条件を出した。それは3人の主要人物——すなわちテキサス州児童養護制度の拘束からわが子を助け出そうと決心する母親、その夫、この夫婦の逃走に同行する警官——のうち、少なくとも1人は大物スターと出演契約を取りつけるというものである。

［前ページ／左］ロードムービーとしては2作目となるこの映画で、ゴールディ・ホーンが、国民的ヒロインに祭り上げられる変わり者役として出演を待つ。

ユニバーサルで映画をプロデュースする契約を交わしていたザナックとブラウンはジェニングス・ラングと同じ意見だった。彼らの考えでは、母親役がこの映画では最もマシといってよかったので、キャスティングが一番しやすいというものだった。

しかしスピルバーグが真っ先に希望したのは主演男優をジョン・ヴォイトにすることだった。彼らはサンセット大通りのレストラン「ザ・ソース」で待ち合わせた。『アニー・ホール』の終盤、ウディ・アレンがダイアン・キートンにニューヨークに帰ってきてほしいと懇願する舞台として有名になった場所である。「彼は非の打ち所のない紳士だったけど、食事が終わるときに遠慮すると言った。理由は多分、ぼくがまだ経験不足だったせいだろうと思う。そのことは一言も口にしなかったけれども、きっとぼくが映画を撮るのが初めてだということが不安だったんだろうね」。

計画は変更となった。ザナックとブラウンはスピルバーグにゴールディ・ホーンと会うよう提案した。彼女は5年前にデビュー作『サボテンの花』でオスカーを獲っていたが、それ以前にテレビ番組『ローワンとマーティンのラーフ・イン』で生き生きとしたお転婆ぶりを発揮していた。『サボテンの花』以降の彼女の映画出演はふるわなかったが、スピルバーグは彼女の自宅で会い、脚本を渡すと、「彼女は、脚本もぼくのことも気に入ってくれて出演を即決してくれた」。

こうして彼女はルー・ジーン・ポプリン役をつかんだ。短期服役中に子どもの養育権を失い、何としてでもわが子を奪還しようと決意する母親である。彼女はこの映画の台風の目である。わが子を救わんとする、ドン・キホーテばりの無謀な任務を遂行しているうちに国民的ヒロインに祭り上げられる変わり者だ。スピルバーグは他の役者についてはあまり考える時間はなかった。ただどこかぼんやりした夫のクロヴィス役のウィリアム・アザートンの見せる馬鹿正直さ(それともこの逃亡の失敗をうっすらと予感していたのだろうか?)のおかげで、誰もが認めざるをえない一種の現実味がこの映画に与えられたのである。3年前に『ラスト・ショー』でオスカーを獲得した偉大なるベン・ジョンソンは、寛大で、辛抱強く、同情的な態度を見せながら、最後には裏切る警官を演じている。

この映画で実際に起きているのは、初めは取るに足らないが最後にはとてつもなく大がかりなものになる追跡である。しまいにはテキサス州の人口の半分とも思われる群衆が、夫婦と、彼らの人質となったまじめな警官を追いかけるようになる。道中で、この群衆の雰囲気は微妙に変化する。赤ん坊は実は恵ま

出演を快諾したゴールディ・ホーン。「彼女は、脚本もぼくのことも気に入ってくれて出演を即決してくれた」。

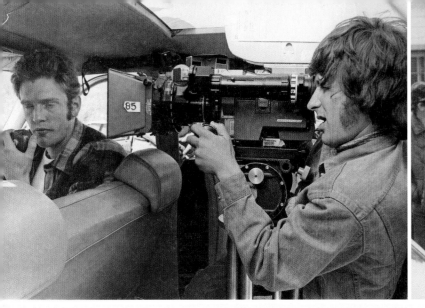

「これはまあ個人的な見解だけど——誰もそう見てはくれないけど——この映画のヒーローは警察だと思っている。この映画で本当に悪い人間というのは、悪役たちのことをおだてて過大な要求をしてしまう周囲の見物人たちだと思うんだ」

「これは何にもまして報道メディアへの痛烈な告発になっている。車に乗ってお祭り騒ぎ(サーカス)をしているのさ。ぼくは、今日では誰もが、くだらないささいないらだちをぶつけるだけで一大ニュースを作り上げてしまえるというアイデアが気に入った。この映画で扱っているのはそうした問題だ」

逃亡がどうしようもなくうまくいかなくなるにつれて、ポプリン夫婦の道行きは混乱をきわめていく。

[36〜37ページ] 撮影の裏側の様子。ゴールディ・ホーン、ヴィルモス・ジグモンド(フードをかぶっている)、ウィリアム・アザートン(自動車の前部座席でチェックのシャツを着ている)が仕事中。

れた環境にある。赤ん坊を大事に養育する里親が、ルー・ジーンとクロヴィス以上に安定した環境で子育てをしていることが明らかとなっていくのだ。

だが2人を追いかける群衆にとってそれは重要ではない。ルー・ジーンは赤ん坊の母であり——まったく不運な母親だ——何といっても子どもの養育権は彼女にある。テキサス州(と社会常識)が何をいおうが関係ないのである。彼女は民衆のヒロインとなり、彼女もその役を楽しむ。映画も終盤となると、我々は、この即席の人気者がいつしか同情を原動力にしていることに気づかされるのだ。

スピルバーグは言う。「ぼくの人生お気に入りの1本は『地獄の英雄』なんだ」。この1951年に作られたビリー・ワイルダーの映画では落盤事故で坑道に生き埋めになってしまった男が報道され、その事件現場一帯がお祭り騒ぎの様相を呈するところが強調されている。「ハル・バーウッドとマシュー・ロビンスと一緒に仕事をしながら事件の商業的な搾取」がスピルバーグの頭を占めていたのである。集団ヒステリーがこの映画の成功の要(かなめ)であるが、作中ではそのヒステリーがみるみるうちに激化していく。だがそれは映画を圧倒しながら、決してそうはならないのである。もしかしたらそれはゴールディ・ホーンの演技のなせるわざなのかもしれない。彼女は時々周囲の喧噪に気を取られているように見える。だが彼女は、少なくとも自分の中で、深刻で胸が張り裂けるような任務をかかえていることを一瞬たりとも観客に忘れさせることはない。「彼女は、最初の映画を撮るぼくにとって驚くべき女優だった。彼女は完全に協力的で、数えきれないほどの名案を出

スピルバーグと撮影監督のヴィルモス・ジグモンドが自動車の後部から撮影をしている。

スピルバーグの祈りは、評論家たちには聞き届けられたが、一般観客には聞き届けられなかった。

「『続・激突!』の映画評は本当によかったけど、ぼくは、その映画評のすべてを引き換えにしてもいいから大勢の観客に来てほしかった。この映画の損益の収支はとんとんだった。つまり、少しももうからなかった」

してくれた」。

　少なからず重要だったのは映画のスケールである。それまでスピルバーグが撮ってきたテレビ番組はキャストも比較的少人数であり、彼が手がけた見せ場はどんなものであれ、目配りのきく(もちろん、手の届く)程度のものであった。しかしこの映画でスピルバーグは何百台もの自動車をかき集め、それを感嘆すべき冷静な演出でさばいていった。この映画の、素っ気ないが臨場感あふれる見せ場は映画評論家たちに感銘を与えた重要な要素であった。

　たとえばニューヨーカー誌のポーリン・ケイルはべた褒めしている。「技術的安定が観客にもたらす娯楽という点から見て、これは映画史においても最も驚異的なデビュー作である」。他の大半の評論家も同様であった。ケイルを含め映画評論家の何人かが案じたのは、もしかしてスピルバーグはハワード・ホークスのような演出スタイルの、腕のよい娯楽監督(エンターテイナー)でしかないのではないかということだった。それの何がいけないというわけでもないが。私見では、ケイルも他の評論家も、スピルバーグがこの映画でその後次第に現れることになるテーマの片鱗(へんりん)を見落としている。親と引き離された苦しみを何とか克服しようとする子どもである。もちろんこの映画の場合、子どもは自分がひとりぼっちになったことを知り、誰かに見つけてもらおうとするには、あまりにも幼くて純真ではあるのだが。

　奇妙なことに、こうした好意的批評にもかかわらず、映画は興行的にはふるわなかった。おそらく暗い結末のせいだろう。クロヴィスは子どもの奪還のために罠にかけられ射殺される。こんな最期が彼にふさわしい運命だとは思えない。人間的な優しさを基調としているものの、この映画はどこか風変わりな(予測不可能な)構成であるとはいえるかもしれない。

　後になって、スピルバーグは『続・激突!』の商業的失敗に対する落胆を表明している。けれども、予想されたこととはいえ、彼は一挙に一流監督としての信用を得ることになったのである。後年、『続・激突!』において最も重要だったのは、最大最長の功労者である作曲家ジョン・ウィリアムズと知り合えたことだとスピルバーグは見なすようになる。『大空のエース/父の戦い子の戦い』の書き直しの仕事をしていたとき、ウィリアムズはたまたまマーク・ライデル監督の『華麗なる週末』の映画音楽(スコア)を書くことになった。スピルバーグは言う。「このレコードをすり切れるまで聞いたんだ。3度目の脚本の書き直しをしていたとき、『この映画がどうなろうとかまわないけど、最初の長編映画を作るときは、この作曲家が何者であろうが、彼に映画音楽(スコア)を書いてもらおう』と思った」。こうしてウィリアムズは以後ほとんどすべてのスピルバーグの映画音楽を手がける。まちがいなく監督と作曲家との関係としては、映画史上、最も長いものだ。

　将来は決まった。とりあえずスピルバーグはサスペンスの演出手腕において多大な力量を発揮できることを自ら証明してみせたのである。ザナックとブラウンはあるベストセラー小説の映画化権を獲得していたが、彼らはその映画化にはスピルバーグが適任だと考え、実際そのとおりとなった。ただ1つの問題は、『JAWS/ジョーズ』という映画が完成するまでにスピルバーグがそのキャリアで最大の脅威に見舞われることになったということである。

JAWS／ジョーズ
JAWS（1975年）

「『JAWS／ジョーズ』はぼくにとってのベトナムなんだ。自然に対して本質的に無力な人間を描いていて、そして自然はいつでも人間を打ち負かす」

卓越したユーモア作家であり、俳優でもあるロバート・ベンチリーの孫で、腕利きのライターであるピーター・ベンチリーが書いた『ジョーズ』の映画化は、さりとて有望な企画として始まったわけではなかった。もともとは1ページにまとめた概要を、1,000ドルで出版社に売ったものとされている。ちなみにこれは、イプセンの戯曲『民衆の敵』に基づく話でもある。あるリゾート地が、観光の目玉としている温泉の汚染を隠蔽しようとする物語だ。不都合な真実をたった1人で明らかにしようとする男と、彼を黙らせて既得権益を保持しようとする町の有力者たちそれぞれの奮闘を描いている。きわめて堅牢な筋立てで、申し分なく構築された作品である。この戯曲の舞台をマサチューセッツの海水浴場に移したベンチリーの着想が優れていたのは、汚染された温泉という設定を別のものに変えることで、強烈な恐怖を導入した点だった——そう、サメである。

「五感に訴える映画だ。見る者に吐き気をもよおさせるホラーなんだ。『エクソシスト』も吐き気を感じさせるだろうが、この映画は観客の手をひっつかみ、最悪の場所へと連れていく」

美術ボードからポスター、そして小道具まで、映画を埋め尽くすモチーフになるのは、とにかくこの鋭く尖った歯だ。

　しかもただのサメではない。巨大で——そのうえとてつもなく凶悪な——深海に潜む生物でなければならなかった。そして一定の時間、姿をくらますことができる。だから当初は3人の人間以外は、その存在を疑っていた。1人はサム・クイント(ロバート・ショー)。第二次世界大戦中に沈没し、さらにサメに襲われたインディアナポリス号の水兵の生き残りで、半狂人といっていい。サメに対する彼の敵愾心はその個人的な体験に根ざしている。もう1人はマット・フーパー(リチャード・ドレイファス)。海洋学者で合理的かつ科学的な、クイントとは正反対の人物だ。そしてマーティン・ブロディ(ロイ・シャイダー)。町の警察署長で平凡な人物ではあるが、いかんともしがたいこの事態に、現実的な解決法はないかと腐心している。
　ベンチリーの原作はそれ自体、非常によく書かれている。冒頭から熱狂的に読みふけってしまう、とまではいかないが、サメの被害が人々に広がり、恐慌をきたしてからは一気呵成である。とにかくこの本は大衆の心をとらえた。ザナックとブラウンが映画化権を獲得するまでに(ベンチリー自身による脚色料込みで、比較的低額の17万5,000ドル)、本は実に550万部を売りつくしていた——もちろん映画の公開後はそれがさらに上積みされる。今や伝説となっているが、ザナックとブラウンのオフィスに積まれた書類の中から、その初期稿をひったくるように持ち帰ったスピルバーグは、週末を通して読みふけり、月曜には嬉々としてそれを戻しにきて、映画化を進言したという。スピルバーグは気づいていなかったが、その物語は『激突！』と類似している。もちろん、サメと姿を見せぬトラック運転手のことで、実際、このときまでにスピルバーグは『激突！』のポーランド版のポスターを手に入れていて(訳注：32ページ参照)、こんなことを言っている。「トラックにはまるでサメのような巨大な口があって、それが今まさに車に齧りつこうとしているんだ。それに気づいたのはぼくだけじゃなかったってことだ」。
　スピルバーグには無念なことに、その段階ですでに別の監督、ディック・リチャーズが映画化に着手済みだった。しかし数週間後、このライバルが企画を降りた。今や『ジョーズ』はスピルバーグのものとなった——よくも悪くも。撮影は、まさしく最悪の事態になったのだ。末永く語り継がれるほどに。
　当然、最初の問題は、いったいこれをどこで作るのか、ということだった。海上での撮影というのは、いつだって悩みの種だ。一度それをやった映画監督は、二度とやろうとしない。水は動きを止めることがないからだ——光の反射、海の状態、そしてまったく制御不能の自然界におけるありとあらゆる要素、つまりはカットがつながらないのだ。もっとも、ありあまる時間と忍耐力、それからもちろん資金があれば、また別だろうが。
　スピルバーグが水問題を制御できるよう、スタジオは裏の区画にプールを建設する用意があった。「だからいらないと言ったんだ」と述懐する。「野外で撮りたい。撮影の困難は受けて立つ。観客にはこれが現実の出来事だと思わせたい。海には本当にサメがいるんだし、そのためにはリアルな海が必要なんだ。背景を絵具で描いて円形パノラマにした『老人と海』のような映画にするのは真っ平だ。とにかくそれは絶対にだ」——基本的に恐怖映画は、全ショットがこうしたまがい物であるのが相場だ。
　撮影を今かと待ち構えていた約200人のキャストとスタッフが、マーサズ・ヴィニヤードに集まった。はじめのうちこそ非常にうまくいった。陸地でのシークエンスが多く、それらは比較的撮影に支障はなかった——ともかく、そのあたりは通常の映画製作の範囲内なのだから。基本的にスピルバーグはカバーショットというものを撮っていなかった。普通の場合、天候や技術的な問題のために、監督がより複雑なロケーション撮影を完了できないときに、撮っておくカットである。彼は自分がそれをやっていないことに意識的ではあったが、そのことに異常なまでに無頓着だった。だっていったい何が起こるっていうのか。
　ところが、ほとんど何もかもが起こった。最初はレガッタレースだ。夏を通じてマーサズ・ヴィニヤードの人々はボートやヨットのレースにくり出すのだった。そこで水平線から彼らがいなくなるのを待たねばならない。なぜならほんの7マイル先で、何艘もの船がのんびりと楽しげにセーリングをしているのに、船上の3人や陸にいる多くの人々がサメに脅かされているという恐怖映画なんてありえない。それにもちろん、遠くに

スーザン・バックリニー演じるクリシー・ワトキンスは、サメによる最初の犠牲者だ。海中に引きずり込まれる(実はサメでなく潜水夫がやっているのだが)彼女の恐怖の表情は本物である。バックリニーはいつ「襲撃」があるか、わざと知らされていなかった。

なればなるほど、それらが画面に入らなくなるまで時間がかかる──いうまでもなく、通常のフィルムサイズならもっと早く画面から見えなくなる。ところがスピルバーグはワイドスクリーンのカメラで撮影していた。ようやく水平線に何も見えなくなる頃には、もう朝の時間がたっぷり無駄になっているのだった。

また海中の潮流は、ほとんどいつも撮影に使う船──カメラや、発電装置、サメの模型を乗せた船──の錨を引きずって、位置を変えてしまうので、それらを元の場所に戻すのにまたしても優に2時間半が無駄になってしまう。そうなると、ワンカットも撮らないうちに、もうランチの時間である。スピルバーグは1日の労働の成果として、せいぜいワンカット撮っただけで、午後7時の帰宅時間になってしまうのだった。時にはまったく撮れないことさえあった。

それはもう、うんざりというほかない事態だった──「12マイルも出かけていって蚊に刺されただけだった」とスピルバーグは振り返る。

そうこうするうちに、スタジオの経営陣はコストがかさむ一方であることに、気づきはじめていた。ロケ現場ではスピルバーグ降板の噂さえ囁かれはじめていた。スピルバーグが職を失わず、映画を完成させるための希望は、今や「ブルース」に委ねられていた。模型のサメにつけられたニックネームである。もしこれが「エスター・ウィリアムズのように」演技ができれば、映画はまだしも救われる──少なくとも企画は残るだろう。撮影開始38日目──日曜日──ブルースは最初のカメラテストに備えていた。そしてザナックとブラウンがスピルバーグとともに船上にいて、サメの準備は万端だった。それは水面を切って疾駆するはずで、実際そうなった。「まさに完璧な出陣だった。するとそのとき、頭部のようなものがまるで潜水艦のように海底に沈んでいった。続いて、尾びれのようなものが反対の方で沈もうとしていた。そのうえ破裂してできた泡が、ぶくぶくと浮かび上がってきたんだ。現場はしんと不気味に静まりかえったよ。ぼくたちはサメが実際に海底に沈んでいくのを、ただ見ていたんだ」。プロデューサーたちは楽観的にも、サメは翌朝には修理されてくるだろうと思っていた。ところが返ってきた返事は、クローズアップにも耐えうるまで修理するには、3～4週間はかかるというものだった。

やり方を変えるべきときだったが、にわかにはスピルバーグに代案は出てこなかった。が、翌日の月曜日にそれを見つけた。「サメを見せずに、その存在だけを暗示する──ともかく全身は見せない」。大事なのは、ここにあるヒレ、あそこに

「ぼくは恐ろしさにすっかり頭がおかしくなっていた。解雇されるからだとか、ましてやみんながぼくをやめさせようとしているからではなく、みんなを失望させているという思いのためだ。ぼくはほんの26歳だったのに、すでにベテラン監督気取りで、自分でそう思い込んでいるだけだった。それどころか、ニキビ面の17歳にも見えるほどで、それでは熟練したスタッフたちの信頼を得ることなどできやしない。まさに悪夢だ。海の中での撮影は、まるで大地震の真っただ中で働くような思いだった」

マーサズ・ヴィニヤードで。潮の変化と水平線に何もなくなるのを待ちながら。

めったにない穏やかな瞬間(上)。「ブルース」をエアマットレス代わりにしてテスト(下)。

フレームにぴったりおさまった主役たち。(左から)ロバート・ショー、ロイ・シャイダー、リチャード・ドレイファス。

ある尾、それからどこかにある鼻先だ。ジョン・ウィリアムズによる見事なテーマ曲に合わせてつないでいけば、映画は当然の成り行きとして完成する。観客は、ロイ・シャイダーがまき餌をしているときに、サメがその強烈な偉容を現すまで、その全貌を見ることができない。「そのシーンの前までに、サメがたびたび出てきたり、姿形がはっきり見えていたなら、これほどのショックにはならないはずなんだ」。

結果的には終わりよければすべてよし、ということになる。けれど1974年夏の段階では、その最終的な結果はまだまだ先のことだった。スピルバーグは非常に巧妙に仕事を進め、その大部分は前述の音楽と、もちろんヴァーナ・フィールズによる見事というほかない編集に、多くを負っていた。

彼には当然、後ろ盾があった——リチャード・ザナックとデヴィッド・ブラウンは彼がやめなければ、製作も中止するとおどしをかけた。そこでシド・シャインバーグは、つまりは監督の去就を決めるために、ロケ現場を訪れた。彼はスタッフが滞在するホテルの階段にスピルバーグを座らせて言った。「よし、被害は甚大だ。私にはどうすべきなのかまったくわからん。ただちに撮影を打ち切るということ以外はな。今ならまだ損失を引き受けられる。一緒にロサンゼルスに帰ることもできるぞ。

「サメのことはそれほど怖いと思わなかった。怖かったのは水だ。そして海中にいる、目には見えない何かの存在だった」

サメ襲来の警報で恐怖の底に叩き込まれる海水浴客。

スピルバーグは平静を保ってエキストラに指示を出し(上)、そのまま編集を行う(下)。

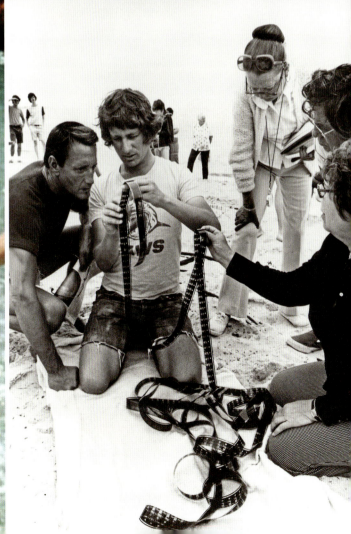

リチャード・ドレイファス、ロイ・シャイダー、ロバート・ショーの3人はオルカ号が沈まぬよう死闘をくりひろげるが、圧倒的に優勢なのはサメだった。

　そして『ジョーズ』などという映画は、未来永劫、金輪際きっちりと忘れてしまうんだ。サメの模型は撮影所見学のためにでも置いときゃいい。多少の金にはなるさ」。

　しかし彼は続けてこう言った。「だが、お前に決めさせてやる。今すぐ店じまいしてくれてかまわない。代わりの監督はいない。お前をクビにするわけじゃない、単純にこの映画の企画そのものを破棄するだけだ。製作進行はどうも不可能のようだからだ。どう見たってこの映画を作り続けるのは無理だろう。あるいは、このまま続けてもいい。100％任せてやる」。

　スピルバーグに一切の迷いはなかった。だから言った。続けると。単なる虚勢ではなかった。しかしこれは、彼の中にある映画作家としての本能がそう告げたのだろう。自分はすでに正しい道を見つけている、と。その道とは、単に怪物をもったいぶって見せないようにするということだけではなかった。同じくらい大切なのは、それがついに姿を現すときも、その登場はごく簡潔なものにするということだ。

　「ぼくにはブルースが肝心なときに動かなかったのは、1億7,500万ドルの増収をもたらすためだったと思えてならない——なぜなら恐怖映画では、見えるものではなく、見えないものこそが怖いのだから」。

　撮影隊は1974年の初秋に、ようやくマーサズ・ヴィニヤードを引き上げた——まだ作業を残したままで。残りは、大西洋でなく太平洋岸でやる。そしてヴァーナ・フィールズによる編集のマジックは、またもや発揮されねばならなかった。スピルバーグによると「サメの頭、続いてサメの尾びれのカットをそれぞれ1コマずつ切り落としていく彼女の手さばきは、まるで外科医のようだった。このたった2コマの差が、このサメが26フィート（約8メートル）もの巨大なバケモノに見えるか、26フィートものハリボテに見えるかの違いを生むんだ」。

　それでも何とか——予定を100日以上も遅れ、さらに予算を大幅に超えて——『ジョーズ』の製作は終了する。奇跡以上の奇跡で、それはもう目を見張るほどの大奇跡だった。勝負の決め手となったのは、おそらくは物語の堅実さだ。「とにかく素晴らしい物語だ。完璧に構築されている」と今日の彼は言う。そしてその真の意味での魔力は、1975年初夏に映画が封切られたときの反応にあらわれた。サメが完璧な人喰いマシーンだとすれば、『ジョーズ』は完璧なマネーメイキング・マシーンに化けようとしていたのだ。

　これには、当時としては異例のマーケティング手法をとったことが功を奏している。長きにわたって、映画の公開方式は（ある種のホラー映画を除いて）、十分に確立されてきた。主要な市場であるダウンタウンの劇場でロードショー公開した後に、地方の小屋へとゆっくり二次公開を広げていく。全米で50スクリーン程度での公

開からというのが普通だった。しかし『ジョーズ』は違った。いきなり400以上のスクリーン数で打って出た。最初の週末から国中で封切ったのだ。これは今日ではごく当たり前のことになっている——今や最大規模の作品ではオープニング・ウィークエンドに2,000(あるいはそれ以上の)スクリーン数はザラである。それらの作品の命運は、日曜の夜が終わった時点でほぼ確定してしまう。『ジョーズ』はどちらに転んだか。それはもう圧倒的なヒットだった。あっという間に、映画史上最大の収益を上げるだろうことが明白になった——国内だけで2億6,000万ドルを稼ぎ出したのだ。

その記録もすぐに塗り替えられることになる——わずか2年後、盟友ジョージ・ルーカスによる『スター・ウォーズ』が『ジョーズ』の記録を超える最初の作品となった。それほどの成功にもかかわらず、スピルバーグはまだこの作品に対してどこか複雑な感情を抱いていた。「ぼくは『ジョーズ』であらゆる信頼を得た。観客が映画を楽しんでくれて、これほどの一大現象になったことに心から感謝している。それはぼくがずっと夢見ていたことを叶えてくれたからね——映画監督になるということだ。そして最終編集権を得るということ——つまり自分で責任をとれるようになったんだ。そのことは、ぼくに自由を与えてくれた。そしてもう二度と、この自由を失うことはないはずだ」。

その一方で、ある意味ではそのことが彼を怖れさせてもいたのだった——ほんの少しではあるが、しかし間違いなく心の奥で。「『ジョーズ』を作るという経験は、とにかく恐ろしいことだったんだ」。その時点での彼の経験は、駆け出しの監督としては、おおむね標準的なものだった——まずまずの成功、そこそこの失敗、けれど基本的には着実に経験を積み重ねてきていた。今度はしかし、事情が違っていた。難易度がケタ違いなのだ。予期せぬトラブル、一挙手一投足が注視されているという感覚、それらすべては圧倒的だった。映画監督は数いれど、おそらくそのほとんどが、何十年にもわたるはずのキャリアの中で、これほどのものはまず経験しないであろうレベルのプレッシャーだ。この映画が与えた試練によって、彼は用心深くというよりは、念には念を入れて事にあたるようになった。以後、すべての撮影基盤が完璧に整うまでは、決して製作には入らないようになる。

『ジョーズ』を見るために数ブロックにわたって行列を作る人々(ニューヨーク、リボリ劇場)。

[次ページ]しかしスピルバーグにとって、この映画を作るのに要した労苦は、手が4本あっても足りぬほど耐えがたいものだった。

　その後、何年かがたち、1998年にアメリカン・フィルム・インスティチュート（AFI）は、初めてアメリカ映画ベスト100のリストを発表した。その厳選された作品の中にスピルバーグ作品は5本が選出されている。彼はAFIに連絡をとり、もしも可能なら『ジョーズ』ははずしてくれないかと頼んだ。彼はそうした頼みごとをする人物ではない──彼はただ切に、他にもっと認められてしかるべき作品があると考えたのだった。そしてリストの中に『ジョーズ』が入っていなくても、もう十分だと。しかしその願いは却下され、スピルバーグはそのことを不問にする。そして皮肉交じりにこう言って、うさを晴らすのだった。「気づいていると思うけど、『ジョーズ』以後はまずほとんど水の映画は撮ってないよ」。

「次の映画は乾いた土地で撮るよ。それこそバスルームのシーンだって出すものか」

未知との遭遇
Close Encounters of the Third Kind（1977年）

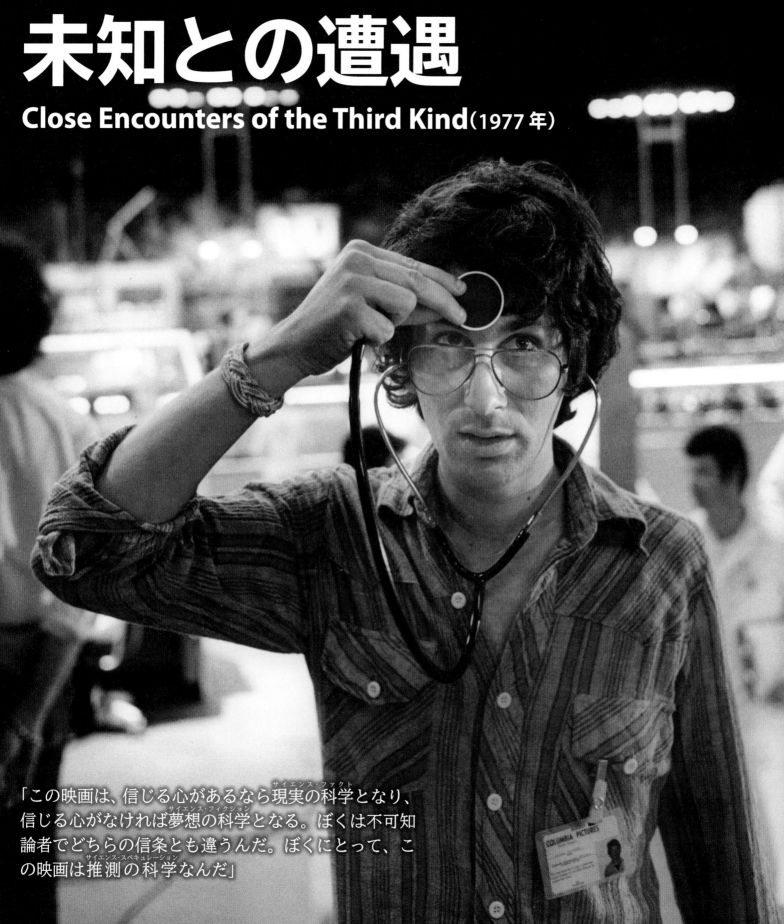

「この映画は、信じる心があるなら現実の科学(サイエンス・ファクト)となり、信じる心がなければ夢想の科学(サイエンス・フィクション)となる。ぼくは不可知論者でどちらの信条とも違うんだ。ぼくにとって、この映画は推測の科学(サイエンス・スペキュレーション)なんだ」

撮影開始を待つリチャード・ドレイファス(左)と、自分の分身(ドッペルゲンガー)を演出する監督(下)。

「リチャード・ドレイファスは3本の映画で〈ぼく〉を演じてくれた。ぼくの分身(ドッペルゲンガー)だったといえるね。一心同体というか、自分がそう感じられた俳優は彼だけなんだ」。スピルバーグによれば、これは粘り強さとやる気の問題であり、ドレイファスの資質はその点まったく申し分なかった。「彼は答えを追い求め、活力にあふれているんだ。早口で動作もせかせかしていてね。背の高さが190cmあるのでもなかった——これはぼくがほしかった身長なんだけどね。なによりキュートなんだ」。とりわけドレイファスは、スピルバーグがいくらか悩まされていた水への恐怖がなく、これが『JAWS/ジョーズ』では役立った。「彼は当て書きするのが簡単だし、彼の身になって考えるのは骨が折れない。よく言っていたものさ。『ぼくが彼なら、これでいく。でも彼にそのとおりにやってもらうんだから、ぼくが何もすることはないんだ』」。

[前ページ]『未知との遭遇』の撮影現場で自分を診察するスピルバーグ。

要するに『未知との遭遇』のロイ・ニアリーにリチャード・ドレイファスははまり役だった。ロイはあくせくとした日々に不満を抱いている平凡な男だ。心の奥底では、現実ばなれした奇跡の体験を求めているが、それが実際どんなものか見当もつかない。はっきりいえばロイは少年の心を持つ大人であり、自力でワイオミングの「デビルズタワー」で政府が秘密裏に行っている壮大な計画──宇宙との音楽(ジョン・ウィリアムズが作曲した最も感動的なテーマ曲)を介した交信──を突き止める。この信号音が異星人たちに発信しているのは、温かい歓待の意思であり、地上に降り、地球人たちとの交信を促すものである。「『我々ハ宇宙人ダ』みたいなものの反対で、音楽で交信するというアイデアを思いついた。ある小さな秘密を解いていって、最後に地球外生命体と人類との5音階のグランド・オペラへ到達するようにしたんだ」。

純粋な好奇心から行動するバリー少年の話と、同じように確かな信念を持ってはいるが、複雑な事情に縛られつつ欲望に従うロイの話とがからまりあって、どきどきわくわくする。だが、物語自体はいたって単純である。心地よいユーモアが映画を生き生きとしたものにしている。重大な真実を追い求めながら、ロイは謎の手がかりを手に入れていく(山盛りのマッシュポテトからデビルズタワーを作っていくロイは忘れがたい)。

ロイは最後に目的地に到着し、巨大宇宙船に遭遇する(同じ

長きにわたる協力者である作曲家ジョン・ウィリアムズと相談中のスピルバーグ。『未知との遭遇』は例外的にウィリアムズが先に作曲し、通常とは逆に、映画は曲に合わせて編集された。

そびえ立つデビルズタワーを背にしたリチャード・ドレイファス、フランソワ・トリュフォー、メリンダ・ディロン。

[次ページ]ワイオミング州にあるこの偶像的な山の出演時間は主要人物たちのそれに勝るとも劣らない。

巨大な飛行船格納庫の真ん中で。

く遭遇に立ち会うプロジェクト・リーダーのラコーム博士を演じるのはフランソワ・トリュフォーだが、彼も英語が話せないというコミュニケーションの問題がある)。彼は宇宙船の搭乗を決意する。お定まりのエンディングだが、映画の内容からいえば不幸な最後とはいえないだろう。

幼少期に軽度の難読症(ディスレクシア)だったスピルバーグはあまり読書をしなかったが、例外的にSFには夢中になった。父は『アメージング・ストーリーズ』のようなSF誌の熱烈な読者だったが、息子もすぐに父の感化を受けるようになった。映画も同じである。彼が西部劇や戦争映画以上にSF映画に夢中になったのはしごく当然だ。1950年代はSFの最初の黄金時代だったのだから。

スピルバーグはSFにおいて独自の見解を培(つちか)っていった。たとえば彼は、地球人たちが他の星々を探検するより、宇宙人が地球に到来する方を好む。彼がこれまで企画してきたSFにはこうした傾向が備わっている。そして宇宙からの訪問者はどちらかというとおとなしい(もちろん『宇宙戦争』という例外はあるが)。彼は父と一緒に、父の自作した簡易望遠鏡で天体観測を

していた。望遠鏡ごしにスピルバーグは「宇宙の驚異が攻撃してくるなんて」想像できなかったという。「ぼくにとって、それは発見への旅なんだ。不安は感じなかった。上空から恐怖が降りてくるとは感じなかった。いつも空を見上げては、そのあらゆる驚異に見入っていた。SFに夢中だからといって、ぼくの初めての映画が攻撃的なものになるなんて考えられなかった」。

もう1つスピルバーグの趣味を形成した要素がある。たとえば彼が気づいたのは、SFの多くで子どもたちが"未知との遭遇"を受け入れやすいということである。両親があわててFBIに通報しているのに、子どもたちは胸を躍らせて宇宙人たちに心を開いていく。他のスピルバーグ映画と同様、子どもたちは交流を始めたい、訪問者が誰であれ会話したいと願っているのだ。

スピルバーグは本作のために宇宙的ともいえる問題を掲げている。「米ソの対立は冷戦そのものだし、ニクソン大統領への非難はまさにウォーターゲート事件によるものだ──『未知との遭遇』の脚本を書いていた1974年当時の社会には、とてつもなく大きなコミュニケーションの底知れない溝がある」と彼は感じていた。「もし宇宙人とコミュニケーションできるとしたら、どうしてぼくたち同士がコミュニケーションできないのか。『未知との遭遇』はこうしたメッセージを発信しようとした最初の映画なんだ。ぼくにとって、これは今まで脚本を書き、監督してきた中で最も希望にあふれた映画の1つだ」。

だがこれはまた最も遊び心のある映画でもある。一例を挙げれば、終盤近くにマザーシップから乗客たちが次々と姿を現わす場面がある。その中には以前に地上から消息を絶ったあらゆる有名人たちがいる(アメリア・イアハート飛行士、ジョセフ・クレーター判事など)。彼らはみな失踪時の年齢のままである。そして全員ともまったく幸せそうだ。ここには重大な主張がある。あえていえば、宇宙人は本来善良な性格だというものだ。

カメラわきで宇宙人に助けられながら。

「音楽でいうと『ジョーズ』はおもちゃの木琴でも演奏できそうな映画だけど、『未知との遭遇』はそれだけではとても足らず、88音すべて必要だった」

インドでのロケ撮影にて。

5年後の『E.T.』とちょうど同じように、宇宙人といちばん仲良しになるのは子どもたちだ。中でも、特にバリー・ガイラー坊や(ケリー・ギャフィー)は宇宙人のマザーシップ(上)に連れ去られるが無事戻ってくる。宇宙人の到来を告げる奇妙な夜の光を浴びる(左)。メリンダ・ディロン演じる母親のジリアン(次ページ上)と。監督の野球帽をかぶらせてもらって(次ページ下)。

「『未知との遭遇』は、いつの日か実現を夢見ていた映画に最も近いものだと、ぼくは心から信じている」

「We are not alone（宇宙にいるのは、われわれだけではない）」。トリュフォー扮するラコーム博士は、カーウェンのハンドサインを使って交信を試みる（上左）。
「私よりも君の方がふさわしい」。最後に登場する小さい宇宙人たちは、アラバマ州モービルの地元の少女たちが演じた（上右）。

こうしたタイプの映画はまったく初めてではなかったが、非常に珍しいものだったといえる。

スピルバーグは言う。「この映画で伝えたいことがある。もし自分について知る勇気と熱意があれば、神から与えられた直感を頼りに素晴らしい祝祭に参加することができるということなんだ。どんな存在であろうと、そこでぼくたちは誰とでも親しく交流する機会を得る。ごく単純な話なんだよ」。

壮大なセットにもかかわらず、これは比較的撮影が容易な映画だった。スピルバーグは、『スティング』で大成功をおさめたジュリアとマイケルのフィリップス夫妻と組み、映画はコロンビアで撮影された。当時は相当財政難であったものの、誰からも干渉は受けなかったという。トラブルはあったが対応できるものだった。今振り返って、スピルバーグはラストでリチャード・ドレイファスを異星人たちと宇宙に旅立たせる選択に納得していない。「ぼくがこの原案(ストーリー)を書いたのは20代後半なんだけど、7児の父になった今、リチャード・ドレイファス演じる主人公をマザーシップに乗せ、異星人のために家族を犠牲にして、地球を飛び立つなんてことは考えられないだろうね」。

だが当時は「マザーシップに乗り込むことが絶対的な選択だったんだろうね。その一員として仲間たちと探検に出かけたかったんだ」。

当然ながらジョージ・ルーカスもスピルバーグに同意した。宇宙船との遭遇場面は屋外で撮影されず――あまりにも不確定要因があったからである――第二次世界大戦のときに建てられながら未使用のままだった2棟の飛行船格納庫で撮影された。これはフットボール場2つ分より大きく、ハリウッドのサウンドステージの何倍もの規模であった。『スター・ウォーズ』の主要な撮影を終えたものの、自分の作品に疑念を抱いていたルーカスが(ジョン・ウィリアムズのスコアが映画に入るまでは自分の業績を評価できなかったと常々述べている)この撮影現場に足を運んだ。心底感銘を受けたルーカスは、自分の映画に出てくるどんなものであれ、この壮麗な宇宙船にはかなわないと思った。スピルバーグがそれに異議を唱えたのはもちろんである。彼はルーカスの映画が大ヒットすると考えていた――どうなるか成り行きを見守るしかなかった。

ルーカスは本当に言うだけではなく行動で証明すると言い出した。双方でお互いの映画の成功に賭けたのだ――賭け率は正確に2.5ポイントであった。これには弁護士も立ち会った。このことで、実際に損をした者は誰もいなかった。『未知との遭遇』は大成功をおさめた。しかし『スター・ウォーズ』の成功はいうまでもなくケタ外れだった(2年後にそれは、『ジョーズ』の最高興行記録を塗り替えることになる)。スピルバーグは今日もなお『スター・ウォーズ』の配当金の小切手を受け取っているよとほくそ笑んでいる。

「ぼくをマザーシップに乗せてくれ」。脚本執筆当時のスピルバーグは、ドレイファスが演じた人物同様、宇宙人と飛び去っていく道を選択したはずだ。

1941

1941（1979年）

「映画の中で起こっていることは、何もかも常軌を逸してめちゃめちゃだ。でも製作現場は完全に統制がとれていた。決して嫌いじゃない作品だよ。売れなかったことに戸惑いはない。ただ、もっと笑えるものにできたのに、と思うばかりだ」

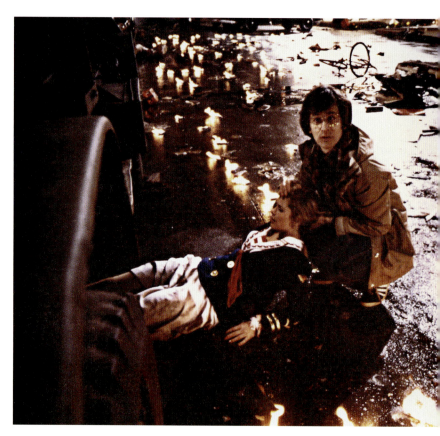

映画は『JAWS／ジョーズ』の名高いシーンのパロディで始まる。グラマー美人(スーザン・バックリニー)がビーチを駆け下り、服を脱ぎ捨てて海に飛び込む。するとサメに襲われるのではなく、浮上してきた日本軍の潜水艦の潜望鏡に、裸でしがみつくことになるのだ。舞台立てといい、照明といい、衝撃力といい、このシーンのおふざけぶりは完璧だ。しかも『ジョーズ』と同じ女優。ダラスでの試写では、ここで爆笑の渦となった。「800人もの観客の笑いが止まらないんだ」。劇場の後ろに立っていたスティーブン・スピルバーグはこう思った。「やったぞ。コメディでも当たりをとれる」。

[62ページ](左から)ダン・エイクロイド、ミッキー・ローク、ジョン・キャンディ、トリート・ウィリアムス、ウォルター・オルケウィックが親指で映画を判定。正解は1名。

高価なセットに、はちゃめちゃな展開、大騒ぎの「爆発的なつるべ打ち」で、『1941』はヒットコメディの要素をすべて備えている。ないのは笑いだけだ。

いやいや、そう早まってはいけない。「そのパロディ・シーンが終わると、いよいよ映画本編の始まりなんだけど、その後の2時間で起こった笑いは、ほぼ4回くらいだ」。『1941』で、スピルバーグは生涯最悪の評価を受けようとしていた。彼は今でも時折、何がいけなかったのだろう、と考えることがある——それでも、より長い目で見れば、これはそれまでの彼にとって最良の経験ではないか、とも考えるようになったようだ。

脚本は、本作では製作総指揮を担うジョン・ミリアスが着想に助言しつつ、ロバート・ゼメキスとボブ・ゲイルが執筆した。物語はかなりいい加減ながら、事実に基づいている。真珠湾攻撃の衝撃直後に、日本軍の潜水艦がサンタバーバラ近海に浮上するや、石油精製所に砲撃を加える、という事実が実際にあり、南カリフォルニア市民の間にパニックを引き起こしたのだった。映画はその事件を背景にしつつ、飛行機パイロット（この事件と結びつけて創作された、ジョン・ベルーシ演じる人物）は、爆撃こそが真のアメリカン・スピリットの表明だ、と盲信しながら、ハリウッドへと出撃する。純然たる狂気というほかない彼の奇行は無意味そのものだ。アメリカ人の誰が見ても、常軌を逸した彼の行動は狂人のそれか、愚行か、あるいはその両方でしかない。

スピルバーグはその脚本をこれはすごい、と判断した。今まで読んだ中で最高に笑えるものだと。そこですっかり上機嫌となり、嬉々としながら映画化に着手した。思いどおりにならないこともあった。たとえばジョン・ウェインへの出演依頼だ。故ジョーン・クロフォードの追悼式典で面識を得て

「なんもかも吹き飛ばしちまったぁ」。

クリストファー・リー、三船敏郎とともに敬礼（左）。踊るアホウ？ 映画の損失は誰がかぶる？ 製作費の回収にはその後何年もかかった（右）。

いたこともあり、映画の中で唯一の実在の人物である、ジョセフ・スティルウェル将軍役を打診したのだった。ウェインはただちにスピルバーグに電話すると、きっぱりと出演を拒否した。こんな反米的で、ナンセンスな映画に出ることはできない。そして、これは実にもっともなことだが、「君ならもっといいものを作れるはずだ」と（結局この役は、この人物の不可解さを的確に読み取ったロバート・スタックが演じた）。

おそらくこの映画の真の問題は、この企画に対するスピルバーグのカン違い気味の情熱から始まったことだ。ある種の思い上がりといってよいかもしれない。彼にとってすべては順調に進んでいた。今の彼には、不可能ともいえる完全主義を追求することができたし、そのことに疑問を呈したり、反対できる者は誰もいなかった。「どのアングルも完璧にするんだ。最良の光を待たなければ。ジョン・ベルーシとダン・エイクロイドが盛り上がるのを待たなくちゃいけない、とね。もっとも彼らはいつだって盛り上がっているんだけど」。

そうした気分は製作現場のあらゆる面に広がっていた──「尊大にも完璧を期そうという思いに凝り固まっていた。万事がうまくいくよう夢中だったんだ。本来は第二班でやるべきインサート・ショットに20回もテイクを重ねたり、あらゆるミニチュアセットを自分で管理したりね。観覧車が転げ落ちるシーンはミニチュア班にやらせるべきだったが、給料の高い第一班に任せたりもした」。

彼自身によると「横暴に振る舞った」ということではなくて、「癇癪（かんしゃく）を起こしたり、かっとなったりしたことはある」と言う。けれど、そう大層なことではなかったと。ともあれ、この乱痴気騒ぎは高くついた。結局のところ撮影期間は『ジョーズ』より長くなった──ほとんどはスタジオ内で撮られ、ロケをしたわけではなかったというのに。

何しろ製作現場が過剰すぎた。それにいくらなんでも騒々しすぎる。「たぶん破壊シーンが多すぎたのが、笑えないものになった原因なんだろうね。あとは極端な大音量と。『1941』について話すときによく言うことだけど、これは球が勢いよく転がっているピンボール・マシンの中に頭を突っ込んでるような映画なんだ」。ダラスの試写では、多くの観客が映画を見ながら耳をふさいでいたという。スピーカーからこれでもかと炸裂する大音響のためだ。「特に大音量レベルで録音したわけではないよ。そうじゃなくて、ぼくはただ何もかもを吹き飛ばしすぎただけなんだ」。

まず間違いなく、映画作家は自作品に対して確信を持てていないとき、意識的にせよ無意識にせよ、陽気で派手な雰囲気に包み込んでしまおうと、音量を上げようとする傾向があるといわれている。とはいえ、そんなことはむしろ小さなことだ。よくできたコメディ映画は、ほとんどの場合、乏しい予算の中で作られている。チャップリンの格言にいわく、喜劇を撮るには公園と女と警官さえあればいい、それに間抜けな男が加われば言うことなし、と。そのことは、マルクス兄弟

T・レックスとの遭遇。スピルバーグ5作目への批評家の反応は、またも大騒ぎには違いなかった。

からウディ・アレンに至るまで全員にいえることだ。大人数の出演者と極端なまでの野心、それにそんな意図ではないにしても、これほど大きく、金のかかった舞台装置では、どのみち笑いは死んでしまう。本作がそうであるように。

1979年の初夏、映画の公開に先立つ6〜7カ月ほど前に、スピルバーグは当時ポーリン・ケイルがホストを務めるラジオ番組に出演した。放送の合い間の休憩時間に、スピルバーグは彼女が『1941』について話したことを振り返っている。「さあ、あらゆる人がこの新作を待ち焦がれているのよ。これまでと同じようなわけにはいかないわ。今や誰もがあなたの失敗を待ち望んでいるんだから」。

もっともケイルが、それを望む1人だったわけでは決してない――彼女はそのように人をおどかすのを好んだ。それが彼女の友人であったとしても。ともあれスピルバーグはその言葉に尻ごみした。実際には、大半の批評が軒並み否定的だったにもかかわらず、ケイルは『1941』に好意的な評を寄せている。手厳しかったのは批評家筋だけではない。観客もまた同様に映画にそっぽを向いた。今日では、スピルバーグもこの教訓を前向きにとらえている。けれど彼は、それでもこの映画の名誉を守らずにいられなかった。そして面白いことに、いくつかの国では批評と興行どちらも悪くなかったのだ――たとえばフランス、ドイツ、日本である。それらの国での見解は要するに、きわめてアメリカ的な映画作家が、ある種の反米的な映画を作ったという評価だった――もちろんそれは監督の意図とはかけ離れている。彼は、冗談でなく真剣に、ユーモアをもって、おふざけをやろうとしたのだけど、どう贔屓めにいってもそれは彼本来の資質ではない。結局、その後は二度と手を出さない分野となった。

その後、何年もたってから――ごくごくわずかで、今さら何の足しにもならないながら、この映画がようやく製作費を回収したとスピルバーグが述べた。おそらく、この映画製作における最大の成果は、当時ジョン・ミリアスのアシスタントだったキャスリーン・ケネディと出会ったことだろう。ここで2人はきわめて緊密な関係性を築いた。そして彼女はあっという間に、彼のラインプロデューサーを務めるようになるばかりでなく、そんな立場をはるかに超え、まさに腹心というほかない側近として――現在に至るまでその地位を保持し、卓越を極めた手腕でその役割を担うことになる。

レイダース／失われたアーク《聖櫃》
Raiders of the Lost Ark(1981年)

「ジョージがぼくにストーリーを売り込み、ぼくはそれを引き受けた。浜辺でのことだ。ぼくらはいつものしきたりで、ハワイで砂の城を作って占いまでやったんだ。もし最初の高波が来て、その城が壊れなければ映画はヒットする。もし波が城を壊したら回収に苦労するっていうね」

超特大ヒットメイカーとなった今もなお、スピルバーグは10代の頃の習作『ファイアーライト』のように、ミニチュアセットで撮るのが性に合っている。

1977年5月ハワイ。スピルバーグはジョージ・ルーカスの手を握っていた（そっちの意味ではもちろんなく）。有能な映画編集者でもあるルーカスの妻、マーシャが「彼の右手を、ぼくは彼の左手を握りしめて、電話が鳴るのを待っていた」。その電話は『スター・ウォーズ』の初日第1回目の売上を知らせることになっていた。実は心配などまったく必要なかったのだ。なぜなら最初の試写が、すでに圧倒的大成功だったのだから。その映画は何の前触れもなく登場した。この何とも控え目な予算で作られたSF大作（もっといい呼び方はないものか）は、神話学者ジョセフ・キャンベルによる『千の顔を持つ英雄』をはじめ、さまざまな学者が示した神話の構造からモチーフを巧みに取り入れていた。

チュニジアでのロケで日光を避けながらジョージ・ルーカスと。

[前ページ] ハワイのホビト族集落にて。

ノンストップ・アクションと洗練されたセリフの根幹に、『スター・ウォーズ』にはルーク・スカイウォーカーの成長物語があり、さらに重要な要素として、「暗黒面(ダークサイド)」に堕ちた父親を求める、というテーマがある。そのためSF作品では一般的とはいえない、ある種の深遠な難解さがあるが、物語の純粋な楽しさにおいて、それは決して妨げにはなっていない。

　スピルバーグは友人の心配など、まったくの取り越し苦労だとわかっていたが、しかし『スター・ウォーズ』がとてつもない社会現象を巻き起こすとまでは、さすがに彼を含めた誰も予見していなかった。「ジョージはその前の晩、一言も口をきかなかったよ」と彼は言う。しかし電話は鳴った。それは、全米すべての劇場の10時半の回は完売であることを告げていた。ハワイ島を覆い尽くさんばかりに立ち込めていた、どんよりした不安はあっという間に歓喜に変わった。「安心感でいっぱいの気分になりながら、彼はただちに将来のことを考えはじめていたんだ」。その考えの中には、スティーブン・スピルバーグの将来も含まれていた。スピルバーグらしからぬことに、彼の方はまだ自分の将来は漠然としていたのだが。彼は以前にアルバート・"カビー"・ブロッコリとの接触をはかっている。超ヒットシリーズ、ジェームズ・ボンド映画のプロデューサーだ。ボンド映画の監督として名乗りをあげたものの、受け入れられなかったのだ。しかし彼はそれでも再挑戦の機会を狙っていた。

　率直なところ、なぜ彼がその仕事にそんなに熱をあげたかはわからない。ボンド映画は本質的に無内容だ。アクションばかりで中身はなく、大活劇シーンの連続と、気はきいているがお決まりのセリフの繰り返し。まあワンパターンな、金を稼げる商品といったところだ。おそらくは、スピルバーグの若さゆえのことだったのかもしれない(1977年にはまだ30歳を少し過ぎたばかりだ)。彼はまだ自分の最良の資質が、どこに眠っているかを十分に理解していなかったのだ。

　ジョージ・ルーカスは理解していた。2人のハワイ滞在中、折をみて、彼はスピルバーグに持ちかけた。「ジェームズ・ボンドよりもっといいアイデアがある。タイトルは『レイダース／失われたアーク《聖櫃》』だ」。いや、実はアイデアなんかなかった——言葉どおりの意味では、ということだが。ルーカスの頭にあったのは、当初はインディアナ・スミスという名の主人公と、その姿格好だけだった——フェドーラ帽に革のジャケット、それにあるいはムチを持っている。そして、何かを捜索するという基本路線……つまり「失われたアーク(聖櫃)」を探し出そうとする考古学者の冒険といった感じの……。

マリオン「あなたは10年前のあなたではないわ」。インディ「年数は問題じゃないさ。要は経験だよ」。ハリソン・フォードとの遭遇。間に入るカレン・アレン。

「観客には、善人がどちらの側につき、悪人がどちらの側につくのかということだけでなく、彼らがスクリーンのどちら側にいるか、ということをわかってほしかった。そしてぼくが泣く泣くカットしたショットを、観客がなるべく違和感がないよう、自分の中で再構築してくれればと思った。それがインディ・シリーズ全4作の中でぼくが心がけたスタイルだよ」

「ぼくもその伝説について、もっと知っていて然るべきだった。何しろぼくはユダヤ系なんだし、ジョージは違う。でもジョージときたら聖櫃が行方不明になったのがいつで、神話がそれをどう伝えているかという歴史について、とにかく博識なんだ」。とはいえ、着想はそこまでだった。「それ以外は何も思いついていなかったけどね」。

振り返ってみると、この作品は本質的に、時代と舞台設定をすっかり変えて、明らかに違うプロットになってはいるが、『スター・ウォーズ』を焼き直したものであることがわかる。ノンストップ・アクションに痛快な会話、そして根底にある大きなテーマ性。けれど神話的な壮大さにおいては、『スター・ウォーズ』とは比較にならない。あとはもちろん、なんといってもハリソン・フォードの再起用だ――不平がましく、態度はそっけないが、時にはユーモアも見せ、破壊的な一面（全面的にではない）と、アンチヒーローとしての一面（これも全面的にではない）を持つ人物である。

映画はスピルバーグが、脚本にローレンス・カスダンを見出したことで、ようやく軌道に乗った。灯台もと暗しとはこのことで、ごく身近にいた人物だ。スピルバーグが製作総指揮を務めたユニバーサル作品『Oh！ベルーシ 絶体絶命』の脚本家である。スピルバーグがルーカスにカスダンを紹介し、3人は3日間かけてサンフェルナンド・ヴァレーの小さな部屋で、映画の全体構想を練った。少なくともカスダンが脚本の執筆に着手できるレベルまで。『1941』の撮影合い間のことである。実際、スピルバーグが『1941』の最初のレビューを知らされたのは、ナチスの潜水艦基地が今も撮影に耐えるほどに保存された、フランスのラ・ロシェルでの『レイダース』撮影初日のことだった。それが、アメリカの批評家が『1941』を支持した唯一のものとスピルバーグが言う、ポーリン・ケイルからの好意的な批評だった。

『1941』は、もちろん彼の最初の――そして以後も続く――第二次世界大戦を題材にした作品であり、『レイダース』と同様に、彼の父親が少年時代のスピルバーグに語って聞かせたような、深刻で学術的なものからはおよそかけ離れたものだ。スピルバーグの父は、ビルマ戦線でのB25爆撃機の無線技師で、いわゆる「よい戦争」を戦ったという。父の話は、8ミリで何本も短編戦争映画を撮るほどに、幼いスティーブンを魅了した。ところが不思議なことに、『1941』と、のちに撮るあの素晴らしい『太陽の帝国』だけが、日本軍との交戦に関わるもので、父親が体験した戦争とは無関係なものなのだ。

ところで、スピルバーグは『1941』では予算について多くを学んだ。ジョージ・ルーカスがそのことで大いに釘を刺したのだ。「言っておくが、コロムビアとユニバーサルが相手なら、いくらスケジュールを超過してくれてもかまわない。だがぼくらは友だち同士の間柄だ。ぼくの金を使っている以上、遅れは許さない」。彼が言ったことはそれだけだった」という。

ルーカスの言葉はスピルバーグに突き刺さった。「いや、打ちのめされたよ」とスピルバーグは言う。「すべてのショットをストーリーボードに描いた。そしてスケジュールより14

レイダース／失われたアーク《聖櫃》　73

トレードマークのフェドーラ帽、皮肉のきいたセリフ、そして迫りくる危機。インディ・ジョーンズは映画史上最も愛されたアクション・ヒーローの1人となった。

乗馬とムチさばきは、ハリソン・フォードがインディ・ジョーンズを演じるうえで、必須の技術だった。

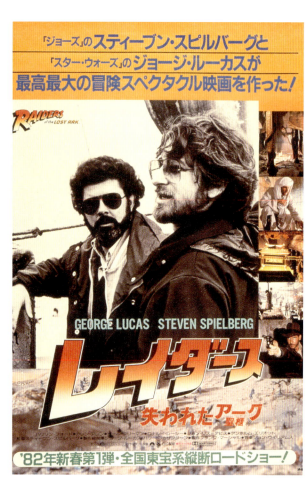

『レイダース』は全世界で大ヒットを記録し、世界興収3億8,400万ドルに達した。英語版ポスター(上左)、メキシコ版(上右)、日本版(下左)、ポーランド版(下右)。

とにかくたくさんのヘビ。「床全体が動いてるぞ！」。

「7,000匹の生きたヘビを集めたんだ。最初は3,000匹だったけど、どうも少ない。そこでゴム製のヘビを5,000用意してワイヤーで操作してみた。でもヘビの数に比べてコントローラーの数が圧倒的に少ないので、1本のワイヤーに100のヘビをつなげる必要があった。そうすると、まるでジューン・テイラー*のダンサーたちみたいになるんだ。つまり何百匹ものヘビが全部同時に、同じ動きをする。だからまるで使い物にならなかった」

*訳注：ジューン・テイラー(1917〜2004年)。1940〜50年代に活躍した振付師。群舞の演出を得意とした。

日——だったかそれくらい早く仕上げたんだ。ルーカスはセットにいなかった。ぼくの様子をうかがったりもしなかったしね。彼には彼の仕事があるし、それはぼくも同じだ。時々セットに来ることはあっても、ぼくに付きまとったりはせず、口うるさいプロデューサーではなかった。おそらく『レイダース』は、ぼくが監督した中で最も万全の準備をした映画だ。しかもそれがうまくいったんだ」。

その結果、『レイダース』は完璧な冒険映画となった。ほとんど考える間もなく、次々と切れ目なく襲う危機また危機。ルーカスは、すでに『スター・ウォーズ』で見られるように、1930年から40年代の連続活劇シリーズをかねてより愛してきた(『海軍のドン・ウィンズロウ』〈1942年〉と『フラッシュ・ゴードン』〈1936年〉が与えた影響は特に大きい)。そしてスピルバーグも、少なくとも自分たちが手がけている往年のB級作品については精通していた。2人の映画はそれらの作品を冷やかしてはいるが、しかし断じて貶めてもいなかった。外観は似せつつ、適度に距離をおいた——コスチュームやセリフ、ありえない展開と危機一髪の脱出に、男勝りの女性(果てしなく続くかのような危機にも、決してくじけぬカレン・アレン)といった要素だ。こうしたことは、本作を成り立たせている統制感や経済効率などともあいまって、スピルバーグ作品の中でも屈指の幸福感を持つ作品となった。もっとも、彼に幸福感を欠いた作品などありはしないのだが。

彼が気がかりだったのはたった1つ。本筋に入る前に、映画はある小エピソードから始まっている。ヘビや虫の大群に、押しつぶさんばかりに襲いかかる巨大岩石。そんな地下洞からのインディの脱出だが、これはその後に続く物語とは直接なんの関係もない。そしてここは完璧なまでにスリリングなシークエンスなのだ。最初に業界内試写にかけたとき、2人の監督仲間が、続きを見てもこの冒頭のシーンを超えるスリルは、もうやって来ないのではないかと心配したという。しくじった、スピルバーグはそれを聞いてそう呟いた。映画のそこから先は全部、この冒頭部分と比較されてしまう。

もちろんこれも取り越し苦労だった。映画はこれ以上ないほどにうまくいった——収益も含めて。この第1作が築いた水準を踏まえつつ、当然ながら続編も作られることになる。

レイダース／失われたアーク《聖櫃》

E.T.
E.T.：The Extra-Terrestrial（1982年）

「『E.T.』にとりかかったとき、ぼくは長年撮りたいと思っていた映画が撮れることに大満足していた。失うものなんて何ひとつないような気がした。自分のためだけに思いを語ればよかったんだからね」

最後の別れ。エリオットは一緒に行こうという E.T. の誘いを断る。

浴室で泡まみれになる E.T.。オスカーの夢も泡と消えた。

『E.T.』の最大の力強さは子役スターの演技——とりわけスピルバーグの投影といえる、エリオット役のヘンリー・トーマスの演技——である。

スピルバーグによれば、『E.T.』のアイデアは彼の子ども時代に深く根をおろしている。彼がまだ「小さな、小さな子どもだったとき、近隣のキリスト教徒の家に囲まれて暮らしながらユダヤ人の少年として何ともいえない戸惑いと疎外感を味わった」というのだ。16歳で両親が離婚し、この疎外の意識は一層強まった。いくらか成長していたものの、「ひとりぼっち」の感覚をさらに深めたのだ。いずれにせよ、これが1980年の夏、『レイダース／失われたアーク《聖櫃》』の撮影でチュニジアにいたスピルバーグがメリッサ・マシスンと話し合った着想の核となる。当時、ハリソン・フォードのガールフレンドであったマシスンだが、スピルバーグにとってマシスンは、彼が深く感銘を受けた映画『ワイルド・ブラック／少年の黒い馬』の共同脚本家として重要な存在であった。

[78ページ]E.T.と監督との心の絆。

アイコンタクト：アインシュタインの目をモデルにしたE.T.の表情は不気味だが可愛らしくもあるものとなった。

メリッサ・マシスンは、旅先で体調を崩していたこともあり当初は乗り気でなかったが、それはすぐに消し飛んだ。スピルバーグは言う。「これは宇宙人の物語だ。孤独な少年と迷子の宇宙人とが助け合うんだ」。だがまた「これは、ぼくの両親の離婚の物語でもある」とも言う。ともあれ彼がこの映画で心がけたのは「できるかぎりシンプルにすることだった。つまりこれは現代のおとぎ話だからね」。

だがシンプルさは真の洗練だけが持ちうるものだ。「宇宙人(エイリアン)と疎外者(エイリアネイテッド)」——スピルバーグはこの「故郷から300万マイルの彼方で置いてけぼりになって、ひとりぼっちになってしまった」小さな宇宙人とエリオット（ヘンリー・トーマスが見事に演じた）の関係をそう呼んでいる。エリオットは両親の離婚にショックを受け、それまで夢中だった子どもらしい遊びに興味をなくしているが、まだ思春期の苦悩や歓喜を味わう準備はできていない。少年とE.T.は——もちろん知らないうちに——心の友となる。

最初にE.T.を身の危険にさらすのは好奇心だとスピルバーグは言う。「植物学者の他の宇宙人たちは、故郷に持ち帰る植物の採取と分類に忙しすぎたのだろうね」。とにかく彼は目の前に立ちはだかるセコイア杉の森に心を奪われてしまい、気づいたときには時すでに遅く、宇宙船は彼を残して飛び立ってしまう。このおかげで、彼とエリオットは出会うことになるが、同時にアメリカの科学者たちから脅かされる。彼らも彼らなりの好奇心でE.T.を捕獲、調査し、おそらくは殺そうとしているからだ。

ドリュー・バリモア（エリオットの妹ガーティ）が実の名付け親(ゴッドファーザー)から演技指導を受ける。およそ27年後、彼女は自身の初監督作『ローラーガールズ・ダイアリー』を演出することになる。

E.T.とお別れをするガーティ（左）とエリオット（下左）。相手に手を差し伸べ、触れ合い、意思疎通の方法を探すというこの映画のテーマは、ミケランジェロに触発されたこの象徴的なポスター（下右）に典型的に表現されている。

　E.T.とエリオットとは絆を結ぶことになる。スピルバーグは、E.T.——彼の映画に数多く登場する「孤独な少年たち（ロスト・ボーイズ）」の嚆矢（こうし）といえる——はとりわけ最も深く孤独な存在であると言った。

　小さな生き物はその境遇について自分からは何も言わない。しかしE.T.にもエリオットと同じように故郷には友人たちや家族がいて、彼がその絆を再び取り戻そうとしていることは伝わってくる。

　またこの映画では『未知との遭遇』で初めて現れたテーマが語られてもいる。すなわち、広く世界に存在する——向こう見ずな——者たちの、あるいは文明と文明との相互交信（コミュニケート）である。「（言葉の通じない）人がコミュニケートしようと努め、手を差し伸べ、他の人のことを思いやり、コミュニケートしようとしている人にアイコンタクトを送り続けるということ。たとえ相手がそれに気づかず、いやそれがどういう意味かわからなくても、メッセージを何とか伝えようと、知恵をしぼり創意工夫を重ねていく。素晴らしいのはそうしたことなんだ。

　外国人が鍵のかかった部屋に閉じ込められてしまうとする。

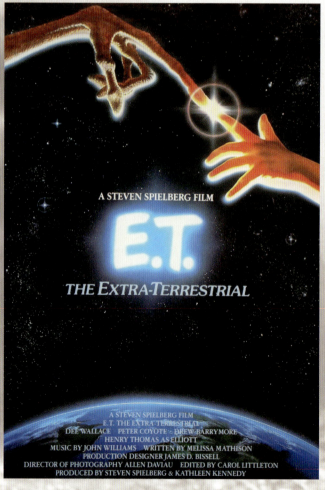

エリオットはE.T.を政府職員たちのもとから奪還するが、兄マイケル(ロバート・マクノートン)や友人たちとともに彼らの追撃を受ける。

　お互いに言葉の壁を壊そうと時間をかければ魂の交流は深まる。人と人とが一生懸命になって仕事をするときには深い友情が築かれていく。彼らはお互いの気持ちを表現するときにそれをどう伝えようかということにとてもこだわるからね。これがE.T.とエリオットの絆になる。2つの孤独な魂が、つかの間、お互いを絶対的に求め合う。こうして2人は魂の交流によって生きのびることができるんだ。

　つまりぼくにとって『E.T.』はこれまで作ってきた中で最も精神的で、霊的感応力に満ちた映画なんだ。これはまったく当然のことで、ぼくがずっと深く感じてきたことだからね」。

　こうした意図、いやそれ以上のものが『E.T.』にははっきり現れ、この映画の基調となって深みと味わいをもたらしている。この映画につめかけた大勢の観客の大半は(最初の一般公開でアメリカ国内だけで3億6,000万ドルの総収入を上げ、海外でもほぼ同額の収益を上げた)、どうやらそうした意図はごくわずか、無意識的にしか感知できなかったようだ。というのも、この映画はもっとはっきりとした魅惑を備えていたからだ。不気味だが可愛らしくもあるE.T.自身からしてそうであった(カルロ・ランバルディと彼の製作チームが実際に寝る間を惜しみつつ半年がかりで創った苦心の作である。奇しくも彼もまたアインシュタインそっくりの目をしていた)。

　この小さな生き物はいささか不器用だが聡明で、臆病ではあるが、エリオットやその親友や家族と打ち解けてしまうと、とても優しくなる。彼がふとしたはずみで酔っぱらったり、「オウチ、デンワ」するためにラジオの製作に没頭したりしても彼のまじめな姿にはおかしみがある。リーセス・ピーセスの場面は言わずもがなだろう(この映画のためにM&M'sチョコレートの使用を許可しなかったマースのマーケティング担当は、競争会社ハーシーズに対抗する世紀の機会を逃してしまったことで悲嘆にくれたことだろう)。

　アメリカの科学者たちが純真無垢な存在であるE.T.の前に立ちはだかり、幸せを脅威にさらす場面の演出設計は見事である。母親の無知と善良さも繊細に描かれている。エリオットの友だちがE.T.がどんな存在なのかを次第に理解するさまもゆったりとした感動へと見る者を誘う。

　エリオットの自転車のカゴにE.T.を押し込んでエリオットとその仲間たちが追手から逃れ、死にもの狂いでペダルを踏んで通りを走り、空を飛び、彼方にある故郷からE.T.を救助に来た者たちと対面する場面は、映画史上で最も傑出した場面であると思う。この場面についてスピルバーグはジョン・ウィリアムズのスコアを賞讃している。「ぼくは自転車を宙に飛ばすことはできる。それは自分ができることだ。でもジョンは音楽を通し

「ぼくにとって『E.T.』は素晴らしい体験となった。作り終わって、ぼくは父親になりたいと思ったからだ。父親の経験はなかったのに、この映画でいきなり3人の子ども、特にドリュー・バリモアの父親になった感じがしたよ。だからこの映画はぼくの人生のはっきりとした転機となったんだ」

この映画の顔となる、月を背にしたエリオットとE.T.のショットの製作(上)。ジョン・ウィリアムズの忘れがたいテーマ曲が2人を宙に舞い上がらせることになる(右)。

てぼくの映画を書き直してくれる。ジョン・ウィリアムズは子どもたちを本当に舞い上がらせた。観客たちはジョン・ウィリアムズのヴァイオリンの演奏で離陸する。そしてジョンの弦楽合奏で月や夕陽へと運ばれていき、ホルンで着地する。『E.T.』のラスト15分はほとんどオペラだ。ジョン・ウィリアムズのこの映画への貢献のおかげだよ」。

こうして映画の中で私たちが空を飛ぶという体験は空前絶後だろう。それは高揚感にあふれながらおかしさもある。このシークエンスはスリルを感じつつも奇妙な笑いが喉もとからこみ上げてくるのだ。我々はE.T.が願いを遂げ、最後には家に帰ってほしいと思うが、同時に帰ってほしくないとも感じてしまう。スピルバーグも同じだ。彼が最後の別れのシークエンスを撮っていたとき、ふとE.T.をこのまま地球にとどまらせるという異なる結末を思いついた。ライト・パターソン空軍基地に連れ去られ、調査と冒険がさらに続いていく。いやだめだ、それは別の映画のものだ、と彼は決断した。

スピルバーグの最後の別れの場面に対する態度には嘘偽りがない。別離におけるあらゆる相反する感情がありのままのかたちで抑制をもって表現されている。このシークエンスでわかることはエリオットが大人になりつつあるということだ。そこでは、時には喜びもあるものの、おそらくはさらに有無をいわせぬ、心を突き刺すような悲しみが待っていることになる。このかけがえのない冒険は、今後の長い人生で彼を支えるに十分だろうか(もしこれが"実話"なら彼は今40歳になっている)。それとも、その後をただ余生として生きているのだろうか。我々は、この善良な少年があらゆる点で満ちたりた人生を送っていると信じたい。過去の栄光を振り返らず前進を続けるスピルバーグがそうであるように。

「ぼくにとって『E.T.』は自分の少年時代の物語のエッセンスであるとともに、少年時代の終わりでもあった。この成功のおかげで、より大人向けの題材に取り組む勇気を持てたからだ。『E.T.』はぼくに、いわば失敗を恐れることなく進んでいける通行許可証を与えてくれた」

　それでも離婚のことでスピルバーグは次のように認めている。「ぼくの映画の多くは、家族の幸せというアメリカン・ドリームの復権を語っているんだ。今、自分でそれを実行しているのさ。ぼくは懸命に働いて、夫婦と子どもだけの家庭を作り上げた。だけど、その代償として両親が別れ、離婚したときにどう感じたかということを、理解しそびれたんだ」。

　これについて私は完全に同意しない。なるほどスピルバーグが家庭生活の充実に努めていることはたしかであり、それについては彼がよく口の端にのぼらせている（彼はいまだに子どもを自分で学校に送り迎えしており、できるだけ仕事を早めに切り上げて子どもたちと過ごすようにしている）。しかし思うに、エリオットのように親が離婚している子どもの世界は、いまだにスピルバーグに付きまとっている。事実、エリオットにはスピルバーグが投影されていると思う。子どもが離婚の困苦や欠如を克服し、その向こうの満ちたりた健全な境遇へと到達する。スピルバーグの場合、それは神の仲立ちとでも呼ぶべき、奇妙で聡明な、目には見えるが姿なき小さな生き物の助けによってなしとげられる。

　子どもたちがE.T.を救いにきた宇宙船へと疾走し、いったい何の騒ぎだろうと他の自転車の少年たちも集まってくる。「彼は宇宙から来たんだ。ぼくたちは彼を宇宙船に連れていくんだ」と言うエリオットに、怪訝な顔をした少年が「ビームで飛ばせないの？」と言う。エリオットはいらいらと「グレッグ、これは現実だよ」と答える。その現実は魔法のような2時間であるのだが。

　「ぼくの仕事は、観客と映画体験との間にある美学的距離をなくすことにある。それが2時間のあいだ消え去り、劇場をあとにして太陽の光が顔に降り注いだときに、ふと我に返るようにしたい。それがうまくいって、観客が今晩しなければならないことや、映画のあとにトイレに行かなくてはといったことを考えなくなったとき、ぼくは成功したといえる。ぼくたちの仕事は、自分たちの語る物語の体験の奥深くへと観客を引きずり込むことができるかどうかに成否がかかっている。観客はそのことで監督に感謝するんだ。『ああ、こんな体験するんじゃなかったなあ』なんて言われるのではなくね」とスピルバーグは言う。

　『E.T.』に感銘を受けない人などいないだろう。ファンが皆無の駄作というものはないし、その出来栄えに疑問を抱く人が皆無なほどの傑作というものも映画にはないのだが、この『E.T.』については後者の人間がいるかどうかなどはどうでもいい。成功と賞讃にもかかわらず、『E.T.』がその年の主要オスカーを獲れなかったことは強調していい。栄冠は生真面目で、退屈な（今ではほとんど見るにたえない）リチャード・アッテンボロー監督の『ガンジー』に輝いたのである。

監督はエリオットの代わりになりたいという誘惑に抵抗している。「これは現実だよ」（上）。

インディ・ジョーンズ／魔宮の伝説

Indiana Jones and the Temple of Doom（1984年）

「気持ちは2つに引き裂かれていた。もし自分が『インディ・ジョーンズ／魔宮の伝説』を降りれば、他の誰かがやるだろう。それも何だか妬ましいが、さりとて自分でやるのも今ひとつ気が重い」

スタジオ幹部たち以外には、今ひとつはっきりしない理由で、1980年代初めにワーナー・ブラザースは、ロッド・サーリングのTVシリーズ『トワイライト・ゾーン』に基づくオムニバス映画の製作がイケると見込んだ。スピルバーグと同世代の腕のいい監督たちを雇おうという思惑だ。『アニマル・ハウス』と『ブルース・ブラザース』が大当たりし、『狼男アメリカン』がカルトなヒットを飛ばしたジョン・ランディスのほか、ジョー・ダンテ、ジョージ・ミラーが集った。スピルバーグとランディスは製作総指揮を兼ねる。夜のドライブをしながら、『トワイライト・ゾーン』の恐怖のエピソードを話すダン・エイクロイドとアルバート・ブルックスが映画の導入になる。

炭鉱内を見渡す監督(上)。

［前ページ］キー・ホイ・クァン（ショート・ラウンド）とカチンコを持つインディ（上）。あまりに何度も象に乗ったため、ハリソン・フォードは背中の椎間板を痛めた（下）。

　適切とは思えない企画だ。それにこのプロジェクトを、スピルバーグがどう思っていたのかが見えにくい——彼が少年時代に見ていたテレビ番組に寄せるノスタルジーを、何らかの形で満足させたかったという以外には。それに、1982年7月23日の不幸な事故を誰が予想したろうか。ランディスは自分のパートを撮影していた。ヴィック・モロー演じる人種差別主義者が、ナチスのドイツ、KKKの南部、そしてベトナムへと空間移動し、差別の因果が自分に返ってくるという物語だ。ベトナムでのシーンで、彼はヘリコプターに追われている。そのとき、特殊効果の爆破に使う積載物が爆発し、ヘリのプロペラを損壊した。それがモローおよび彼とともにエキストラ出演していた、2人のアジア人少年に突っ込んできた。

　その事故はまったくの不幸というほかないように思われた。しかしいうまでもなく、刑事訴訟となり、被害に対する訴追がなされた。スピルバーグに過失はなかった——事故の晩、セットにはいなかったのだ。しかしランディスとその他4人のスタッフは過失致死を問われ、長年の審理を経た後に、無罪放免となった。ランディスはその後、事故で死亡した2人の子どもを雇用した件につき、カリフォルニア州の児童労働法の抜け道を使ったとして警告を受け、スタジオは犠牲となった子どもたちの保護者とヴィック・モローの遺族らによる訴訟を示談で解決しなければならなかった。スタジオとしては単に製作を中止するというのが、いちばん賢い選択だったろうがそうしなかった。スピルバーグはといえば、当初に予定していたより、鋭さを欠いたぬるい物語を撮ることにした。「真夜中の遊戯」と題するエピソードである。子ども時代に逆戻りした老人たちの物語だ。彼はこれを6日間で撮影する。結果として、前作『E. T.』ではきわめて成功裡に発展させた感傷性が、ここでまた退行したと評されることになる。

　当時の批評界には、間違いなくスピルバーグに対する悪意があった。彼は強いアドベンチャー志向と、少年の心を見事に喚起する力で、自らの力量を示してきた。それに圧倒的な商業的成功——彼の世代ではもちろん、おそらくは映画界でも史上最高の——を果たしていた。問題は、彼もいつかは厳格で成熟した感情を喚起する映画を撮るのだろうか、ということだった。

　このような中で彼は『魔宮の伝説』を手がけることになったが、それがよい方向に転ぶはずはなかった。ことに批評家たちの間では。作品には美点もある——特にオープニングなんかはシリーズ最高の出来栄えだ。舞台は1935年、上海のナイ

休憩中。ケイト・キャプショー（未来のスピルバーグ夫人）、スピルバーグ、ジョージ・ルーカス、ハリソン・フォード（上）。

「この映画から生まれたいちばんのものはぼくの将来の妻だね。それから、映画のためにこしらえた PG-13 というレイティングだ」

[前ページ]上海のナイトクラブ歌手、ウィリー・スコットを演じるケイト・キャプショーは魅力にあふれている。スピルバーグとの打ち合わせ(上)、北京語による「エニシング・ゴーズ」をダンサーとともに歌う(下)。

ショート・ラウンドと危機一髪(上)。

トクラブ。そこでは、ギャング、ダイヤモンド、毒薬とその解毒剤がくんずほぐれつ、それらを奪い合っての乱痴気騒ぎとなる。そして無数の風船に、間一髪の飛行機での脱出、まったくエキサイティングというほかない展開だ。スピルバーグがこれ以上に複雑で、しかもわくわくする 15〜20 分間を演出しきったことは、これまでなかったはずだ。しかもこれは、インディの旅の仲間を紹介する場面にもなっている——子どもとはいえ勇敢で機転のきくショート・ラウンド(キー・ホイ・クァン)、ケイト・キャプショー演じるクラブシンガーのウィリー・スコット。彼女はオーディションでこの役を 100 人以上の中から勝ち取ったという。それだけでなく、彼女はまもなくスピルバーグの人生において、さらに大きな役を得ることになるだろう。彼女はインディ映画 1 作目の『レイダース／失われたアーク《聖櫃》』でカレン・アレンが演じた、ハワード・ホークス的な女性像とは正反対だ。つまり気立てはいいが金目当てで男に近づくタイプの女性であり、いつまでたっても象の背中から転げ落ち、ヘビに悲鳴をあげているような、つまり悪くいえば、足手まといである。とはいえ 3 人の冒険の道中では、困難に立ち向かう勇気を見せることもある。

ただ、思ったほどには気持ちが高まらないのだ。このもやっ

インディ・ジョーンズ／魔宮の伝説

"魔宮"にて。無数の小型のヘビに巨大な昆虫、目玉のスープや猿の脳みそ（実際にはカスタードとラズベリーソースで作られている）を華麗に盛りつけた、最悪の宴席。

『レイダース』の成功で、続編のポスターは「近日公開」だけで十分だ。

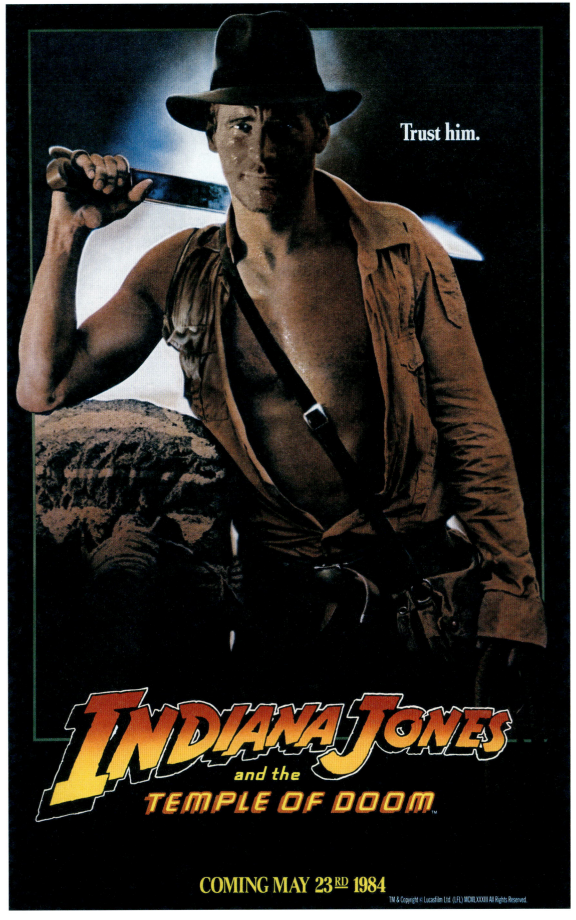

インディ・ジョーンズ／魔宮の伝説

スリランカでのロケにて。吊り橋の確認をするインディ・ジョーンズ・シリーズの責任者たち。映画のクライマックスとなる、インディと悪人たちの格闘シーンの舞台だ。

とした思いを考えるに、インディの物語はシリーズ1作目と3作目のように、ナチスが関わってきたときにこそ、最高に盛り上がるということだ。悪役としての彼らの存在感は、スピルバーグの集中力を高める助けになっているようだ——そしてこの2作目は、ナチスというこの悪魔の政党が登場する、さらにシリアスな後の作品へのリハーサルのようでもある。

『魔宮の伝説』では、その土地にいる悪人を敵役にしなければならなかった。命からがら墜落する飛行機から脱出したインディとショート・ラウンド、そしてウィリーは（非常にエキサイティングだが、あまりにもありえない展開で）、インドの辺境にある村の居住者たちに救われる。村の子どもたちは、洗脳されたカルト教団の悪漢たちに誘拐されていた。のみならず、その村になくてはならぬ、聖なる石も奪われていたのだった。インディは子どもたちを救出し、石を取り戻すことを約束する。こうして彼は炭鉱とカルト教団の本拠地へと向かっていく。そこでは誘拐された子どもたちが、死ぬまで強制労働を強いられているのだった。悪党どもはウィリーとインディを捕らえ、残虐非道に2人を苛むが、ついに彼らは炭坑掘削用のトロッコでの脱出に成功する。

ここはまさに全編中、最高最大の見せ場だ。スピルバーグは観客の興奮を余すところなく引き出すことに成功している。しかしながら、何かがうまくいっていない。出来上がりが暗く、それに狭苦しい——率直にいおう。単にありきたりなのだ。それにインディの前作では、こうしたシークエンスは野外で展開されていた。映画は子どもたちと聖なる石が村に帰還して幕となり、命がけの冒険を経て成長を遂げたウィリーは、最後にインディと抱き合うのだった。

批評家からは好意ある評価を得ることはできなかった（とはいえ興行成績では大成功だ）。大体のところ、軽妙さを欠き、ウィットがなく、前作を活気づけていたようなユーモアの余地もない、といったところがこの映画への標準的な評だろうか。あまりに多くのノンストップ・アクションを詰め込みすぎであると。少なくとも前作には重厚感を与えていた、失われた聖櫃（アーク）のような、映画を推進するものが何もない。

この作品はレイティングの点でもひと悶着あった。冗長かつ非道な暴力シーンに、審査機構はR指定を与えた（訳注：17歳未満の鑑賞は保護者同伴が必要）。これではいうまでもなく、主要観客である若年層の動員を失ってしまう。スピルバーグはアメリカ映画協会会長の、ジャック・バレンティに連絡をとり、PG（訳注：入場制限はないが鑑賞には保護者の注意が必要）とRの中間のレートを求めた結果、電話口でそれは受諾された。これがPG-13創設のいきさつだ——これでティーンエイジャーも見ることができる（訳注：13歳未満の鑑賞は保護者の厳重な注意が必要）。スピルバーグにはそれで

異存はなかった。すでに彼はこの映画を10歳以下の子どもに見せるべきではない、という点は了解していた。10歳にもう3歳分を足したくらいなら彼には小さな違いにすぎなかった。

なお、ケイト・キャプショーが出演したことで、この映画が後にもたらしたものの大きさは、計り知れない。本作の彼女はまったく素晴らしい。が、ほどなく彼女とスピルバーグは恋に落ち、結婚し、（養子を含め）5人の子どもを授かって、ハリウッドでの最も幸せな結婚の1つとなったのだ。2人の協力関係に、スピルバーグがどれだけ満足しているか——それは傍（はた）から見ていても、胸が熱くなる（としかいいようがない）ほどなのだ。

いつもどおりすべての中心となって、監督は自らのヴィジョンを言葉と身振りで説明する。

インディ・ジョーンズ／魔宮の伝説　95

カラーパープル
The Color Purple（1985年）

「『カラーパープル』のこれまでとの大きな違いは、登場人物たちの人生が物語そのものよりも大きいことだ。キャラクターを矮小化するような映画は作りたくなかった。しかしここではキャラクターが物語そのものなんだ」

スピルバーグは『カラーパープル』の精神において、確固たるトーンを決めた——「顔、室内装飾、屋外風景、土地の持つ美しさ。これらの表現をジョン・フォードに倣った。この美しい画面の内側にある厳しい物語だ」。

「『カラーパープル』なしには『シンドラーのリスト』も『太陽の帝国』も作れなかったと思う」とスピルバーグは語る。「まず不可能だった。ホロコースト問題に威厳を持って取り組むこと——しかも生き残った人々の記憶をおとしめず、生き残れなかった人々を辱(はずかし)めないように。それだけの人間的成長も、監督としての技量も、心情的に深い部分の理解も、当時のぼくは持ち合わせていなかったんだ。『カラーパープル』以前にぼくが作った作品は、どれもポップコーンの匂いが鼻につく。けれど『カラーパープル』は違うんだ」

メジャー作品の初主演で、セリー・ジョンソンを演じたウーピー・ゴールドバーグは、アカデミー主演女優賞にノミネートを果たした。

　原作をスピルバーグに強く推したのは、キャスリーン・ケネディだった。しかし、本作で音楽を担当したクインシー・ジョーンズも、企画実現のために重要な仲介役を果たしている。というのも、この企画はただちに人種権益団体からの抵抗を引き起こしたからだ。特に問題視されたのは、主要な登場人物である黒人男性が悪しざまに描かれている点で、さらにこの映画はレズビアンを助長するとまでされた。事態が完全に沈静化することはなかったにせよ、これらの異議はやがて鳴りをひそめた。ピューリッツァー賞を受賞したこの映画の原著者が、映画を擁護する側に立ったのだ。アリス・ウォーカーは内気な、ほとんど内向的ともいえる女性ではあったが、スピルバーグとケネディとの面会を行うことで、彼女は映画化において感じていた多くの懸念を解消する。そして多くの時間をロケに立ち会って、俳優たちに20世紀変わり目の言葉のアクセントを指導し、また彼女が現場にいることは、それだけで製作上の大きな助けになった。

　物語は込み入っている。主人公は、生涯にわたって男に虐待されている黒人女性たちだ。彼女たちは、究極的には人生に打ち勝つ――あるいは、少なくとも困難な境遇の中にも、ついには人間的な生活を見出すことになる。物語の中心となるのは、少女時代から、成長してもなお虐待を受け続けている女性、セリー（ウーピー・ゴールドバーグ）である。最後に彼女の救いとなるのは、3人の女性との強い絆だった。1人はシャグ・エブリー（マーガレット・エイヴリー）。ブルース歌手で、セリーの夫アルバート（ダニー・グローヴァー）の愛人でもある。そして、セリーの妹で、アフリカで宣教師となるネッティ（アコーシア・ブシア）。もう1人は強い意志の持ち主であるソフィア（オプラ・ウィンフリー）だが、彼女もやがて権力の前に屈し、支配層の南部白人を侮辱したことで、投獄される。

　この映画においてもう1つ重要な点は、そう、コミュニケーションについて描いているということだ。原作でも映画でも、女たちはいつでも互いに懸命に語り合い、何とか彼女たちの人生を変えるほどのパワーがあり、その心に最も密接で親密なものについて言葉にしようとするのだ。それは多くの美しいシーンで描かれる。ある女性はもう1人に本を読むことを教えるだろう。また、あるときは40年以上もの間、2人の関係をつなぎとめてくれた手合わせ遊びがあり、映画では暗示するにとどめられたが、原作ではより赤裸々に触れられていた、同性愛の関係さえあるだろう。これについては「女性同士のキスまでにとどめたんだ」とスピルバーグは言う。「ぼくにはまだそれ以上の描写をする覚悟がなかった」。

　もちろんそうすることで、より厳しい年齢制限が課されるR指定を免（まぬか）れ、数百万の観客を失わずにすんだ。また、そのことは最終的に彼が決定したアプローチを守ることにつながり、映画のトーンによりしっくり合うものにもなった。それに、長い時間をかけて、彼はこの映画を白黒で撮ったらどうかという考えを模索している。「自分で自

スピルバーグは出演者たちすべての年齢、演技経験の度合いを問わず演技指導を行い、この主題を真剣に扱っているということの信頼を得た。

分を恐れていたんだ——この原作を甘ったるい映画にしてしまうんじゃないか、と。だから少なくとも白黒で撮りさえすれば、砂糖をまぶしたような作品になることはないと考えたんだ」。

しかし最終的に、彼と撮影監督のアレン・ダヴィオーはそれとは正反対のアプローチをとることに決めた。2人はこの映画をこのうえなく美しく見せたいと思ったのだ——「顔、室内装飾、屋外風景、土地の持つ美しさ。これらの表現をジョン・フォードに倣った。この美しい画面の内側にある厳しい物語だ」。

「ぼくには胸の中で決めていたトーンがあった——それは真実の恐怖を見せることになるだろうが、紫色(パープル)の花々と、美しい農場、実りゆくトウモロコシ畑の風景が織りなすつづれ織りのような画面にもなっているんだ」。

こうしたアプローチは「アリス・ウォーカーが文章にした記憶の集積物という全体像を塗り替えてしまうかもしれなかった」と彼は認めている。なるほど、その懸念どおりに受け止めた評もたしかにあった。彼らはそのとき、スピルバーグ最初のこの「シリアスな」映画において、彼が最高水準にあるとも熱心に主張した。

同時に彼には、映画とはそれほど関係のないもう1つの事件があった。映画が公開された1985年に、かねてより交際中だった女優のエイミー・アーヴィングと結婚したのだ。彼女は女優のプリシラ・ポインター

カラーパープル 101

オプラ・ウィンフリー（ソフィア役）はもうインタビューの技術を磨いている。スピルバーグの左側にいるのは、彼の長年のプロデューサーで、『カラーパープル』の製作を勧めたキャスリーン・ケネディ。

と、ニューヨーク・パブリック・シアターのディレクターだったジョセフ・パップの後を、パートナーとともに引き継いだ、ジュールズ・アーヴィングとの間の娘である。そして彼女自身も、力のある有望な、とりわけ数本のブライアン・デ・パルマ作品への出演で知られる女優だった。彼らの結婚は、控え目にいっても嵐のように情熱的なものだった。短い話をさらに縮めていうと、2人の結婚生活は4年だけで終わる。その間にスピルバーグの最初の息子マックスが誕生し、決して良好でない夫婦関係は広く世間に知られることとなった。夫婦の間で何があったかは他人に推しはかることはできないし、彼らもそれについては何も語っていない。エイミー・アーヴィングは映画に舞台にと活躍を続けた。マスコミは彼女が得た巨額の和解金について報じたが、いくつかの情報が伝えるほど大きな額ではなかったはずだ。

スピルバーグの私生活は、伝えられる限りにおいて『カラーパープル』の作業には影響していない。彼はこの映画を作ることを欲すると同時に躊躇してもいた。製作が始まる前段階で、この極めつけの黒人的主題を白人監督が扱うことについて、多くの黒人コミュニティが異を唱えていることを彼は知っていた。また同時に、彼がずっと口当たりのよい映画を作ってきた監督だと思われていることも承知していた。もし知らなかったとしても、多くの、とりわけ黒人社会の人々が彼にそれを知らしめたことだろう。

批評家たちは、スピルバーグが方針を決めたなら、まず後に引かな

スウェイン役として登場するローレンス・フィッシュバーンは、『カラーパープル』を初期出演作品とし、以後さらに名声を高めた俳優の1人だ（上左）。

いという意志の強さと、彼の演出技量を見誤っていた。映画は長く、不出来な部分がないわけではない。けれど、これらのことは映画の力強さの源泉であるともいえる。この映画の登場人物は、特に男性キャラクターはまったく好きになれない者ばかりである。彼らは過ちを犯す。暴君のように振る舞い、実際に悪への衝動をおさえられない。それに、彼らはしばしば荒っぽいやり方をするような時代と土地に生きている。

一方で、その裏付けはないにせよ、彼らには力強く決然とした意志がある。その全員の認識は、なすべきことに向かって前進し続けなければならないということであり、よりよい生活を求めるということだ——いわゆる物質的な豊かさでなく——彼らはその希望があることを本能的に知っている。『カラーパープル』には、そうした精神的な高揚感がある。もしかしたらセンチメンタルでさえあるかもしれない。しかし決してこれ見よがしにはなっていない。総じてスピルバーグは自らに課した試練に合格したといえるだろう。この映画で、彼は真剣に受け止められるべき映画作家として遇される権利を得た——もっとも、より娯楽的な題材で見せた、きわめて卓越した手さばきによってすでにそう受け止めていた者もいる。今後はもう決して、彼が真摯なテーマを、真摯な方法で扱う能力がないなどと言う者はいないだろう。これはある意味、スピルバーグにとって事実上、トータルな映画作家へと変貌するプロセスが始まった作品だったのだ。

太陽の帝国

Empire of the Sun（1987年）

「初めてぼくは、観客をではなく、自分を満足させる
ために映画を作っている」

「クリスチャンは何の心配もなかった。彼は、自分で話す以上に人の話に耳を傾けていたし、精根を尽くしてジムという少年になりきろうとしていた」

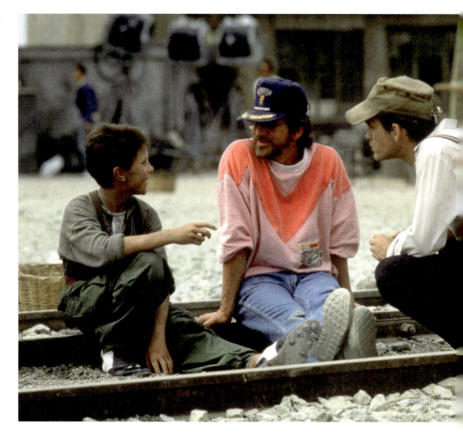

[前ページ]飛ぶことの神秘に心を奪われた少年が模型飛行機を片手に空をつかもうとする。『太陽の帝国』の主要なライトモチーフの1つ。

監督は、ジムとジョン・マルコヴィッチが演じたベイシーとの間にディケンズ的な関係を作り出す（下）。

スピルバーグが『太陽の帝国』に初めて興味を持ったのはデヴィッド・リーンのおかげだった。この多才なイギリス人監督はすでに、J・G・バラードによる壮大な自伝的小説を読んでいた。スピルバーグはリーンから映画化権の問い合わせを受けたが、権利はワーナー・ブラザースが管理していた。映画会社は、すでに別の監督と契約済みと返答し、映画化は間近とのことだった。しかし半年後、テリー・セメル（ロバート・デイリーとともにワーナー・ブラザースの共同経営者）から電話があり、以前の契約が破棄されたことと、リーンがまだ映画化に興味を持っているかを問い合わせてきた。リーンは興味をなくしていた。しかしスピルバーグによれば、リーンは「ぜひとも君がやりたまえ。まさに君にうってつけだ」と言ったという。

スピルバーグ映画特有の「孤独な少年たち」の1人を演じたクリスチャン・ベールは、13歳にして、将来彼が披露することになる力強い演技をはっきり知らしめている。

　すでにトム・ストッパードによって脚本ができていたが、当代きってのイギリス人脚本家という名声にもかかわらず、このときまでスピルバーグは彼と面識はなかった。「もうすっかりストッパードに夢中になってしまったよ」とスピルバーグは言う。「それでキャスリーン・ケネディと、ぼくと、トム・ストッパードがチームになって、新しい脚本作りに取りかかったんだ」。

　スピルバーグの興奮の原因を探りあてるのは困難ではない。ジム・グレアム(クリスチャン・ベールが演じる)は上海の海外共同租界で暮らす特権階級の少年で、スピルバーグ自ら言うように「奇人」である。一例を挙げるなら、彼は空を飛ぶことに魅了されている。「パイロットになり、大地から解放され——ただ死んで天国に行くということは考えず——飛ぶことができるという考えに取り憑かれているんだ」。これこそまさに、スピルバーグにとってはっきりと訴えかけるものであった。ジムは登場後まもなくして、ガーデンパーティでバグダットの盗賊の少年版という装束で、飛行音を口真似しながら来客者の中をかけまわる。ジムはまた墜落した飛行機を発見し、操縦席によじ登って想像の空中戦に参戦する。

　まさしくジムはスピルバーグが想像したとおり「奇人」である。神に向けて語りかけ(その答えは返ってこないが)、神とテニスさえする小さな少年である。飛ぶことへの彼の執着は、全能の神に限りなく接近しようとすることと関係があることに気がつく。

　日本軍が上海の占領を開始する。スピルバーグの最良の群衆アクションに数えられるこのシーンで、ジムと母親は、上海の主要路である外灘(バンド)で起こった民衆の大混乱に巻き込まれてしまう。ジムは片手で母親の手を握っているが、もう片方の手に握っていた模型飛行機を落としてしまう。手をふりほどいて取りに戻ったジムは、母を群衆の中で見失ってしまう。その後、無人となった家に戻るが、何か謎めいて厄介なものとの性的な出会いを空想——わずかにではあるが——している。

　これは、限定的にではあるにせよ、撮影のために中国が初めて門戸(もんこ)を開いた西側の映画である。映画会社が準備した上海での撮影日数はたった21日であり、その大半が大がかりな外灘のシーンに費やされた。そこには楽な部分もあったが——街路は長年にわたってほとんど変化していなかったので、ただ標識をかけかえるだけで十分だった。さらに困難があった——10,000人にのぼるエキストラが必要だった。またこのシーンのために、50台もの人力車という中国によって禁止されていた乗り物を作らなければならなかった。映画の残りの大半はスペインとイギリスのサウンドステージとロケで撮影された。天候不

太陽の帝国　105

順もあって、いささか予算オーバーとなったが、それでも——最終的な経費は3,800万ドル——比較的安く仕上がった。ご覧のとおり、スピルバーグの野心はすべて実現したのである。

「この本に対するぼくなりの返答として、1人の大人が目にするはずのものと対比して、1人の子どもが自分の目でつかみ取っていったものを集めて映画を作ろうとしたということなんだ。空想の世界の中にいる子どもたちというのは驚くべき筋書きをリアルタイムで創り上げていくけど、そのきっかけとなる目にふれるものを自分で選びとっているんだ。この本には映像化の参考になるものがあふれているんだけど、それこそまさに、ぼくの返答だったんだ。この物語を少年の目から語ること。そしてそれがすべてを失った少年であること。この映画のテーマは少年時代の死だ。この物語は、後にも先にもぼくが作ってきたどんな映画にもまして少年時代の死がテーマとなっているんだ」とスピルバーグは言う。

そのプロセスは、ジムが自宅の近くで捕らえられて捕虜収容所に連れていかれることで始まり、映画の大半はこの収容所で進んでいく。もっと重要なのは、彼がスピルバーグの「孤独な少年たち(ロスト・ボーイズ)」——彼らの中でおそらく最も失われた少年——の1人となったことだ。

しかし、ほどなくして、ジムがまれにみる才覚の持ち主であることが明らかとなっていく。「何とかして自立しなくてはならない、すべての権利を剥奪された子どもとしてのジムに、ぼくは自分を重ね合わせてしまったんだ」とスピルバーグは言う。「まさか夢にも思わなかった処世術を彼は身につけていく。生きのびるために誰かに取り入ったりするようなこともね。青天

「暗い映画を作ったとは思わない。でも許せる限り自分の暗さを出したんだ。なぜかそうせずにはいられなかったのでね」

ジム（ベール）が母と離れ離れになってしまう上海外灘の見せ場のシーンは、アメリカの撮影クルーに中国で撮影許可がおりた稀有な例である。許可されたわずか21日以内に急いで撮影せねばならなかった。

の霹靂という感じで彼は自分が何者なのかを知るんだ。——裕福な生活から貧しい世界に転落した、金持ちで特権階級の少年であることにね。ここにとても惹きつけられた。この映画を作ったのはそういうわけさ」。

彼のサバイバルに重要な存在となるのがジョン・マルコヴィッチ扮するベイシーである。彼は収容所の調達屋の元締めであり、まさに収容所の裏生活の師となる。捕虜たちにとって収容所生活を克服可能、生存可能なものにする男だ——もちろんその見返りを受け取ったうえで。この物語の中で、彼は憎めない悪者であると同時に深刻さを備えた人物だ。「マルコヴィッチはこの少年の中に以前の彼自身を見ている。彼は少年の中に希望を見る。ジムが子分となって、自分と同じようなしたたかな調達屋となるというね。少年はマルコヴィッチに従う。それは基本的に次の食事のため、文字どおり生きのびる手段だからだ。彼の手下となり、集団の中心となっていく。ある意味でベイシーはフェイギンで、ジムはオリヴァーだ。彼らの関係はディケンズ的なんだ」。

だが少なくともジムに限っていえば、それだけではない。収容所のフェンスの向こう側には、日本軍の飛行場があり、特攻の訓練を受けているパイロットがいる。彼とジムとは無言の交流をする。それはスピルバーグが言うように「神聖な魂の交流」であり、「空を飛ぶことでつながった美しい魂の交流」なのである。ある意味で、これは映画の白眉である。ジムが戦争前まで持っていた、空を飛ぶことへの"純粋な憧れ"という少年らしさが、日本人の飛行士の姿で彼の中に生き続けることになるのだ。

もちろん戦争は否応なく終わる——ジムにとって、アメリカのP-51戦闘機が突如として捕虜収容所の上空に姿を現した瞬間は劇的な体験だった。それはスピルバーグにとって天恵だった。早朝、ロケ地にいたとき、今この瞬間はまさしくこのシーンにこそふさわしい気がした。取るものもとりあえず、彼は急いで準備した——この劇的なくだりで、低空飛行をする操縦士がジムに気がつき、晴れやかに手を振って彼の存在を認める。夢のような世界から現実への帰還の挨拶だ。

しかしそうではない。収容所から解放されたジムは、スピルバーグ映画の最も印象的な舞台にあてどもなく迷い込む。競技

アメリカの戦闘機 P–51 が日本空軍基地を爆撃する瞬間をとらえた、天恵に満ちたロケ現場。

「ぼくは、この少年の純真さの喪失と全世界の純真さの喪失とを、並行する物語として描きたかった。長崎が白い光に包まれたとき、少年はそれを目にする。本当にそれを見たのか、それとも心の中の出来事だったのかはどうでもいい。2つの純真さが終わりを迎え、悲しみに打ちひしがれた世界が始まるんだ」

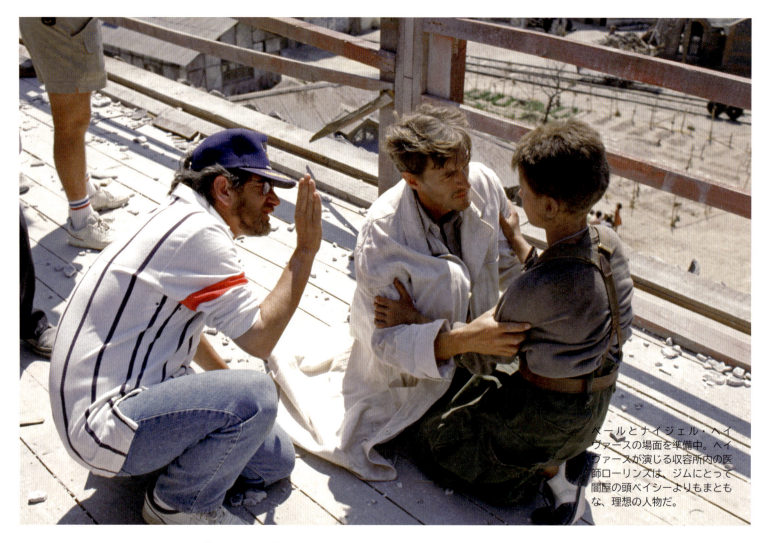

ベールとナイジェル・ヘイヴァースの場面を準備中。ヘイヴァースが演じる収容所内の医師ローリンズは、ジムにとって闇屋の頭ベイシーよりもまともな、理想の人物だ。

場である。そこにあるのはジムの以前の人生の残骸であり——ビーダーマイヤー様式の調度品や、ヨーゼフ・ホフマンの家具、大きな姿見、ロールス・ロイスやベントレーの自動車——失われた帝国の名残である。初めて映画を見たJ・G・バラードをたじろがせたに違いない光景だ。

「このシーンは実際より強調した」とスピルバーグは言う。「ここにポイントを置きたかったからね。これは戦争の到来に目をそむけてきた社会のがらくただった。手遅れになるまで何も見ようとせず、私事にかまけている人々に決まって起こることだ。彼らは最後にやっと物事の結末を知るのさ」。

ジムは、どこか殺風景な市場の建物で両親と再会する。だがスピルバーグが言うように、「長くは一緒に暮らさないだろう。ぼくは、この映画を彼が目を閉じるところで終わらせたけれど、その目はすでに老人なんだ。彼は家で両親との生活を長く続けようとは思わないだろうね。おそらく独り立ちして、小説家になるだろう。現実の世界でバラードがそうなったように」。

公開時、映画は評判にはならなかったが、収益はまずまずだった。しかし時を経て、評価は上がり続けている。映画史家のデヴィッド・トムソンは今ではこれをスピルバーグの最高傑作と見なしているが、こうした意見は彼だけではない。彼の最良の作品に数えられることには、私も同意見である。映画には落ち着きと揺るぎない自信があふれており、それがごく当たり前に見えてしまうが、これは映画の幾重にも錯綜した物語と、さらに長距離ロケーションを考えると、驚くべきことだ。演技については、特に夢の世界から、収容所の喧騒に満ちた世界へと一気に移っていく若きクリスチャン・ベールの没入ぶりは非の打ち所がない。神がかりの演技をいかんなく披露したこのパフォーマンスには知られざる、知られえぬ何かがあるといえる。マルコヴィッチのキャラクターも魅力的だ。強情で、抜け目なく、まったく人好きのする男ではない。だが同時に少年にとっては蛇のような魅惑を備えている。

『太陽の帝国』はスピルバーグの主要な2つのテーマ——空を飛ぶことの魔法と神秘、そして、喪失のあとで自らを発見していく少年——を、妥協や安易な解決に頼ることなく、たぐいまれなる優美さで推し進めた映画である。これは『カラーパープル』よりもはるかにスピルバーグの映画作家としての円熟期の到来を告げるものだ。この映画で彼はもはやジャンルを超えているからだ。これは本当の意味で稀有な作品なのだ。

戦争を体験したジムはわずか4年間のうちに、「変わり者」の少年から「老人の目をした」若者へと変貌する。

太陽の帝国　111

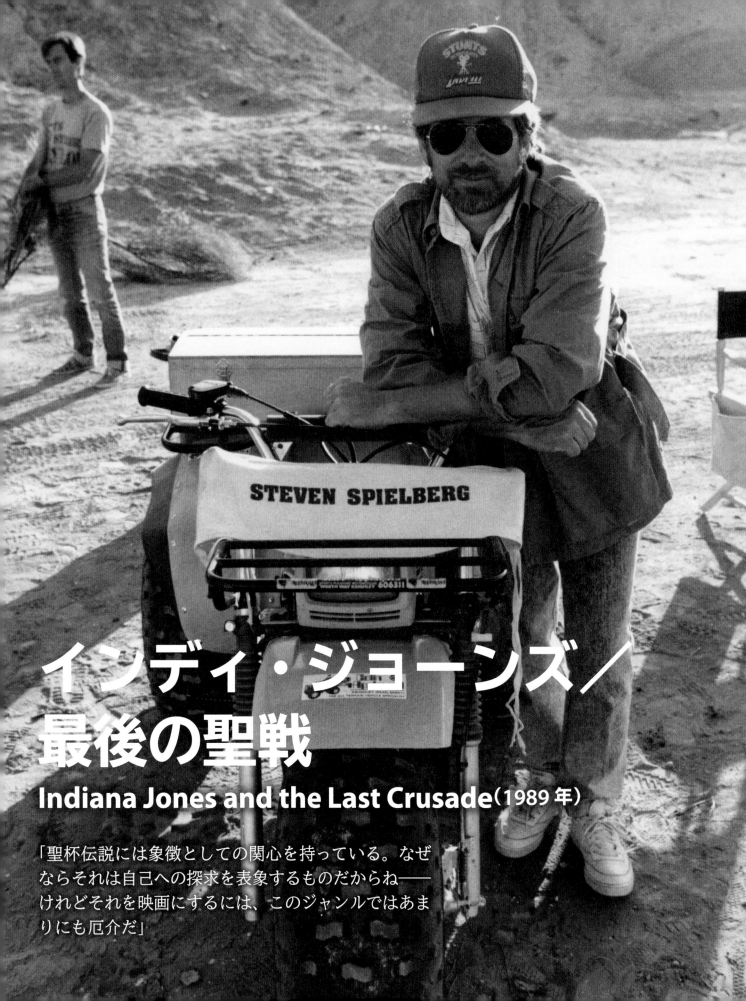

インディ・ジョーンズ／最後の聖戦
Indiana Jones and the Last Crusade（1989年）

「聖杯伝説には象徴としての関心を持っている。なぜならそれは自己への探求を表象するものだからね——けれどそれを映画にするには、このジャンルではあまりにも厄介だ」

ショーン・コネリーとハリソン・フォード演じるジョーンズ親子。2人は聖杯探しのために再会する。

インディ・ジョーンズも、スピルバーグのいわゆる「孤独な少年たち(ロスト・ボーイズ)」の1人なのだろうか。けれど、そうに違いないのだ。シリーズ中初めて、インディは母親を早くに亡くし、ショーン・コネリー演じる父親は、彼の少年時代の大半を不在にしていたという重要な過去が示される。老父は生涯のほとんどを、遠い異国の地で聖杯を探すために費やし、彼が家庭にいるごくわずかな時間にも、父子がまともな会話をすることはほとんどなかった——父親には家庭をまったく顧みない欠点があったというわけだ。

[前ページ]現場にて。4本のインディ・ジョーンズ・シリーズで彼が一番気に入っている作品である。

インディ・ジョーンズ／最後の聖戦　113

　この映画が前2作と違うのは、冒頭のアクション・シーンが本筋とより密接につながっていることだ。若き日のインディ・ジョーンズ(リヴァー・フェニックス)が洞窟内で、「コロナドの十字架」を手に入れる。長くエキサイティングなこの場面で、彼は盗掘団どもから逃げながら、この財宝は博物館のものだ、と繰り返す。結局お宝は賊に奪われるが、後にインディは父親が送った1冊の手帳を受け取る。そこには聖杯発掘のための情報が記されていた。

　簡潔なショットの切り替えで、お待ちかねのハリソン・フォードが登場する。成長したインディだ。彼は父がナチスに囚われの身となったことを知り、ヴェニス(そして多くの東側国)へと向かう。そして映画は、その必然としてノンストップ・アクションへとなだれ込む。騒々しく鳴き騒ぐネズミでいっぱいのカタコンベのシーン、薄情な美女(アリソン・ドゥーディ)はインディと淫靡でSM風のセックスを交わすが(スピルバーグ初のベッドシーンだ)、実は彼女はナチ党員だ。そしてボートでのチェイスに、父を救出するインディの城への旅、焚書(ふんしょ)が行われているベルリンへと向かい、飛行船、そして北アフリカの砂漠での戦車バトル、失われた街への旅を経て、舞台はついに聖杯とその古代の守護者が待つ地下洞窟へ。そこから先はまさに神のみぞ知るだ。

　デンホルム・エリオットも同行し、思慮深く、思いやりにあふれ、どこか頼りなくも父性を感じさせる人物を演じている。しかし映画は、本質的にフォードとコネリーのものだ。彼らはノンストップ・アドベンチャーの中で、2人の関係を深めていく。とはいえ父ジョーンズは、最悪に緊迫した状況でもインディを「ジュニア」と呼んでは、息子をいらだたせる。コネリーはこの役で、気難しいが素晴らしく魅力的な人物を演じている。彼はその割り切った流儀で、不在がちではあれ、常に息子に愛情を抱いていたことを、インディに伝えるのだった。しかし彼は息子にもっと大切なことを伝える。それは男にはなすべき仕事があり、追求すべき信念があること。そして、他の生き方に惹かれても、その信念のためには家族への義務を後回しにしなければならない場合がある、ということだ。

　父子が絆を深め、いがみ合いながらも、よき友人関係が築けるはずのこの冒険の旅の中で、対等な(実は子の方が優位でさえある)パートナーとして父と行動を共にできるかは、今や十分に成長したインディ次第である。

足を上に、目は下に。そしてストーリーに埋没。

若きインディを演じるリヴァー・フェニックス。盗掘団のリーダー(リチャード・ヤング)にフェドーラ帽を授けられるシーンのリハーサル(上左)。ハリソン・フォード、ジョージ・ルーカスとロケ地のイタリア、ヴェネツィアにて。午前7時から午後1時まで、大運河での完全に自由な撮影許可を得た(上右)。

岩に押しつぶされかけ、危機の連続のインディ。そしてナチスのバイクとサイドカーで父とともに脱出(下右)。

「第3弾は2作目のお詫びとして作った。あれはひどすぎたのでね」

若きインディを演じるリヴァー・フェニックスは、「コロナドの十字架」を奪って疾走する。

マイケル・シェアード演じる「総統」が、サインするため立ち止まる。ナチスの制服の多くを、このベルリンでの焚書シーンで見ることができる。これらは正真正銘の第二次世界大戦時の制服で、すべて衣装デザイナーのアンソニー・パウエルが調達した。

インディ・ジョーンズ・シリーズ第1作がそうだったように、ナチスが悪役のときのスピルバーグは最高だ。それは彼が描くに値する敵であり、絶対的な悪を象徴し、単なるプロットにおける素材以上のものだからだ。彼らはしばしば滑稽な愚か者として登場するが、もちろん、彼らのやることは危険きわまりない。そしてスピルバーグはそれを自由な創意で戯画化する。たとえば——これは映画で最も高揚する場面の1つだが——ベルリンでのナチス党大会のシーンがある。ここはスピルバーグが粋をこらして準備した見せ場の1つで、ここで党員に変装したインディはまさに「総統」その人と鉢合わせになる。そのとき父の手帳を手にしていたインディだったが、ヒトラーはそれを取り上げると、彼のためにサインをするのだった。

そのときばかりは「総統」も、決して世界で最も邪悪な人物ではない。あくまでも日常の執務をこなす名士といった風情である。たくさんの松明がたかれ、書物は燃え続けている、この手間のかかった舞台で、こんなとぼけた場面を思いどおりに撮れてしまうことに、十分なキャリアを積んだこの段階におけるスピルバーグの自信のほどがうかがえる。

とはいえ、そのキャリアにあって、最も重要なある一面は、いまだ十分には語られていない——きわめて核心的な部分だ。この作品は、あの厳粛かつ強い自意識のもとに生まれた『カラーパープル』と『太陽の帝国』直後に撮られている。『カラーパープル』からはわずか4年。そして『シンドラーのリスト』に到達する4作品も前である。けれどそれらと比べても、本作での彼の使命感の強さはまったくひけをとらない。彼の友人または同時代の重要な作家たち（マーティン・スコセッシやクリント・イーストウッドら）に比べ、スピルバーグはより一層易々と、しかも優雅に、喜劇的な描写から痛切な愁嘆場までを描き分けるレンジの広さを持つ。しかもどちらの面を扱うにせよ、技巧的にも精神性でも一方が劣ることはまったくない。いや、だからといって、決して彼らスピルバーグの友人たちや、ライバルたちを軽視しているという意味ではない。けれど映画作りとは、ましてスピルバーグほどの高額予算と、広範囲のテーマを扱うとなると、まず簡単ではない。それには大変な情熱と途方もないひたむきさが必要なのだ。

直近の十数年で、スピルバーグは題材の選択について、より真剣に考えるようになったことが明白に見てとれる。監督作としての企画を検討するにあたって、より慎重な態度で臨むが、着手するも棄却するも、その理由はいつも彼自身にもはっきりしていないため、2本、時には3本もの映画に同時に取り組むよう自分に強いている（あまりに消耗するので嫌いなやり方だと本人は言うのだが）。

しかし『インディ・ジョーンズ／最後の聖戦』で、観客は彼が全力を注いだことに気づく——もちろん映画を見ることの喜びにも。批評家筋はほぼ全面的に、あの精彩を欠いた『魔宮の伝説』から調子を取り戻したと評した。とはいえ、もういい加減に牛追いムチは捨てるべきだ、という揶揄も中にはあった。けれどスピルバーグにそんなつもりは微塵もなかった。絶対に。

オールウェイズ

Always(1989年)

「うまくいかない映画というものがあって、その理由は無数に存在するんだけどね……。この映画を作ったことは、ぼくにはよい経験だった。人間のあらゆる感情が語られているからね。後悔なんてまったくしていないよ」

リチャード・ドレイファスが消火活動に成功して帰還する。映画自体はこのような熱烈な歓迎は受けなかった。

10代の頃、スピルバーグは女の子とのデートで『ジョーと呼ばれた男』を見せた。映画が終わって、どうだったと彼はたずねる。あんまり面白くなかったわ、と彼女。どうしてさ、と彼。だって白黒映画だったじゃない、と彼女。その後、2人の関係が長続きしなかったのは言わずもがなだが、スピルバーグはこの映画に忠誠を保ち、何年もたってついに『オールウェイズ』としてリメイク（そしてアップデート）することになった。

ボーイ・ミーツ・ガールの物語。リチャード・ドレイファスとホリー・ハンターが恋のきらめきを交わそうと努める。

［前ページ］監督が神頼みをするのは、これが初めてではない。

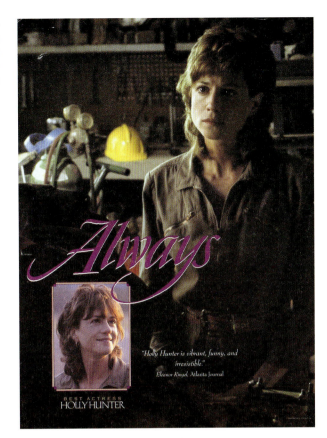

念のために。ホリー・ハンターがアカデミー主演女優賞を獲るには、1993年、ジェーン・カンピオン監督の『ピアノ・レッスン』の出演まで5年間待たなければならない。

オリジナルは、ヴィクター・フレミング監督、ダルトン・トランボ脚本による1943年の映画である。パイロット(スペンサー・トレイシーが演じる)が戦闘中に死んでしまうが、幽霊となってこの世界にさまよい続けるという物語だ。彼は操縦士の青年(ヴァン・ジョンソン)を見守るが、その青年が自分の元恋人(アイリーン・ダン)と恋に落ちるのを見てもどうすることもできない。幽霊は、危険なミッションのために彼女と飛行機に乗りさえする。彼女がジョンソン演じる青年に代わって操縦桿を握る間、彼はこの元恋人が無事切り抜けられるように導く。彼は抜け目のない男だが、そんな彼が死んでから私心を捨てた精神によって平和を築き、それが、とこしえに広がっていくのである。

『ジョーと呼ばれた男』は気持ちのいいファンタジーである。戦時中は勇壮な武勇伝が映画館を席巻していただけに、一層心を和らげるものであった。しかしながら、これは忘れられた大傑作というほどのものではない。これは単純にスピルバーグのロマンティックな性格に訴えるものがあったのだが、このことについては、いくらか説明すべきだろう。スピルバーグのリメイクは、オカルト的要素のある題材にもかかわらず、かなり伝統的な「ボーイ・ミーツ・ガール」ものに近づいた物語である。実際ここで起きているのは、女性に「関与」できず、愛に「関与」できない男というお定まりの話だ。しかしやる気は十分あったのだが、スピルバーグはどうも2人の愛を自分の愛に引き寄せていないように見える。結局、2人の相思相愛ぶりは血が通っているようには見えない。恋愛映画としてスピルバーグ自身が惹きつけられているのは、カップルそのものというより過去である。過去の世界にどっぷり浸かるにせよ、現在の物語を少し過去の雰囲気で満たすにせよ、スピルバーグは「ノスタルジー化」する傾向がある(たとえば『E.T.』の郊外は1980年代の現実が映し出されているというより、スピルバーグ自身が育った世界が反映されている)。

いずれにせよ、『オールウェイズ』で、第二次世界大戦の英雄パイロットは、現代のアメリカ西部で森林火災と闘う英雄パイロットに置き換わっている(これは友人のペニー・マーシャルの翻案であった)。オリジナルでトレイシーが演じた役はリチャード・ドレイファス、アイリーン・ダンの役はホリー・ハンター、ヴァン・ジョンソンの役は牛のように鈍重なブラッド・ジョンソンが演じた。主人公の親友役にはジョン・グッドマンがあたり、オリジナルではライオネル・バリモアが演じた、精霊のような存在で高齢ながら聡明な、死後の世界の案内役はオードリー・ヘプバーンが魅力的に演じた。これが彼女の最後の出演作となる。その当時の人気に合わせて、ドレイファスの役柄をふくらませたことも含め、きわめて理にかなったかたちで前作を翻案した映画となった。

この映画の最良の部分は消火活動のシーンだ。これはモンタナとワシントンで多大な費用をかけて撮影された。消防士たちの基地はモンタナのリビー近くに見事に再現された。この映画は、おそらくスピルバーグの心づもりを別にすれば、決して傑作になるはずのない映画であった。新奇さ、ロマンス、アクションがうまくブレンドされておらず、傑作となるために必要な力強さがなかったのだ。とはいえ『オールウェイズ』が、なぜこれほど薄っぺらくなってしまったのかを理解するのは難しい。

オールウェイズ

遺作となった出演作で、オードリー・ヘプバーンは死後の仕事の助言をする。

　問題はキャスティングにあるのだと思う。特に、ドレイファスとハンターにはまったく恋のきらめきがない。2人は愛しているそぶりをするが、それが生きてはいない。当然ながら、彼はつきあい下手ということになっている。危険な仕事と結婚しているタイプなのだ。だがそれにしても彼女との交際はあまりにシニカルで、投げやりだ。そうでないように振る舞おうとしているものの、率直にいえば、ドレイファスはハンターをどこにでもいる相手のように扱っている。ハンターはホークス映画の女性の変形だ。危険に向けて飛び立とうとすることに気乗りがせず、酒場で仲間たちとビールを飲んでいたいという男の闘志に火をつけるのだ。彼女は懸命に努力するが——この努力は本物である——2人の関係には、はらはらするところがまったくないのである。ジョン・グッドマンは、ドレイファスの親友として陽気なところがなく、ブラッド・ジョンソンは彼の代わりとして、どっしりと突っ立っているだけだ。ドレイファスのジョン・ウェインのものまねは楽しいが、ハンターがどうして彼と恋に落ちるのか見当がつかないのである。あるいは、ドレイファスは風来坊だが、同時にまた落ち着いた頼れる人にも思えたのだろうか。

　この映画には他にも問題がある。戦時中のアメリカでは、大勢の若者たちが命を落としていた。彼らの死が決して無駄ではなく、彼らにとっては幸福な、ありえないが都合のいい死後の世界が約束されているのだという、とりあえずの慰めを提供する物語が切実に求められていたのである。現実にそんなことはないのだが、今日でも、大多数のアメリカ人は天使の存在を信じている（2008年のベイラー大学の研究による）。だがどんな映画でもこうしたファンタジーが入っていれば喜ばれるはずである。少なくとも、感受性が豊かな人には特に。

　しかし飛行消防士とは。辺鄙な田舎での飛行試験や、それをわざわざ選択することに何の意味があるのか。この選択には何の切迫感もない。彼らからすれば、せいぜいちょっと気のきいた冗談といったところだろう。飛行消防士となるということは喜ばしいことで、彼らの幸運を祈りはするが、彼らの運命に国民的感情は呼び覚まされないし、観客を巻き込むための必須の要件がない。『オールウェイズ』の命運は恋愛冒険映画として成立しているかどうかにかかっていたのである。

　すでに書いたように、恋愛(ロマンス)はスピルバーグの性に合わないものだ。この映画で彼は照れてしまい、どうしても不可欠な感情の昂(たかぶ)りを出せずにいる。これはこれで、かまわない。限界はありながらスピルバーグはたいていの監督よりもうまく仕上げているし、あらゆるジャンルに長けた監督はいないのだ。だがこの映画は二度と飛び立つことはないだろう。

　きわめて巧みな仕上がりではあるものの、この映画は不首尾に終わっている。批評はこの点をそう厳しく責めなかったようだが、興行収入は相対的にいえば低かった。長い目で見れば、スピルバーグのキャリアにとって大した傷とはならなかった。この作品はただごく低調であったのだといえる——『1941』の大失敗に比べれば。

完璧を期すあまり、ヒナギクまでも演出中。

フック
Hook (1991年)

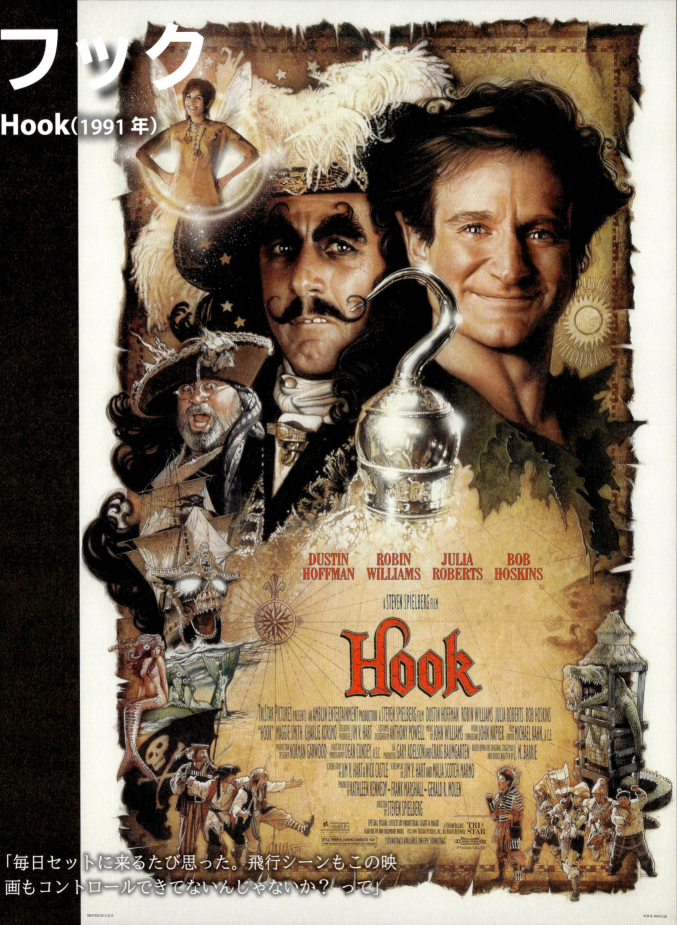

「毎日セットに来るたび思った。飛行シーンもこの映画もコントロールできてないんじゃないか？ って」

おそらくフック船長（ダスティン・ホフマン）との大冒険は、これが最後ではない（左）。エイゼンシュタイン『戦艦ポチョムキン』の、乳母車が落ちるシークエンスに対するスピルバーグのオマージュ（下）。

[次ページ]まさに神に与えられた才能で、ロビン・ウィリアムズは全精力を傾けて、「孤独な少年たち」のリーダー、ピーター・パンを演じている。

『フック』はスピルバーグの作品群では異色のものだ。というのは、ユニバーサルで撮った初期作品を別にすれば、これは彼自身の発案ではない唯一の作品なのだ。プリプロダクションの段階では、主要キャストは確定しており、監督にはニック・キャッスルの名も報じられていた。しかし監督が降板となり、それをスピルバーグが引き継げないかと打診された。まさに必然としかいいようがない。もし監督と題材が完璧にふさわしくマッチする企画があるとすれば、それはこの「ピーター・パン」の物語以外にはありえないからだ。

1980年代には誰もが——スピルバーグ自身も含めて——いつの日か、何らかの形で、スピルバーグが彼なりの方法で「ピーター・パン」の映画を作ることは間違いないと考えていた。そして、実現のための試みもいくつか行われてきた。結局その最終案を提示したのは、本作の共同脚本家ジェームズ・V・ハートだった。もしピーター・パンが成長して、いかにもアメリカ的な拝金主義の大人になったとしたらどうだろう。もし以前の自分が持っていた快活さを、完全に忘れてしまっていたとしたら。我々はそんな人物をピーター・バニング（ロビン・ウィリアムズ）に見ることになる。彼は企業のM＆A専門の弁護士で、自分の子どもたちを熱烈に愛してはいるが、より大きな儲け話があれば、家族をそっちのけにしてしまう。さらにあろうことか、彼は高所恐怖症だ。

　この着想は当時としてはある種のクリシェ（お決まりの設定）だった。多くの識者たちは、いわゆるアメリカの父親に、家族にかける愛情よりも、なるべくお金を稼いでそして消費することに力を注ぐよう促していた。とうとうピーターの妻は、彼が片時も手放さない携帯電話を取り上げて、窓の外に放り出してしまう。これで少しは彼を仕事から遠ざけることができるだろう。そして、そうした生き方は間違いであることを彼に教え諭すため、映画は残り時間いっぱいをかけるのだ。

　具体的にはおおよそこんな感じである。ピーターと彼の家族が、今や年老いたウェンディ（マギー・スミス）が暮らすロンドンを訪れる。彼女はかつてピーターを引き取り、彼の里親を見つけている。今回は、恵まれない子どものための病院を設立したことで、彼女のための表彰式があるのだった。そしてピーターと彼の妻がそのセレモニーに出席している間に、悪党フック船長が留守番中の子どもたちをネバーランドに連れ去ってしまう。そこに飛び込んできたティンカー・ベル（ジュリア・ロバーツ）の助けで、ピーターは子どもたちの救出に向かう——そしてその過程で、彼は空を飛ぶことを学ぶのだ。そのためには楽しいことを考えなければならないが、とはいえもちろん、子どもたちを助けるのが先決だ。この映画はその本質において、スピルバーグの主要テーマの多くを包含している。まずは両親について。スピルバーグ作品では、彼らはしばしばいなかったり、ひどく不仲だったりする。だからこそ彼が描く子どもたちを「孤独な少年たち（ロスト・ボーイズ）」と呼ぶわけだ（今回などまさにそうだ）。そしてもう1つのテーマとなる、華麗な飛行への解放感。それはまさに、ピーターが飛ぶことを知ったところで見ることができる。

　脚本上の着想は明快だ。だが、もし的確にイメージが伝わらなければ、作るのに、大変な時間を要するいささかどぎついセットがなくてはいけない。本当に映画の結果を左右するのは、他の何よりも「製作価額」なのだ。それは、スピルバーグが題材に取り組むうえでの、中心的な考え方だ。作品を封切るのにケチることはしない。上映時間もそこでは度外視される。これは節度なく長い映画だ。実に2時間半もの作品なのだ。この映画はやりすぎだといわれれば、スピルバーグは

きっと同意するだろう——ある程度までは。

スピルバーグによると本作は、重大な失敗作であると必ずしも認めなくてもいい、『1941』の「いとこ」のような作品だという。実のところはそうともいいきれないのだが。少なくとも9つのサウンドステージをカルバーシティのソニー・スタジオに設置した（これはスピルバーグ初の、人工のセットだけで撮影した作品となった）。主要セットではフック船長の海賊船を建造した——幅約10メートル、長さ約55メートル、メインマストの高さは約23メートルだ。これはスピルバーグが今まで作ったセットの中でも、ダントツで最大のものである。

いうまでもなく、セットにはこの膨大なキャスト全員を詰め込まねばならない——海賊たち、子どもたち、そしてならず者ども——彼らはみな終日、とにかく多忙を強いられた。いったいどれだけのリアクション・ショットが撮られたかは想像もつかない。しかし、これだけの人数を雇い入れた苦労にもかかわらず、そのお祭り気分はほとんど画面に生かされていない。スピルバーグはなるほど、アクション・シーンでは決してその腕に恥じない仕事をしている。けれど動きが少なく、意味あるべきシーンが、しばしば単に騒々しく、物語を先に進めるだけのものに堕してしまっている。そしてまた、この映画は驚くほど死に魅せられてもいる。フック船長が彼の最後の冒険を、死になぞらえるのは一度だけではない。彼が別れの言葉を口にするとき、どこか死を待ち望んでいるかのようでさえある。

主演の2人はどちらもスピルバーグの友人だ。ダスティン・ホフマンは、苦心を重ねた名演技を実現している。軽薄な騒々しさと、恐ろしさの、ちょうど中間ど真ん中を見事に具現化してみせた（どちらかというと、前者の表現の方が後者より強く出ているようだが）——しかも驚くほどの洗練さで役柄を読み取っている。ただ、その価値も断続的にしか機能していないのだが。

ロビン・ウィリアムズについてはもっと問題含みだ。当時の彼は、神がかった狂気を宿していた。それは俳優として、あらゆるものを笑いに変えようという情熱であり、しかもほとんどの場合、それに成功していた。演技という点では、時に勢いあまって制御できていない部分もあったように思われるが、まるっきり一線を越えるようなことは決してない。彼自身はしかし、もっと普通の、奇を衒わない演技で評価されたいと思う気持ちが次第に高まってもいた。そんな気持ちが過剰な演技にブレーキを——不十分ながら——かけていたし、この映画ではそうした思いがさらに露わになっている。そのせいか、コメディ演技が飛翔していかない。どれだけやれば、映画を損ねてしまうか、計算しているようにも見える。だからピーター・パンの姿になっても、彼の内なる喜びが見られない。

私見ではあるが、もしも「ピーター・パン」という人物を申し分なく描こうというのなら、空中をダンスするかのように飛ばすべきではないのか。それは食べ物を投げ合う下品なケンカや（そう、この映画に

「ぼくは夢の中と、自分の映画の中で空を飛ぶことはちっとも怖くない。けれど現実の生活では飛ぶのが怖い」

『フック』ではスピルバーグ極めつけの主要テーマの多くが再現されている。とりわけ飛行への華麗な解放感だ。そして9つのサウンドステージが準備され、初めて全編を人工のセットだけで撮った作品である。

ティンカー・ベル役のジュリア・ロバーツも空を飛ぶ。「魅力的で、明るく、そして微笑まずにいられない」(ニューヨーク・タイムズ紙)。

はそういう極めつけにくだらないシーンがあるのだ)、剣劇、それにフック船長と彼の間抜けな子分、スミー(ボブ・ホスキンス)との笑えないやりとりなんかではないはずだ。

私はこれを、いかんともしがたくお粗末な作品だといいたいわけではない。後づけにはなるが、問題にしたいのは、2つの理由で本作が獲得できなかった、慎ましさと、より柔軟な映画製作のあり方なのだ。

まず「ピーター・パン」について述べると、この素材が「古典」の部類に入ることは、今や共通認識かと思う。そしてこの題材に気軽に手を出そうというスタジオはなかった。というのも映画化にあたっては、観客が安っぽさを感じぬよう、可能な限り予算を惜しまぬ覚悟が必要だからだ。そこで企画実現を本気で検討していた人物が、スピルバーグその人だった。しかし今の彼ほどの立場ともなれば、単に小粋で小規模な作品を作るわけにはいかない。そのため、構想はどんどん壮大なものになっていった。最終的には予算も製作日程も、当初の倍に膨らんだが、それにも驚かされる。というのも、この映画は全編がセット撮影なのだ。少なくとも理論上はすべてのコンディションは完全にコントロールされている。たとえば天候のこと1つとっても、不測の要素は何もない。ロケでの撮影と違って、計算違いのことは起こらないはずなのだ。

結果として、見た目は立派だが、誤算含みの映画となった。封切られる段階ではもはや取り返しようがなかった。この映画に対する批評家筋の反応は慎重だった。彼らは好意的な点を見つけるべく努力を尽くしたが、何ともどっちつかずの歯切れの悪い評価にしかならなかった。一方、興行的には文句なしのスタートを切った——実際のところ3億ドルもの収益をあげたのだ。ただし愛されはしなかった。というより、好まれた映画とはお世辞にもいえない。スピルバーグ自身はどこか神妙にして、多くを語らなかった。おそらくこの作品が、自分が手がける最後の「大作」映画だろうと。そして今後はもっと規模を縮小しなければ、と漏らしている。

今では、彼もこの映画と仲直りをしたようだ。というのも、自分の子どもたちが彼に本作が好きだと言ってくれたからだ。とりわけ(しかも的確なことに)、ロビン・ウィリアムズが子どもたちにとって理想の父親になろうと、懸命になるシーンの数々のことを。なるほど、そこにはたしかに海賊たちの乱痴気騒ぎにはない、温かな人間味にあふれている。

とはいえしかし、全体的には今でも私にとって、スピルバーグが作ったどの映画よりも機械的で、ハートがないように感じられる作品だ。

ジュラシック・パーク
Jurassic Park(1993 年)

「包み隠さず言うと、『ジュラシック・パーク』は、陸を舞台にして本気で納得のいく『JAWS／ジョーズ』の続編を作ろうと思ったんだ。今さらこんなことを言うのは、ずうずうしいかもしれないけれど」

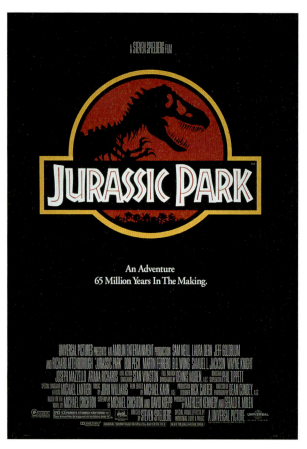

『ジュラシック・パーク』はデジタルによる特殊効果で、まったく新しい技術への扉を開いた。

スティーブン・スピルバーグは子どもの頃から恐竜映画を作りたいと思い続けていた。その思いはやがて成長し、さらにレイ・ハリーハウゼンの大ファンになってからは、より高まる一方だった。ハリーハウゼンはストップモーション・アニメの天才である。方法は古代生物（または思いつく限りのどんな生物でも）が動いて見えるように、少しずつ動かした模型を、1コマ1コマ撮影するというものだ。とはいえ、スピルバーグ自身には、恐竜が生息した先史時代という悠久の過去を舞台にする考えはなかったし、さりとて現代を舞台にするにせよ、そこにどうして古代の恐竜がいるのかという理由を見つけられなかった。そうした中、スピルバーグを大いに納得させた答えが、マイクル・クライトンのベストセラー小説『ジュラシック・パーク』だった。

監督が監督を演出する。スピルバーグとリチャード・アッテンボロー。彼は「ジュラシック・パーク」のオーナー、ジョン・ハモンドを演じている。

　そのアイデアは、本編の中のアニメーションで説明される。それは、恐竜の血を吸って琥珀に閉じ込められた1億5000万年前の蚊の体内から、恐竜の血を抽出し、そこから恐竜のDNAを得るというものだ。すると驚くことに、巨大な、そして種類によっては凶暴でもある、あらゆる古代生物を今に蘇らせることができる。

　「その本には信じるに足る科学があった。ぼくがこれまで見てきた誰の提案よりも、天才的な科学と想像力のコンビネーションの1つで、それはすべてマイクル・クライトンの着想だった」と、スピルバーグは言う。

　ユニバーサルがスピルバーグのために映画化権を取得すると、彼は脚本にクライトンとデヴィッド・コープを組ませた。脚本は概して単純な構造だ。カリブ諸島の島を所有する大富豪、ジョン・ハモンド（リチャード・アッテンボロー）が、観光客誘致のため、この島に6つもの先史時代の生物の群れを蘇らせる。この美しい大自然の中で恐竜を生息させるべく巨額の費用を投じたのだ。彼はこの投機の安全性について裏をとるため、2人の科学的権威として、アラン・グラント（サム・ニール）とエリー・サトラー（ローラ・ダーン）を島に招く。さらに、カオス理論の専門家イアン・マルコム（ジェフ・ゴールドブラム）も一行に加わると、彼はこの計画に対して懐疑的な発言を繰り返す。さらにはハモンドの孫たちもそこに参加し、凶暴な恐竜たちにさんざん脅かされて、たっぷり恐怖を味わうことになる。

　そして、最初の脅威はオリエンテーション・ツアーの最中で発生する。原因は運の悪さと天候の悪さ、それに腹黒い人物と、すべてが重なってのことだ。ティラノサウルスほか、恐竜たちはその囲い地を逃げ出し、島中を荒らしまわる。映画はそこからチェイスの連続で、多くはギリギリ間一髪で切り抜けて展開する。作劇上は単純だが、これらのエピソードは、スピルバーグがいつもどおりの熱で演出しきっている。

　観客を失望させないためにはやはり、恐竜たちの巨大さ、躍動感、そして情け容赦のない獰猛さに、多くを委ねることになる。というのは、ほとんどの場面で、恐竜たちは最先端技術を用いた特殊効果のうえで存在しているものだからだ。スピルバーグとその一派は、映画の新時代へ向けて先陣を切った——「映画が成功するも失敗するも、そのすべてはデジタルで作られたキャラクター次第だという初めての映画」なのだ。スピルバーグは、ジョージ・ルーカスのSFX工房での、最高度の技術者たちを擁していた。彼らは動く恐竜を見せる方法として、旧来の方法（率直にいうと、それでは十分にリアルに見えない）で腕をふるうべくスタンバイしていたが、スピルバーグは可能な限りデジタルの恐竜を使って、映画のすべてを作ろうと決めた。

　その実現のために、2年の歳月と6,000万ドルもの資金が投入された。そしてその努力は見事に報われることになる。

　しかしそれだけをいうと、恐竜たちを画面に配置したその巧みさを見損ねてしまう。大部分とはいわないまでも、多くのスピルバーグ作品は、しばしばウィットに富んだやり方で、映画史上の名作——過去の作品の偉大なショットから、衣装や美術を引用することで、批評性を獲得してきた。それらはみな申し

ガリミムスに追われるサム・ニール。

「観客はこの映画に何度も足を運んだが、それは恐竜たちを見るためだ。美しいシーンではあるが、子役の俳優が夜の樹上に座って、3分も語らうシーンを見るためではない」

ジュラシック・パーク

恐竜が統治する世界を再現する。──ティラノサウルスが「ジュラシック・パーク」メインビルのロビーを荒らしまわる。

分なく機能しているが、スピルバーグが言うには「現代の自動車とティラノサウルスを並べてみたり、近代的なキッチンの中や研究所内、などなど、その他、今日ではすっかり見慣れた風景の中に、ヴェロキラプトルを登場させる。そんな面白いことは他にないよ。6000万年の太古から、ありとあらゆるものを現代に持ってきて、そしてたとえば、フォードSUVと恐竜を同じ1つの画面の中で並べるんだ。それは特殊効果のウィリス・オブライエンが、あの『キング・コング』(1933年)でやったことに似ていなくもない。

つまり、『キング・コング』の前半は、舞台がキング・コングの棲む土地、髑髏島で、ここでは人間はいわば侵入者なんだ。この島からすれば人間は異物であって、だから何があったっておかしくはない。けれど、ひとたびキング・コングを捕獲してニューヨークに連れてくると、映画は俄然面白くなる。なぜならキング・コングが、我々が見慣れた普段の日常風景の中で暴れるんだから。こうなるともう、エンパイア・ステート・ビルの大きさが以前と違って見えてくる。コングがよじ登ると、ビルもなんだか少し小さく見える。だから太古のものと、現代社会のものとを両方同時に見せれば、話としても映画としても面白くなる。そう思ったんだ」。

『ジュラシック・パーク』は『キング・コング』と違って、一大悲劇でもなければ、それを狙ったものでもない。『キング・コング』は製作後数十年がたった今も、映画史上最も胸引き裂かれる映像スペクタクルの1つであり続けている。しかもその成功が、原作に負うものではなく映画単体で成立している。つまり映画オリジナル作品で、それが功を奏しているわけだ。だからといって、『ジュラシック・パーク』が見劣りするわけではない。何しろ非常に強く、息もつかせぬ物語がある。これぞまさに一気呵成、ノンストップそのものだ。さらにスピルバーグにはレイ・ハリーハウゼンからの後押しがあった。

それまで互いに面識のない2人だったが、ある日ハリーハウゼンが、ひょっこりとスピルバーグを訪問した。すると、彼らは旧知だったかのように、ただちに意気投合する。

「ふらっと来てくれたんだ。最高に楽しく話をしたよ。それで、デジタル式の恐竜をご覧になりたくありませんか？と彼を引っ張って、ガリミムスが草原を駆け抜ける最初の試作映像を見せたんだ。まだきちんと肉づけされていない、骨組みだけのガリミムスだけど、レイと一緒にね。ぼく自身は1週間前に見ているが、ぼくらの小さなユニットのメンバー以外でそれを見たのは彼が初めてだ。彼はそれを見て、ひたすらこう言ってたよ。『なんと。君の未来があるじゃないか。これが映画の未来なんだな』って」。

映画をよく見る人なら、すぐにその言葉に同意するだろう。またそれに、こうした特殊効果のあり方で、何か大切なものを失うであろうことも確かだ──ハリーハウゼンの作品にあった手作り感の

郵便はがき

1 0 2 8 7 9 0
　　　　　　　108

料金受取人払

麹町局承認

6864

差出有効期限
平成29年3月
4日まで

（受取人）

千代田区富士見2-4-6

株式会社 **西村書店**

東京 出版編集部 行

||||.|..|.||.||||.|||..||..|.|..|..|.|.|.|.|.|.|.|.|.|.|.||

名前		ご職業	
		年齢	歳

住所 〒

買い上げになったお店
　　　　　　区・市・町・村　　　　　　　　　　　　書店

買い求めの日　　　　　平成　　年　　月　　日

※記入いただいた個人情報は、注文品の発送、新刊等のご案内以外は使用いたしません。

ご愛読ありがとうございます。今後の出版の資料とさせていただきますので、お手数ですが、下記のアンケートにご協力くださいますようお願いいたします。

● 書名

● この本を何でお知りになりましたか。
1. 新聞広告 (　　　　　　　　新聞)　2. 雑誌広告 (雑誌名
3. 書評・紹介記事 (　　　　　　　)　4. 弊社の案内　5. 書店にすすめられて
6. 実物を見て　7. その他 (　　　　　　　　　　　　　　　　　　　　　)

● この本をお読みになってのご意見・ご感想、また、今後の小社の出版物についてのご希望などをお聞かせください。

● 定期的に購読されている新聞・雑誌名をお聞かせください。
新聞 (　　　　　　　　　　　　　)　雑誌 (

ありがとうございま

■ 注文書　小社刊行物のお求めは、なるべく最寄りの書店をご利用ください。小社に直
ご注文の場合は、本ハガキをご利用ください。宅配便にて代金引換えでお送
いたします。(送料実費)

お届け先の電話番号は必ずご記入ください。　自・勤 ☎

書名	
書名	
書名	
書名	
書名	

そして車をひっくり返し、子どもたちを恐怖のどん底に叩き込む。

さらにトイレにいるマーティン・フェレロに襲いかかる。

「人々が世界を見つめる方法を変えようとして作ったわけじゃない。ただ楽しんでもらいたくてこの映画を作った。自分が見たい映画を作ること、それがぼくが映画を作る動機だ……恐竜映画はかねがね作りたいと思っていた。だから言ってみれば、これはぼくが趣味で作った映画だね」

ある、魅力的で、飽きのこない、いくぶんぎこちなくもある質感だ。それは今でもすべての新たな若い世代、それもオタク気質の少年たちの心を魅了してやむことがない。しかしそれに対して、『ジュラシック・パーク』の映像は、現実とまったく同じものを作ってしまったのだ。そこに映っている影は本物に見える、というより本物そのものだ。しかし、その技術そのものには、何ら批判すべき言葉もない。

映画史の時々において――『キング・コング』や、『スター・ウォーズ』にも起こったことだが――本来、特殊効果は映画に隷属すべきものであるはずなのに、それが逆になることがある。そんなとき特殊効果は、物語の欠陥や、陳腐なキャラクター、あるいは映画を凡庸にしてしまう様々な原因を、すべて覆い隠してしまう。SF映画は、しばしばカルト作品としての成功をおさめる。万人がそのジャンルを認めるわけではない。けれど、時によってそれらの作品は、大多数の観客がその映画を見ようかどうか迷う気持ちを、なぎはらってしまう。それがつまらないものだろうがなんだろうが、とにかく見ずにはいられなくなるのだ。

それがまさに『ジュラシック・パーク』で起こったことだ。封切り後、わずか2カ月でアメリカ国内だけで2億ドルもの収益をあげる。最終的にはついに、世界興収で実に9億ドルもの成績を叩き出した。これは、その時点での映画史上最高額だ。批評家筋でさえ、総じて好意的だった。彼らはみな、この作品における映画表現の、地殻変動ともいえる巨大な変化を、正しく看取した。以後に作られる映画が――とりもなおさず、ある種の作品に関しては――なるであろう姿だった。『ジュラシック・パーク』の製作後、ほぼ20年が過ぎた今、我々はこの現状について、いささかの疑念を感じずにいられない。この技術は、ますます騒々しくそして過剰になり、観客の想像力を根こそぎ奪うほどに幅をきかせ、肥大化してしまった。それに、さしたる必然性なく使われるようにもなってきている。とりわけサマーシーズンの映画にそれは顕著だ。批評家はそのことに不平を漏らすが、それもやむなしだ。だから、映画製作者はみな1993年を振り返るべきだ――やらないだろうけれど――その年に生まれた『ジュラシック・パーク』の慎み、才気――それに恐怖――を。この作品は特殊効果における、まったく新しいスタイルの魁となったのだ。

ジュラシック・パーク　139

シンドラーのリスト
Schindler's List（1993年）

「これは、ぼくの今までの映画では初めてメッセージを込めて撮られたものなんだ。こんなことは二度と起こってはならない、というごく単純なメッセージだけど、それはぼくの心の最も奥底にあるものなんだ」

スピルバーグにとって、このシーンは映画のエッセンスだった。赤いコートの少女（オリウィア・ダブロフスカ）を捕まえられないナチスは、欧州ユダヤ人殲滅に介入できなかった連合国と鏡合わせとなっている。

「『シンドラーのリスト』を見てくれた多くの生存者たちにとって、この映画は彼らの心の扉にかかっていた鍵をあける働きがあったんだ。彼らは、ホロコーストで自分が経験したことは一度として子孫に語らず、胸に秘めていたのに、こう言うようになったんだ。『私が経験したことよりはまだましだよ。でも私が耐え忍んだことが、少しはわかってもらえるね』と」

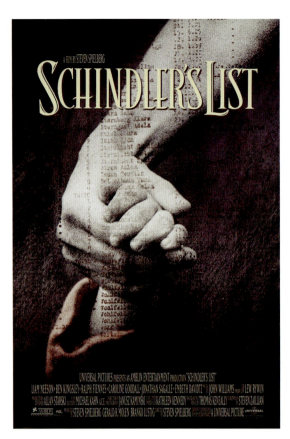

　1982年の夏、『E.T.』の関係者一同は、映画の興行的(そして批評的)成功に「有頂天」(スピルバーグの言葉)だった。監督はシド・シャインバーグから毎週日曜に電話で通知される週末の暫定興行収入を心待ちにする日々だった。その日の知らせも素晴らしかったが、シャインバーグがいちばん伝えたかったのは他のことだった。その朝、シャインバーグはニューヨーク・タイムズ紙に載ったオスカー・シンドラーについてのトマス・キニーリーの小説の書評を読んでいた。「サー(彼はいつもぼくのことを"サー"と呼ぶんだ)、この物語は君が語るべきだ」。スピルバーグは彼の言葉を思い出す。ただちにシャインバーグはスピルバーグに書評と本を送り、映画化権を取得した。

［140ページ］オスカー・シンドラー役でアカデミー賞候補となったリーアム・ニーソンに影のように寄り添う監督。

142

どうしたらいいのか、スピルバーグに自信がないどころではなかった。「ホロコースト問題に威厳を持って取り組むこと——しかも生き残った人々の記憶をおとしめず、生き残れなかった人々を辱しめないように。それだけの人間的成長も、監督としての技量も、心情的に深い部分の理解も、当時のぼくは持ち合わせていなかったんだ」。

実際、スピルバーグはそれからの10年間、この原作本を他の監督たちに読ませて自分と交代してもらうことに費やすが、「(どの監督も)ぼくに本を送り返してきたんだ」。

彼は原作本を送った監督の名前を公表したがらない——ただ1人を除いては。ロマン・ポランスキーである。スピルバーグはパリへ赴き、彼に本を渡すが辞退されてしまう。「ロマンは偉大だった。彼はこう言ったんだ。『知っておいてほしいことがある。私にもまた語るべきホロコーストがある。これは、私が語りたいと思っている物語ではない。語りたい物語がどんなものかすら、自分でもわからないのだが。私は、自分自身の物語を語りたいのだと思う。私がまだ幼い子どもでクラクフのゲットーにいて、そこから脱走したときのね。私はホロコーストを生きのびた。私自身の物語を語る必要があるんだ』」。

やがてポランスキーは『戦場のピアニスト』という——自伝的に真実とはいえないが、エモーショナル的には真に迫った——優れた映画によって、ある意味でそれを達成することになる。

こうして長い間——最良の10年間といえる期間——、スピルバーグはこの企画を進めることに二の足を踏んでいた。だが次第にある思いを募らせていく。「これは、ぼくのもとに送り戻される運命だったんだ。10年間ずっと付きまとわれ続けるということはつまり、年貢の納め時というか、これは真剣に向き合わなければならない映画だということさ。『このままではいられないぞ。もう、やる、と言うしかない』といった不思議な力がどうやら働いていると思わざるをえなくなってきたんだ」。

そうした不思議な力の1つが、キニーリーの本の出版までの、稀有な偶然である。彼がビバリーヒルズで執筆契約を交わした後、革製品専門店にぶらりと立ち寄ったとき、その店のオーナーのレオポルド・ペイジと話し込んだ。ペイジははるか以前、ポーランドではポルデク・ペファーベルグとして知られている、「シンドラーのユダヤ人」だった。すなわち当時オスカー・シンドラーの工場で働いており、この信じられないような人物によって国外追放と強制収容所での死から守られた数百人のユダヤ人の1人であったのだ。その当時、シンドラーの物語は彼に救われた人々を除いてはまったく知られていなかった。戦後、シンドラーは困窮のうちに世間から忘れられつつあったからである。しかしながらペイジには書類や契約書などの資料と生き生きとした記憶があった。キニーリーが彼と寝食

> 「ポーランドでは、どんなことが身にふりかかろうとも、きっと耐えられるはずだと思っていたんだ。自分と対象との間にカメラを置いて、ぼく自身の美学的距離を作り上げることによってわが身を守れると思った。だけど、撮影初日に、それは、あっという間に崩れ去ってしまったんだ」

アウシュヴィッツ＝ビルケナウ強制収容所のロケで物思いにふけってたたずむスピルバーグと彼の新たな妻ケイト・キャプショー(上)。
この荒涼たる風景(左)は、スピルバーグのキャリアの中で最重要作となる映画の撮影における、神経をすりへらすような経験を蘇らせる。

シンドラーのリスト 143

監督がニーソンに矢継ぎ早に指示をする。

を共にして、シンドラーの物語の執筆に入るのにそれほど長くはかからなかった。

スピルバーグ自身にも、明らかにまた聞きとはいえ、強烈なホロコーストの記憶があった。「母さん、父さん、祖父母はいつもホロコーストの話をしていた。でもホロコーストと呼ぶことは一度もなかったね。大人になるまでその言葉を聞いたこともなかった。みんな、大殺戮(グレート・マーダー)と呼んでいたよ」。

偶然にも、スピルバーグの祖母はシンシナティで、ハンガリー人のホロコーストの生存者たちに英語を教えていた。スティーブンが3、4歳のとき、スピルバーグ家はこの街に住んでいたのである。生存者たちは強制収容所にいたとき、腕に数字の入れ墨をされていたが、スピルバーグはそれをもとに数字を学んだ。彼が特に覚えているのは、「手品を見せてあげよう。見たいだろう？」と言ってくれたある男のことである。もちろん子どもの彼はうなずいた。するとその男は入れ墨のある腕を曲げると、なんと6がひっくり返って9に、また9が6にと変わった。「これは一生忘れられない」とスピルバーグは言う。「ぼくは、小さな小さな子どもだった——3歳か4歳だった。絶対に忘れることはなかったよ」。

その後、あるドキュメンタリー映画——この種の映画をスピルバーグが見たのは初めてだった——が影響を与えることになる。ある日、16ミリ映写機が教室に設置された。ホロコーストについて調査した『ねじれた十字架("The Twisted Cross")』と呼ばれる映画が生徒向けに上映されたのである。「ぼくが人間の死体をスクリーンで見たのはこれが初めてだった」と彼は思い出す。実際、「薪(たきぎ)の山のように積まれた死体を見た。ブルドーザーがその死体を堀の中に落とし込んでいるのもね。今の子どもたちにはすっかりおなじみになってしまった映像だ」。

こうした映像はスピルバーグにとって消し去りがたいものとして残った。とはいえ、これが最終的に『シンドラーのリスト』を手がける決断にどれほどの影響を与えたのか、正確に推しはかるのは不可能である。おそらく彼の言うように、これは宿命的なプロジェクトであり、固辞していた彼を結局翻意させたというのが最も妥当なところだろう。上がってきた脚本の第一稿はスピルバーグを満足させなかった。そこで脚本家のスティーブン・ザイリアンがプロジェクトに参加する。彼が書いた「非常に無駄のない第一稿」をスピルバーグは気に入ったが、もう少し重厚感がなければならないと感じていた。「もっと長い映画にしなければならない」とスピルバーグは言い続けた。とはいえ、オスカー・シンドラーの物語をわきに追いやろうというつもりはなかった。ただホロコーストを語ろうと欲する者なら、誰しも思うことだが、スピルバーグはシンドラーという人

物の豊かな(そしてあいまいな)物語の中に、ホロコーストの全貌を集約できそうだということが多少なりともわかってきたのである。突破口は、ザイリアンがスピルバーグと同行したポーランドでのロケーション・ハンティングで見つかった。

一行はアウシュビッツへ、さらに物語の舞台となる場所へ赴いた。戻ってから、ザイリアンはもう一度原作に立ち返り、「物語の世界を見事な手腕で、押し広げ、掘り下げていった。彼は現場に行き、そして本当に見事な185ページもの長大な脚本を書き上げた。ぼくはそれを1ページも省くことなく撮影していったんだ」。

「この映画はホロコーストについて、そのプロセスについて多くのことを語る必要があった。ホロコーストというのは悪魔(サタン)が書いた脚本だ。人間の自由を奪い、星のバッジを付けさせ、生活の窮乏から闇市場をゲットーにはびこらせ、ユダヤ人富裕層を解体させ、全員をゲットー内に押し込め、あらゆる人を強制収容所や、もしくは直接アウシュヴィッツ＝ビルケナウ強制収容所、さらに他の絶滅収容所に送り込み殲滅してしまう、こうしたすべてのプロセスをね。現代史における最大の罪へと導いていった、正確無比な殺意というものがあるのだということを世に知らしめる、これは重要な第一歩だったんだ。1時間52分という上映時間や110ページという通常の長さの脚本では、

そんなことはとてもできなかった」。

しかしそれでもスピルバーグは、オスカー・シンドラーに焦点を当てなくてはならなかった。映画史上、偉大だが最も謎めいた人物の1人である。リーアム・ニーソンが演じたように、彼は正義感などないプレイボーイとして登場する。ふだんはクラクフの琺瑯(ほうろう)製品工場を経営しているが、たいていは酒と女と

感情をまったく表に出さないシンドラーは、映画史上、最も偉大だが謎めいた人物の1人である(上)。
スピルバーグと出演者たちとの記念撮影。(左から)レイフ・ファインズ(アーモン・ゲート)、ベン・キングズレー(イザック・シュターン)、リーアム・ニーソン(オスカー・シンドラー)(左)。

「この映画には誰もがいい顔はしなかったね。ぼくにこの映画を撮らせようと思う人間なんて、映画会社には誰もいなかった。名前は伏せておくけれど、ある映画会社の重役はこう言ったよ。『どうしてホロコースト記念博物館に寄付しなくてはいけないんだ？ それで君は満足するのかい？』」

歌の人生を謳歌している。そしてポーランドを占領したナチスの軍人たちに取り入る。シンドラーの工場の従業員のほとんどはユダヤ人であるが、彼にはユダヤ人たちに対する反感はまったくない。彼らは有能な労働者であり、きさくな人々である。実際家のシンドラーは「人は人、自分は自分」という考え方だ。彼には労働者が必要である。それゆえ彼は芝居をうつのだ。

ニーソンは見事で達者な演技を披露する。彼はゆったりとした物腰だが抜け目のない男だ。彼が自ら救い出した1,200人の労働者たちへの愛情は、ごく自然の成り行きで、彼の自覚せざる英雄的資質を次第に育(はぐく)んでいく。たとえばそれは労働者たちが、彼に贈った誕生日ケーキに見せる喜びにあらわされている。（ザイリアンが書いていない）初期稿では、程度の差はあれ慣例的な方法で、彼の映画的なヒーローとしての性格を「説明」してしまおうとする流れがあった。

しかしこの発想は遠ざけられた。シンドラーは説明抜きで演じられなければならない。この映画に多大な深みを与えたのはこの不可解さ(ミステリー)である。どんな恩寵(おんちょう)がこの見込みのない男をとらえたのか、それが急に消え、彼が邪悪さと日和見主義に陥るのではないかという懸念がずっと頭を離れない。どんな映画であれその核心にこれほどまでに解消しがたい謎(エニグマ)を有しているのも珍しい。そしてこの謎こそこの映画の強靱さなのである。

製作当時にザイリアンは、この映画には「バラのつぼみ」に似た性質があると語っている。すなわち、『市民ケーン』の中で出てくる橇(そり)がケーンという人物の人格形成の核心となっていたように、シンドラーという人物の人格形成にも同じように鍵となるものがある。ただ、この人物がどんな人間なのかは、誰も確信を持っていえないのだ。『シンドラーのリスト』で、オスカー・シンドラーは生来やむにやまれぬ衝動に駆られて行動する人間に徹してみせる。彼について本当にわかっていることはただ、その交渉術への愛だ（とはいえ戦前も戦後も、彼は特に成功した実業家ではなかったが）。だが戦時中だけ彼は天才的な冴えをみせた。彼は、プワシュフ強制収容所所長であった、精神病質のアーモン・ゲート（レイフ・ファインズの演技は完璧だ）と交渉する必要があったのだろうか。ともかく、彼はそうすることになる。

さらに実在の人物イザック・シュターンの存在があった。キニーリーの原作ではそれほどの重要人物ではないが、映画の中では、スピルバーグいわくシンドラーの「守護霊」となる。「彼は工場の経営組織の背後に控えていた。どのユダヤ人をゲートの収容所から出し、避難所となるエマリアの琺瑯工場に行かせるかを決めていた。彼は一種の隠蔽の天才であった。彼は自分のリスト、数字、会計から目を離さなかった。だが彼はオス

クラクフ近くのプワシュフ強制収容所のバルコニーから、囚人たちの射殺の準備をする精神病質のゲート。収容所は映画のために採石場に再現された。

カー・シンドラーの良心だった」。

しかし、彼はまた「オスカー・シンドラーがかつて手に入れたことのないものをくれた。本物の友情だよ。彼はかつて一度も女性と本物の友情を持ったことはなかったし、ナチス党員の誰とも本物の友情を持ったことはなかった。だがこのユダヤ人とは本物の友情を持てたんだ」。

この映画でシンドラーが自らの誠実さを自覚して行動するのは、彼が愛人と乗馬に出かける有名な場面だ。2人は丘の上で馬を休ませる(このシーンはまさに実際の場所で撮られた)。そしてクラクフのゲットー解体を目撃する。

「彼は目が離せなくなる」とスピルバーグは語る。「赤いコートの少女が目にとまる。彼は不思議に思う。一斉検挙の中、抵抗する者は誰彼かまわず射殺するナチスが、分厚いコート姿で、どうぞ自分を捕まえて貨物車に入れてと叫んでいるような、最も目につく人間をどうして見逃すのか。住人全員を集合させているのに、この人目につく人間はどうして通りを横切れるのか。シンドラーは、これほど明らかなことが見逃され、トラックに押し込まれないことを不思議に思うんだ」。

全編が白黒撮影である本作で、冒頭のロウソクの光とこの鮮やかな赤いコートの少女だけがカラーで撮られている。これは批評家の攻撃の的となった。この最も厳粛な映画にすら、スピルバーグお得意のお涙頂戴(センチメンタリズム)が顔を出しているというわけだ。だがそれは彼の意図を完全に見誤っている。「ぼくがここでカラーを使ったのは別の理由からだ。ホロコーストは非常に少数の非公開のグループの中だけで知られていた。ルーズヴェルトとアイゼンハワーはきっと知っていただろうがね」。脚本家のベン・ヘクトも知っていた。ヘクトは、アメリカ全土でホロコーストの撲滅キャンペーンをしていたが、国内の事情通のユダヤ人のことは無視した。

ヨーロッパのユダヤ民族の救済または環境改善は、アメリカ政府やユダヤ系アメリカ人の上層部において、合衆国の戦争目的に合致すると判断されなかった。スピルバーグはそのことに言及しているわけではない。アメリカは常に反ユダヤ的な国である。それほどひどくはないが。それでも、はるか遠方のユダヤ人のために戦争をしようとはしまい。1つ小さな例を挙げれば、戦時中、ユダヤ人問題についてほのめかしたのはたった3本のマイナーな映画だけだった。ドイツ占領下の地下抵抗運動(アンダーグラウンド)について取り上げたアメリカ映画の多くは——これだけでも相当数にのぼるのだが——ナチス独裁と闘う「反体制派」の苦境にばかり関心を向けていた。こうした反体制派は祖国を追われた理想主義者として描かれていた。実際問題として、彼らの多くは共産主義者であったのであり、この事実は都合よく伏せら

シンドラーのリスト 147

れていたのである。

スピルバーグは言う。「ユダヤ人問題は、この赤いコートを着て通りを歩いている少女ぐらい、誰の目にも明らかなことだったんだ。それなのに誰もドイツの鉄道路線を爆破しようとはしなかった。死体焼却炉の破壊のためにまったく手は打たれなかった。ヨーロッパのユダヤ民族殲滅という機械を、誰も食い止めようとしなかった。これが、このシーンをカラーにすることに込めた、ぼくのメッセージなんだ」。

スピルバーグの口調はふだん物静かだが、ここで急に声を高ぶらせた。これがありきたりな選択ではなく、実のところ、この映画の本質であることを彼は知ってほしいのである。この映画を撮影することに技術的困難はない、と彼は強調する。これは「ぼくの映画の中で、エモーショナルな面で撮影するのが最も困難な映画だった」のである。

彼が平静を保てたのは、新しい妻ケイト・キャプショーと子どもたちとの団欒のおかげであった。ポーランドに彼らがいたことが、スピルバーグの精神衛生面には不可欠であったのである。『ジュラシック・パーク』を編集すべく過密スケジュールの同時並行だったことも一因といえる。「彼らがいなければ、ぼくはどうなっていたかわからない。映画製作中に精神安定剤に頼っていたかもね」。

妻子が彼を「救った」のである。「わざとメロドラマ的に言ってみたんだ。こう言っている自分でも、いかにもメロドラマ的だと思っている。つまりぼくには自分の帰る家に誰かがいなければいけなかったんだ。ぼくをしっかりと地面にしばりつけてくれる誰かがね」。ケイトと彼女の長女のジェシカは「当時のぼくの人生の支えだった」。

映画は75日間で、比較的低予算の2,300万ドルで撮影された。この映画の最終的な上映時間が3時間を超過していることを考慮すると、かなりの低予算といえる。1993年12月公開時における、驚くべき成功の理由を考える必要はないかもしれない。映画賞――作品賞、監督賞をはじめ多くのオスカーを獲得した。興行収入。批評。あらゆる点で申し分なく報われたのである。もちろん少数の反対意見がつまらない詮索にかまけ、スピルバーグの成長と、映画界最高の地位への到達を認めたがらなかった。とはいえ、彼はすでにそうした地位にあったわけであるが。

スピルバーグにとっては、この映画の「その後の運命（アフターライフ）」の方が、この映画が樹立した評価よりも大きかったといえる。この映画によってショアー財団が設立され、現在までにホロコーストの生存者たちによるビデオで記録された証言が、約52,000本収集されている。これは全世界の教育機関に広まっている。「1本の映画を撮って、映画以上のものができたことは後にも先にもこのときだけだよ。『シンドラーのリスト』は、おそらく初めて観客たちにホロコーストに目を向けさせるきっかけとなったんだ。あとになってから振り返ってこう思う。つまりショアー財団を存在させるために、この映画は作られたのではないか。この点で、『シンドラーのリスト』はぼくが作った最も重要な映画なんだ。そしてショアー財団は、家庭は別として、僕が社会でなしえた最も重要な仕事なんだ」。

ロスト・ワールド／
ジュラシック・パーク

The Lost World：Jurassic Park（1997年）

「続編で最も困るのは、前作を超えるのかという期待に付きまとわれることだね。ぼくの不安のすべてがそこにある。自分を超えることなんてできないよ。ただ別の物語を語り、新しいマクガフィン（訳注：映画を動かす仕掛けとなるもの）が前作のマクガフィンと引けをとらないくらい魅力的なのを願うばかりさ」

監督業からしばらく遠ざかっていたスピルバーグがセットに戻り、絵コンテを前に生き生きとしている。

印象深い(因果応報ともいえる)、冷酷なディーター・スタークの最期の撮影。このハンターは"コンピー"からの復讐で、ズボン以外のすべてをむさぼり食われる(下)。

彼らが戻ってくる。何人かは。ジェフ・ゴールドブラムは助演から主役に昇格、リチャード・アッテンボローは特別出演として映画を締めくくる。そして恐竜たち。さらに多数の種が縦横無尽にかけまわり震撼させる。視覚効果のスタッフたちは、恐竜たちは「可塑性」の面でさらに「リアル」になっていると主張しているが――わからないので、議論は控えよう。ジュリアン・ムーアがこのお祭りの主要な追加キャストとなる。

[前ページ]『ジュラシック・パーク』から4年、『JAWS／ジョーズ』から22年、またもやギザギザの歯に襲われる監督。

撮影隊は、ニュージーランドとカウアイとハワイの息をのむようなロケーションの中にロスト・ワールドを発見した。

「『ロスト・ワールド』の撮影が始まって数日は、すっかり勘が鈍っていたね。でも自転車に乗るのと同じで、すぐに調子が戻ってくると、嬉しさがこみ上げてきて、3年間も監督をしなかったことを後悔したよ」

　ゴールドブラムの恋人役のジュリアン・ムーアは先史時代の生物に、はっきりと認められることは少ないが養育的習性があった可能性を研究している。ゴールドブラムが演じる人物の娘も一行に加わり、おびえて大騒ぎをしたり、いざとなると根性と機転を発揮したりする。

　恐竜たちの飼育場として第2の島があったことがわかる。1作目で登場した恐竜たちはこの島から搬送されていたのだ。さらにこの第2の島は、観客の共感を呼ぶ良心的な科学者のほかに、外部の人間に知られるところとなる。彼らは小隊を編成しピート・ポスルスウェイトが指揮をとっていて、恐竜を文明社会に輸送する契約を交わしている。恐竜は金もうけの見世物となるのだ。こうして『ロスト・ワールド／ジュラシック・パーク』の登場人物は一応の体裁を整え、このシリーズの前作ととりあえず同じように、アクション冒険映画の様相となる。

『ジュラシック・パーク』の続編のために、スピルバーグは恐竜を島からアメリカの郊外に連れ出してみせる。連れ去られたわが子を夢中で探しながらサンディエゴを暴れまわるTレックスもその中の1匹。

「前作ではテクノロジーの敗北と自然の勝利がテーマだった。今作ではさらに人間の自制心のなさ、こうした生き物の保護への倫理感の欠如がテーマになっている」

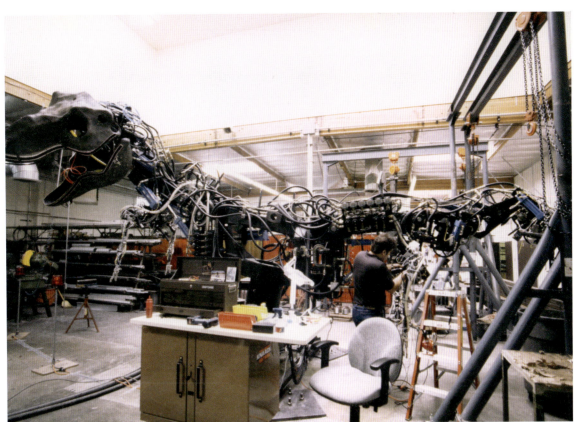

不自然史博物館。アニマトロニクスの恐竜たちの皮膚の下にあるのは、骨格ではなく、精巧な職人技で作られた、空気圧装置と電気配線の複雑なネットワークなのだ。

　息もつかせぬ映画なのはたしかであり、上出来の部類だろう。全体的に見て、スピルバーグはディテールの創意にあふれ、人を引きつけてやまないアクションの演出力を失っていない。ただ当時の批評家たちは、『シンドラーのリスト』のあとは、スピルバーグがこのような子どもじみた題材から離れていくと思っていた。

　しかしそれは彼に対してあまりに過大な要求だ。次々と起こる絶体絶命の手の込んだパニック場面に興じることが、彼の才能の維持になくてはならないのだが、ここでは文字どおりの意味でそうしたシーンに出くわす。この映画の中心は、ゴールドブラムとムーアがトレーラーの中に閉じ込められてしまい、それを恐竜が崖から落とそうとする場面なのだ。スピルバーグはこうした映画をまだ作れるということを見せるために、本作を作らなければならなかったのだと私は思う。これはD・W・グリフィスが映画草創期に経験したことと同じだ。グリフィスは「まじめな」映画も撮れると証明しながら、派手なメロドラマにあえて逆戻りしていったのである。彼らは何よりもまず興行師(ショーマン)なのだ。自らのルーツに絶えず立ち戻らなければならないので、彼らにそうしたことをやめるよう無理強いしてもしかたがない。彼らの楽しみを否定して何になるのか。

　もう1つ重要なのはおふざけの要素である。はっきりいってしまえば、スピルバーグはサンディエゴの郊外で恐竜が暴れまわるさまを見せたかったのだ。何の問題もないだろう。ポスルスウェイトとその仲間たちは、ティラノサウルスの捕獲に成功し、見世物用に持ち帰る。収容された恐竜は船を制圧し、埠頭めがけて船を突進させ、行方知れずのわが子を求めて見当違いの場所でさんざん暴れまわり、あたりを恐怖のどん底へと突き落とす。スピルバーグの創意を示す一例がある。ガソリンスタンド「ユノカル76」の広告用巨大ボールを恐竜が引きちぎって放ると、そのボールが路上をごろごろと転げまわる。このちょっとした場面の軽妙さは、監督のさりげない演出による。これは混乱のサンディエゴで恐竜がもたらした様々な破壊行為のほんの一部にすぎないのである。

　ここでは麻酔銃が役に立ち、当然ながらすべては元通りとなる。『ロスト・ワールド』がスピルバーグの代表作だと主張する者はいないだろうが、長い目で見ると無視しがたいものがある。この映画は我々を胸躍るチェイスに引き込んでくれる。このアクション・シーンはスピルバーグがこれまで演出してきたどの場面にも劣らず熟練したものだ。だが彼が同じ轍(てつ)を踏むようなことはないとも述べておかなければならない。以後に彼が撮るスリラーはこれとは異なるが、実際にはそのすべてはこの映画よりも中味のあるものとなっていく。少なくともこれ以後は、スピルバーグに向かって後生だから分別ある行動をせよと説く批評家たちのいらだちをなだめる映画となっていくのだ。彼の次回作がそれを見事に証明している。

アミスタッド

Amistad(1997年)

「歴史の授業を受けすぎて、何というか、疲労困憊して
しまったよ」

奴隷たちは最後には解放され、アフリカに帰る。だが他のスピルバーグ映画とは違い、これは人間の気高さの勝利ではない。

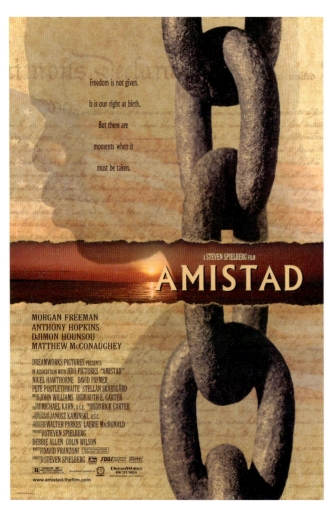

「これは、ぼくの中で『カラーパープル』と同じ場所を占めている」とスピルバーグは『アミスタッド』について述べている。それは黒人を描いたからだけではないし、形式的にはどうあれ奴隷となった人々を描いたからでもない。白人と黒人とのコミュニケーション確立の困難——アミスタッド号事件ではお互いの言語を一語も解さない——を描いたからでもない。とはいえ、自由の希求という熾烈で普遍的なテーマは当然のこととして別にすれば、これが最も重要な映画のテーマではある。

[156ページ／上] 監獄の鉄格子と奴隷の鎖は、『アミスタッド』の主要なイメージだ。

言語の勝利を描く映画で、監督はメッセージが伝わっていることを確かめている。

反乱を胸に秘めながらアミスタッド号に乗るジャイモン・フンスー(シンケ)。

　興味深いことに、この映画のルーツはスピルバーグの幼年時代にある。もちろん物語ではなく、物語に対する彼の反応のことだが。当然ながら彼は、控え目だが執拗なユダヤ人差別を被ってきた。彼が暮らした地域には深刻な事件に発展するほどユダヤ人は住んでおらず、黒人も実際にはいなかった。だが同じ学校に通っている多くのネイティヴ・アメリカンが受けている人種的偏見に心を痛めていた。彼には思いもよらなかった。スピルバーグ家はこうした差別に与しなかった。善良で、自分は自分、他人は他人という方針を貫いており、それは一人息子にも受け継がれていた。当時の彼は差別を理解できなかったし、もちろん今でもできないでいる。だがスピルバーグがこの『アミスタッド』という題材を選び、偏見の問題を取り上げたことは興味深い。彼がこれを撮ったのは、これがあらゆる意味でスピルバーグには――どんな映画監督にとっても――信じられない物語であり、率直にいってスピルバーグでさえ作るのに特別の努力が必要だったためかもしれない。だからこそ、彼はこの映画を作ったことを非常に誇りに思っているのだ。

　映画は現実にあった事件を題材にしている。1839年、アフリカからキューバへの航行中であったスペインの奴隷船アミスタッド号が、その積荷である奴隷のシンケ(ジャイモン・フンスー)が起こした反乱で制圧される。反乱者たちは生き残った2人の航海士にアフリカに引き返すように命じるが、航海士がそれに背きアメリカへと舵を取ったため、そこで最終的に捕縛されてしまう。ここから彼らの命運を決定する法はどれなのかについての大がかりな法廷闘争が巻き起こることになる。アミスタッド号はスペイン国旗を掲げている。キューバは、奴隷は国家の所有物である、とする文書を楯に取り、一方イギリスの航海士は海難救助権を主張する。しかし、自らの運命を左右するこうした議論をまったく理解できない奴隷たちは、まぎれもなくアメリカ本土に足を踏み入れているので、彼らの権利の行方がこの法廷での最重要事項となる。彼らがこの訴訟の内容を理解できないのは幸いだった。奴隷たちを鎖につなごうとしている商人たちの代理を務める弁護士の言葉は、無頓着で横柄で残酷なものだからだ。

　囚人たちを弁護するのは奴隷廃止論者たち(モーガン・フリーマン、マシュー・マコノヒーら)の一団である。彼らはこの事件を最高裁判所にまで持ち込む。最高裁判所では元合衆国大統領だが今や居眠りばかりしている、ご老体の下院議員ジョン・クインシー・アダムズが堂々と(そして喜々として)主張を述べてみせる。

　陰気で動きが乏しくセリフの多すぎる映画だが、そこに独特の味わいがある。スピルバーグ以外の監督が、このような商業

モーガン・フリーマンが演じるセオドア・ジョッドソンは、貿易で財を成した解放奴隷である。奴隷廃止論の指導者であるジョッドソンは、奴隷たちに代わってジョン・クインシー・アダムズに嘆願する。

的に見込みのない映画を作れるかどうかは疑わしい。この映画ではコミュニケーションの必要性というテーマがかつてないほどはっきりと、また暗鬱に示されている。

　まず注目すべきは、登場人物が自分の言語を話すことに対するスピルバーグのこだわりである。そのために彼は通常は敬遠されがちな字幕を徹底的に使用し、その他では面倒な通訳の場面を描いている。奇妙なことに——奇妙ではないのかもしれないが——スピルバーグは個人的な体験から、これが得策だと考えたのかもしれない。「海外でのインタビューは、アメリカで英語で話すよりもはるかに内容が刺激的だと思うんだ。これは、通訳がインタビュアーにぼくが言ったことを伝えている間、ぼくはいろいろと考えられるからなんだ」と彼は言う。

　「聞き手と会話していないときに、ぼくは自分の言葉を（別の言語に）処理している通訳を見ることになる。また通訳と聞き手は、ぼくが質問に対してどんな返事をするのかを見ている。観客はじりじりと展開する映画が好きだと思う。通訳が何を言うか観客は待ちきれなくなる。言葉が出てくるまでに17秒の間がある。これが観客をどきどきさせるんだ」

　法廷ドラマが刺激的で見応えがあるのはここ、つまり問いと答え、問いと答えの繰り返しにあるんだ。そうした仕組みによって、興味をひく答えや、それによって口ごもったりするのを受け止める心の準備ができるようになる。自分の言ったことを誰かが他の言語に通訳しているとき、話し手と聞き手はお互いをよく知らないし、どんな生活をしているかもわからない。でもそれからいきなりお互いの伝えたいことが理解できるようになる。こうした、予想もしないようなひらめきの瞬間を観客も体験することになるんだ。彼らのおかげで観客は『私もこの映画の一部だ。あなたの物語に加わらせてもらえて、ありがとう』と言える機会を持てるようになるんだ」。

　とはいえ、そのことが法廷ドラマとしてこの映画を救っているとはいえない。薄暗がりでおかしな格好の人物たちが古めかしい口調で話す。この趣向は観客ばなれを引き起こすだけだ。ただ、慣れてくれば、当時の風俗や慣習に対する違和感もなくなってくる。そのときになってようやく、バベルの塔以来のいまいましい言語の分断状態を払拭する、感動的なクライマックスに向かって映画が進んでいることを知るのである。

　それはジョン・クインシー・アダムズが最高裁判所で見せる、流暢で雄弁な名演説がきっかけとなる。あらゆる誤解と相互理解の挫折（部分的には故意の）を経て、この明敏な老人が登場し、庶民的で、自虐的で、高尚で、そして確固たる信念のあるアメリカ英語を巧みにあやつってみせる。アダムズは、アミスタッド号事件が、その20年後に待ち受けている南北戦争への

アミスタッド　161

序曲となることに気づいている。そして、もしそれがアメリカ社会から奴隷制度という汚点をぬぐい去る唯一の方法であるなら、その暗い将来を迎え入れようと驚くほどきっぱりと口にする。ほとんど言語の機能不全を描いてきたこの映画の最後において、言語は見事に機能するのである。その意味でこれは、観客が待望するアメリカらしい弁論伝統の勝利なのだ。それだけに一層その気取らない洗練ぶりに納得させられる。そして「我々は自分の思いを正確かつ雄弁に語る術を身につけなければならない。さもなければ民主主義は滅びる」というスピルバーグならではの主題も納得されるのだ。これによって他のことも同じようにお互いに理性を持って語り合えるはずだという希望が生まれるのである。

意味合いはまったく異なるが、本作には悪くない場面がもう1つある。奴隷たちをそうまでして蜂起させたものが何かは途中まで不明のままだ。もちろんそれは会話の中でほのめかされてはいるが、「中間航路（訳注：アフリカ大陸と西インドをつなぐ航路）」で起こった地獄を目にすることはない。だが後半、観客はその地獄にいきなり叩き込まれるのだ。ムチ打ち、自殺、非人道的な狭い収容場所、不衛生な食料さえ欠乏したため十数人もの人間が海洋投棄される。これはスピルバーグの他作品、たとえば『シンドラーのリスト』とすら比較しえぬ執拗で身の毛もよだつ場面だが、会話過多の本作の欠点となりかねない中途半端さを打破するものである。

結末は大団円というわけではない。人間の気高さが勝利をおさめることはないのである。シンケと他の反逆者たちは釈放され、アフリカの故郷へと送還されるが、彼らは家族との再会は果たせない。映画では、家族は奴隷として売られたことを示唆している。シンケ自身は広大な「暗黒大陸」の中に消え、二度と姿を現さない。おぞましき人身売買の中心地であるシエラレオネの奴隷城砦の、イギリス軍艦による粉砕が、派手なクライマックスとして添えられているのはたしかだ。だがそれが南北戦争の引き金となること、そしてアミスタッド号事件とこれに似た無数の事件が残した傷が癒えるには、その後100年以上にわたる痛みに満ちた和解が必要であること——実際にはまだまったく終わってなどいないこと——は誰もが知るとおりだ。

これはどこか不器用な映画ではある。なめらかに磨きぬかれた映画ではまったくない。これが商業的に成功する要素がないことはスピルバーグももちろん自覚していた（約4,000万ドルと思われる抑え気味の製作費の採算すらとれなかった）。スピルバーグの経歴が語られるときにはあまり言及されない作品だ。しかし彼が作った映画の中では、最も痛々しくも真剣な映画として数えられる。

スピルバーグと相談中のアンソニー・ホプキンス。彼が演じた元大統領のジョン・クインシー・アダムズは、セリフの多いこの映画で最も記憶に残る演説を披露する。

奴隷廃止論者のロジャー・シャーマン・ボールドウィンを演じるマシュー・マコノヒーとの最終調整。

> 「自分がスクリーンに作り出した映像には、たとえそれが史実だとしても、耐えられるに決まっていると思っていたんだ。けれどそれでも、時々見るのがつらいんだ。目の前でその場面が演じられているときは、特にね」

プライベート・ライアン
Saving Private Ryan（1998年）

「『プライベート・ライアン』は父に捧げた作品だ。100％父のために作った。オスカーを授与されたときは『父さん、これはあなたに贈られたものだ。オスカーはあなたのものだよ』とも言った。父には何年も何年も前に言ってあった。いつか父さんのために第二次世界大戦の映画を作るよって」

「最高だった。1人の俳優と仕事をするという点で、とにかく最高の経験だった。これはもう断言してもいい。これまでで最高の経験だった」

「撮影があまりに楽しいので、ひどい罪悪感がある」。ミラー大尉役のトム・ハンクスに指示を与える。

「エージェントを持ってから数十年。今回が初めてだった。エージェントが実際に渡してきた脚本で、自分で演出しようという気になったのは」とスピルバーグは笑いながら言う。彼が考えるに、ロバート・ロダットの第一稿には、いくつかの問題点はあった。しかし、今に至るまで何年も第二次世界大戦の映画を作ろうと、書物や資料、脚本を読み、そしてもちろん映画を見てきた彼が胸に抱いていた理想に、これが最も近いものだった。「脚本を一読して、『まさにこれだ』と声をあげたよ」。それと同時に、脚本はトム・ハンクスにも送られていた。「ぼくが脚本を読み、彼も読んだ。そして電話口で2人して口にしていた。一緒にやろうって。たったの1日。まさに或る日の出来事だったよ」。

［前ページ］戦友たち。映画を象徴するようなポスターデザイン。

製作には何カ月もかかったが、スピルバーグとしては骨の折れるものではなかった。肉体的にはもちろんキツかった。けれど彼は、精神面では仕事を楽しんでいた。というのも、その1つの理由として、この映画は自分の父親の世代、すなわちジャーナリストのトム・ブロコウがいう「最も偉大な」世代を讃える、自意識的な映画だったからだ。アーノルド・スピルバーグはそれを居心地悪そうに斥けた。「だがな、スティーブン」。父スピルバーグは言った。「私の話を描かなかったのか？　第490爆撃航空隊の話もか？　山脈を越えようと飛んだ男たちの話だぞ。ヒマラヤ越えをしようとして遭難した友人の話がいいんじゃないか？」。それに対して、子スピルバーグは答えた。「『父さん、そのとおりだ。でもぼくが描こうとしているのはそれじゃない。父さんの世代にとっての物語なんだ』。ぼくは父のための物語を語ることに、本気でつき動かされていたんだ」。

　それは本質としては、とてもシンプルな物語だった。この戦争には、他のどの戦争もそうであるように、一家の男子全員が（時には4人、5人も珍しくない）従軍することになった家庭があった——サリバン兄弟、ナイランド兄弟——となると兄弟の全員が戦死する場合もある。事実、サリバン兄弟がそうだった。この映画では、トム・ハンクス演じるミラー大尉が9人からなる分隊の指揮官として、最後に生き残ったライアン家の息子を捜索し、無事に連れ戻すことを任せられる。これが最優先事項だった。参謀総長ジョージ・マーシャルも、この件を深く受け止めた。まさにエイブラハム・リンカーンによる書簡を読んでのことである。リンカーンも南北戦争の最中、ビクスビーという名の兵士について、同種の悩みに直面していたのだった。

　彼らの任務は、少なくとも最初のうちは、特別に危険なものとして命じられたのではなかった。和気あいあいとした雰囲気さえあり、上意下達の命令系統から免れ、束の間の気ままな時間を過ごしているくらいの気分だった。とはいえ、この映画が強く印象を残すのは、とにかく真実味あふれる戦闘シーンだ。とりわけ映画冒頭の、ノルマンディ海岸上陸のDデイの作り込まれたその銃撃戦——それにハンクスの名演技である。

　「たいがいの家庭で、男の子にはトム・ハンクスのように育ってほしいと願うんじゃないだろうか」とスピルバーグは言う。「それはアメリカだけでなく、たぶん世界中のどこでも、暗黙の願いではないか」。もし彼に比較して並べられる俳優がいるとすれば、スピルバーグの考えでは、それはジミー（ジェームズ）・スチュワートだという。いわくミラー大尉の人となりはこうだ。「強靱だが純真だ——立派なリーダーであり、しかし情に篤い人物だ」。

　そして、秘密を持つ人物でもある。それもいちばん基本的な事柄——軍役に就く前は何をしていたのか（高校の教師だったことがやがて明かされる）。しかしミラー大尉に関しては、地獄の戦場では、他の誰しもと同じように、恐怖におびえているということが何より重要なのだ。でも彼は前進を続ける。ハンクスの演技はアメリカ人の忠誠心に対する讃歌だ。けれどその忠誠心には、これ見よがしなヒロイズムは微塵もない。

オマハ・ビーチで兵士たちに演出指示。

「上陸用のヒギンズ・ボートから降りたその95％は、戦闘を目にしたこともなかった、という若い新兵たちの感覚を、観客にも感じてほしかった。それはカオスというほかない状況だった。そしてそのカオスをスクリーン上に再現しようとしたんだ」

映画の冒頭25分を占める、凄惨を極めた上陸シーンのスチール写真——「身体が折り曲げられた筒状の肉塊に変わるほどに激烈」(ワシントン・ポスト紙)。

廃墟となったラメールの街。作り込まれたセットを上空から。

　ミラーの軍事行動の背景となる状況設定は、映画の冒頭約25分強で示される——1944年6月のノルマンディ上陸、通称Dデイ。これはまさに映画史における最も偉大な戦闘シーンだ——これに匹敵するのは、同じ映画の中の（作品の後に置かれた）もう1つの戦闘シーンのみだろう。その場面が見せる恐怖と戦慄は、本質的にセンチメンタルな映画作家だというスピルバーグのイメージを、完膚なきまでに粉砕する。

　それでありながら、技術的には彼にとって異例のシークエンスなのだ。「事のすべてを意識の流れにそって撮った。ストーリーボードも事前のイメージ構成も何もなし。（頭をこつこつ叩きながら）何もかもすべてはこの中からやってきた。あの日のオマハ・ビーチのドッグ・グリーン地点を生きのびるとはどういうことかについて書かれた、これまで読んだ書物のすべてに教えられた」。彼にわからなかったことといえば、その撮影には24日間を要するということだった。スタッフが次々とやってきて、翌週は何をするのかと聞きにくるものの、それに答えられなかった。「防波堤にまでしか行ってない。まだヴィエルヴィル・ドローにまでたどり着かない。即興でやったところはすべて安全で、合理的で、管理されたやり方だったけれど。とはいっても即興は即興だ。本物の戦場と同じで、次に何が起こるのか皆目わからなかった」。

　この冒頭の場面が強烈なだけに後が大変だ——『レイダース／失われたアーク《聖櫃》』の最初の数分とまったく同じ問題が持ち上がった。そのシーンの後も、映画はもつのか？——ライアン二等兵の捜索に入ると、映画は途端におとなしくなるのだから。喜劇、悲劇、そして統率者の錯誤——そこには1920年

（左から）アダム・ゴールドバーグ、ジェレミー・デイヴィス、トム・ハンクス、マット・デイモン、ジョヴァンニ・リビシ、トム・サイズモア。

戦闘の真っただ中、敵の銃火をくぐり抜ける（下）。

代以来の、分隊ものの戦争映画の要素がすべて詰め込まれている。特に印象に残るのは、ミラー大尉がトム・サイズモア演じるホーヴァス軍曹の存在に、心の荷をおろしていることだ。スピルバーグによると、ミラーにとって彼の存在は、オスカー・シンドラーにとってのイザック・シュターンだという。精神的庇護者であり、指南役であり、心の悩み——死者の数や祖国との手紙、兵士の認識票の回収などの——を打ち明けられる気兼ねのない人物だ。「彼には話し相手が必要なんだ」とスピルバーグは言う。でなければ、謎めいた彼の性格は——彼のキャラクターの重要な要素だ——観客の共感から、ほど遠い存在になってしまうだろう。

　残るミラーの分隊の顔ぶれは、映画の中のGI（アメリカ陸軍兵士）としては標準的だ——ユダヤ系、イタリア系などなど。これは映画作家の立場からすれば意識的な決断だったろう。「ぼくほどたくさん第二次世界大戦の映画を見てきた人間はいないはずなんだ。だから『プライベート・ライアン』にそれらは否応なく受け継がれているはずだ。古（いにしえ）のハリウッド・スタイルの戦争映画すべてのDNAを、継承せずにおくことなど不可能だ」。そのため、なかんずくいえることは、この映画がジャンルにおける約束ごとのある種のコメンタリーになっているということだ。とはいえ、それは断じて欠点などではない、というのが私の考えだ。そうでなければ、擬似的な歴史にすることで、この映画が持ちえた強みをかえって損ねることになるだろう。我々は歴史の真実に固執してしまう——ささやかな映画の歴史においてさえ——よく知られた過去を映画にしようとするときは。

プライベート・ライアン　169

トム・ハンクスによるミラー大尉の威厳あふれる演技で、彼はオスカー候補となった。これはめったにない休息のシーン。

　この映画の最初と最後の戦闘シーンを比べると、やはり史実との関係が問題になる。Ｄデイの上陸作戦は、アメリカ史における偉大な交戦の１つなのだから、創作部分がまぎれ込んでいてもまだケチをつけにくい。どのみち独自の解釈を避けることなどできないからだ（もちろんスピルバーグもそれを避けていない）。そこには真に叙事詩的で壮大なスケールがあり、より大切なこととしては、この戦闘の意義が明白だということだ。軍は上陸地点を確保しなければならず、さもなくば海岸側へと押し戻されて、決定的な敗北を喫するはずなのだ。

　映画の終盤における、小都市ラメールでの創作上の戦闘に関しては、その戦いそのものの本質として、より入り組んだ展開となる——それはしかるべき作戦も計画もない、白兵戦だ。戦闘が完全に終わってみるまでどちらが勝ち、どちらが負けたのかもわからない。しかしスピルバーグはプロットを進展させるために、登場人物の役割についてうまいやり方をしている。「最初の戦闘では、トム・ハンクス以外はそこに誰がいるのかもわからないはずだ。観客には誰もが匿名の存在だから」。しかし２時間後にはもうそうではない。観客はその兵士たちと時間を共にしてきた。「観客の中にはその戦闘が他人事(ひとごと)でなく、感情を揺さぶられる者もいるだろう」。大いに気持ちを寄せるようになった、彼ら兵士たちの運命に気が気でなくなり、あるいは愛するようにさえなる——特にミラー大尉については。

　彼は与えられた使命は果たした——ライアン二等兵（マット・デイモン）を見つけ出すことができた（ところが、彼は自分の戦友たちを残して戦場を去ることを固辞する）——しかしミラーは致命的な重症を負い、ライアンに看取(みと)られつつ死にゆく間際、多く

「すべての国が、その国固有の歴史を語るべきだと思う。イギリスはまさに第二次世界大戦に関するいくつもの偉大な物語を作った。我々は自分たちが何者であり、何を知っているか、できる限り語り継ぐ責任があるはずだ。そして誰にも語るべき物語があるんだ」

の意味にとれる最後の言葉を呟く。「無駄にするな。しっかり生きろ」と。その意味を思うに、ライアンを捜すために何人もの兵士が危険な目にあった（あるいは戦死した）、だから彼はそのいくつもの生命を背負っているということではないか。ただ生きるだけではない。ライアンはよい人生を送ることで彼らに報いなければならないのだ。映画は彼がそんな人生のゴールを全うしたかどうかは知らせてくれない。しかし我々は彼がそれをなしとげたと思わずにいられない。栄誉に満ちた、人類の英知を代表するような立派な人生である必要はない。ただミラー大尉が送ったであろう程度の人生を送ればそれでいい。

スピルバーグがこの映画を撮り終えたとき、特別に大きな期待を抱いていたわけではない。幅広く多くの観客を得るにしては、さすがにバイオレンスの度合いが強すぎる、と判断していた。トム・ハンクスの人気もあって、最初の週末はよいスタートを切るだろうとは思っていた。しかし興行成績の行方は、彼にとって大きな問題ではなかった。撮影監督のヤヌス・カミンスキーと編集者のマイケル・カーン、そして多くの俳優たちとともに、彼はこう語っている。「ぼくら全員が大いに貢献できたと思っている。映画は、兵士たちが戦場の業火の中で、実際にどのような経験をしたのかということを観客に伝えてくれるだろう。ぼくにとっての力の入れどころは、物語が展開するそのすべての瞬間に、観客自ら軍靴をはいているかのように感じさせるため、この映画を可能な限り強靭でタフに作ることだった」。

ラフカットをつなげながら、スピルバーグは自分がそれをやりとげたことを感じていた。「スクリーンに暴力的なイメージを導入することは、これまでで最も厳しい経験だった——単なるモノであるかのように、生身の肉体が引き裂かれ、損壊するのだから」。

しかし彼は、ひどく奇妙な考えに取り憑かれていた。「映画本編のある場面で、トム・ハンクスの方を向いて言ったんだ。この映画の現場があまりに楽しくて、罪の意識を感じてしまうって」。私見ではあるが、撮影が楽しいという彼の気持ちを象徴するような、ある短いシークエンスがある。数名のドイツ兵が捕らえられ、前に引きずり出されるところ。ミラーの分隊にいるユダヤ系の兵士が出てきて、彼の認識票を指し示す。もちろんそれは彼の宗教上の来歴を示すものでもある（訳注：彼の認識票にはユダヤの印である「ダビデの星」が貼り付けられている）。彼は当惑する捕虜に向かって、勝ち誇ったように言う。「ユダヤ人。おれユダヤ人」。そこは、それなりにコミカルなシーンだ。それにある意味では作り物めいてさえいる。しかしそれ以上に、非常に強烈な描写でもある。

たぶん、スピルバーグがこの映画の撮影に見出した楽しさというのは、それとはまた別の、より広い観点に根ざすものだろう。どんなレベルであれ、大きなアクション映画の監督はスクリーン上にどれだけ恐ろしいことが起こっていても、それは見世物であり、時にはほとんど子どもっぽくもあるやり方で、観客の目をくらませているだけだということを知っている。スピルバーグは、郊外に暮らしていた少年時代に作った戦争映画のことを思い描きながら、その頃の汚れなき瞳からは遠く離れ、今こそ持てる活劇演出の熟練の技術をいかんなく発揮できたことに満足している。おそらく彼は、それも１つの理由だが、撮影を楽しんだことの完全な説明にはなっていないことを認めるだろう。

塹壕の中のマット・デイモン演じるライアン二等兵。

戦死シーンの準備。

『アラビアのロレンス』(彼が最大級に評価する作品だ)の、あるシーンが彼の考え方の最良の説明になっている。そこでは、部屋に立っているT・E・ロレンスが、彼の冒険についてアレンビー将軍に報告している。「まだあるのです」と彼は言う。「というと?」とアレンビー。そこで我々はロレンスが震えているのに気づく。「人を撃ちました」とロレンスは言う。ベテランの兵士としてはごく普通の話だ。「必要だったからだろう。それは君の義務ではないか」「はい。しかしそれだけではないのです」「つまり?」「私はそれを楽しんだのです」。

とはいえ、スピルバーグが感じた「楽しさ」は、彼が発信したいと願ったメッセージに、辛うじて込められている。『プライベート・ライアン』は、非常にうまくいっていて、究極的には胸に強く突き刺さるものになっている。それもミラーの分隊が、いかにも健全で、ありがちなアメリカの少年たちといった面々で構成されているからだ。もしこの映画に作り物めいた部分があるとすれば、この集団には質の悪い人物が誰もいないということだ。しかしこれは、人の心に深くとどめられるべきフィクションであり、我々にとって不可欠なフィクションなのだ。実際に軍隊の必要性を確信し続けるつもりがあり、特に大義のない、無意味な戦争をする時代においては。だからこの映画が示した道徳心を再び必要とする時代はきっと来る。

スピルバーグの観点では、そのことは非常にシンプルで、ほとんど使い古されたもののようにさえ思える。たとえば「退役軍人と話すと、彼らはきっとこう言う。『思い出すよ、そうだな、うん、私はたしかに戦場で戦ったよ。西洋の民主主義を守るためにね。けれど戦闘の真っただ中でも、私はただ塹壕の中で隣り合わせた戦友を守るために戦っただけだ』と」。今日の我々が戦争について議論するとき、これほどよく耳にする考え方はない。こうした言葉に清新な実感と今日的な意義を与えるには、スピルバーグがこの映画に込めた、有無をいわさぬ説得力(そして、切り詰めた寡黙な言葉)しかない。

彼のもう1つの見解もまた、同じような方向だ。近代の戦争では——つまりテレビで放送される戦争だ——「ぼくたちは戦死したり、傷ついたりした人たちと個人的な関係を結ぶことはないし、知己を得ることもない。『プライベート・ライアン』でぼくがやりたかったことは、忘れられつつあり、しかも究極の犠牲をはらった兵士たちを、何とか深く知ることだった——そして、兵士たち各個人が後に何を遺して死んだのか、そして二度と埋めることのできない、誰にもある心の中の空白を理解することだった」。

他の監督の腕なら、より洗練さを欠いた、また別のやり方で作られたはずだ。十分に論点をつきつめられない監督もいるだろう。彼の表現力と、技術的熟練にもかかわらず、スティーブン・スピルバーグは本質的にシンプルな人物だ。それが——それを何と呼ぶべきなのだろうか、道徳心か?——彼が観客一人ひとりとわかち合うものであり、それは『プライベート・ライアン』をして、人が「やれやれ、また戦争映画か」と考えることを斥けている。

映画が公開されたとき、スピルバーグが映画の最初と最後に置いた2つのシークエンスについて、「論争」が起きた。その中の1つは、ノルマンディ米軍戦没者墓地で墓石を探している、1人の第二次世界大戦の老退役軍人の姿のことだ。映画のメイ

映画の最初と最後にあたる現在のシーンは、ノルマンディ米軍戦没者墓地で撮影された。一部の批評家はこのシーンを感傷過多だと評したが、スピルバーグはそれに強く反発している。

「歴史的な見地からは、第二次世界大戦は実のところ形式的で、単純明快なようだ。しかし戦争の内幕、戦闘の内側は、厳密にいうと無秩序なもので、兵士個々人にとってはカオスそのものだった。歴史上の観点で振り返ると『そうそう、第二次世界大戦というのは善玉と悪玉にはっきり分けられる戦争だよ』と軽く口(こと)にすることができる。けれど戦闘の裏側では、事は決して明快ではない。戦争を戦った兵士たちにとっては、混乱の極みだったはずだ」

ンアクションが始まる頃、彼のことを思い出そうとすると、この人物がライアン二等兵だと――老けメイクで、すぐにはそうとわからないよう表現されている――あたりをつけることだろう。そして、彼が探していたのはミラー大尉の墓石なのだろうと。

これらのシークエンスは、辛口で情緒のない映画批評家には（もちろん彼らもたいていは、最悪のハリウッド的感傷は受け入れている）、やりすぎだった。そして彼らは、これを映画が守るべき厳格な一線を犯したものと受け止めた――ちょうど『シンドラーのリスト』の赤い服の少女と同じだ。スピルバーグはそうした見解を受け流す。

「もし同じ映画をもう1度作らねばならないとしても、まったく同じように作るよ。というのも、ぼくは退役軍人のために作ったからだ。そして実のところ、映画の最初と最後を愛してくれるのは、彼ら退役軍人たちなんだ。なぜなら彼らはこの映画を同時代のものとしてとらえてくれる――ぼくの父を讃え、この最も偉大な世代を形作るすべての父親たちを讃えている。だから年配者たちにノルマンディの戦没者墓地に行ってもらった。とにかくその訪問は胸打たれるものだった。ぼくの考えでは、『プライベート・ライアン』という映画は、この最初と最後の場面がなければ存在しえないんだ」。

そして実をいうと、私自身にとってもそうなのだ。私もこの墓地を2度訪れた。そしてその2回とも私を感動させずにはおかなかった。理由はうまく説明できないけれど。我々は鑑賞する映画や、すべての物語(フィクション)の中に、自分だけの場所を作るのではないだろうか。感傷をかきたてる極めつけの瞬間のために――それが感傷にすぎないとしても。いずれにせよ、大衆はそれを素直に受け止め、その多くはきわめて平静に受け入れた――もし彼らがそのことにもっと気をとめていれば――映画は他の美点ともあいまってひときわ豊かになっていただろう。

映画はスピルバーグの期待をはるかに超え、興行的に大変な成績をおさめ、正当なことに映画賞投票権者も大いに満足させた。長い間、戦争映画をジャンルの要求に忠実に、これほどのスペクタクルをもって構成した者はいなかったし、だからといって、単なるアクション巨編として見栄えよく作るというのでもなく、伝えるべき価値のあることを言わんとしている。それは戦争の大義なんかではなく、戦場に行くことを余儀なくされた男たちについてであり、そこには何らかの価値を見出さなければならないし、さもなくば冷笑的な見解や、ただの悪口に振りまわされてしまう。今やスピルバーグの最盛期でないとしても、間違いなくその中の1つだ。なぜなら、これは映画界の最も陳腐な紋切り型からは対極にあり、そのためにスピルバーグの取り組みに込められた情熱や激しさは、我々の見方にも影響を与えずにおかないからだ――少なくとも映画の上映中は――。すなわち、その才能や能力において、むしろ普通の人々が、常軌を逸したプレッシャーの中で最善を尽くしたということだ。この映画が讃える足早に消えゆく世代について、スピルバーグが語ることは、つまりこうだ。「これらの人々は、後の人生ずっと彼らが体験した情景を背負っていく、ということを理解しなければならない。知ってのとおり、ぼくたちは映画なら気安く見にいったり、借りてきたりできる。しかし彼らは永遠にその記憶とともに生き続けなければならないんだ」。

プライベート・ライアン　173

A.I.
A.I.：Artificial Intelligence（2001年）

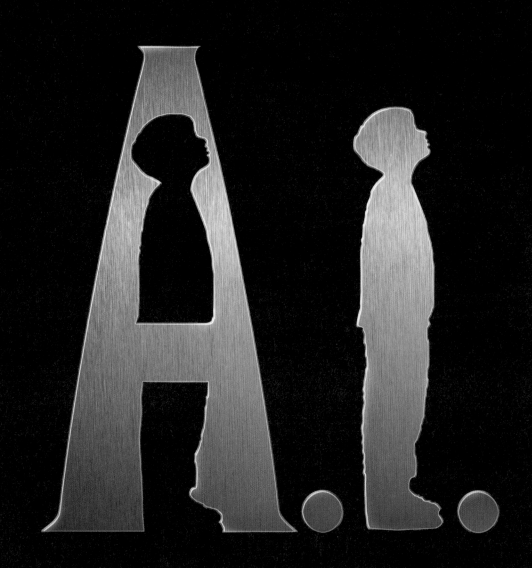

「ぼくたちの感性が重なり合うのは『A.I.』をおいて他にないことを、スタンリー・キューブリックは気づいてくれたのだと思う。スタンリーがぼくに電話をかけてきたんだ。『これまで書いてきた原案を読んでほしいんだ』と言ってくれた人は、彼が初めてだった」

ニューヨークに向かって旅するデイヴィッドとテディの行く手には、ぞっとするような「フレッシュ・フェア」をはじめ、ありとあらゆる障害が待ち受ける。ようやく目的地に着いてみると、街全体が海中に水没していることがわかる。

2人の共同作業には少し笑いを誘うところがある。キューブリックは、彼が敬遠していたメディアで喧伝されているような変人ではまったくなかったが、気性の激しい人物ではあった。彼は、ジャーナリストが考えているような世捨て人とはまったく違っていたが、おそろしく頭が切れ、超のつく合理主義者であり、普通の人なら気にかける時間の心配をほとんどしなかった。例えば、スピルバーグは寝室にファックスを置き、キューブリックからの専用のファックスをせっせと受け取りながら、夜通しずっとあれこれやりとりをしていた(彼の妻は別室に追いやられた)。途中で昼食と夕食をとりながら、キューブリックと8時間も電話で話したこともある。

スピルバーグはそんなことはおかまいなしだった。キューブリックは(私もここが大好きなところではあるが)人を虜にする人物だった。彼が無理難題をふっかけるときほど(大体がそうなのだが)、抗いがたい魅力を放つのである。キューブリックが言うように、2人が何年も温めていた物語は彼よりスピルバーグの得意分野であった。時は2142年、地球温暖化で氷山が解け、沿岸の大都市の多く(ニューヨーク、ヴェネツィ

『A.I.』のメイキングは映画と同じくらいドラマティックだ。1980年代にスタンリー・キューブリックは、ブライアン・オールディスの短篇小説「スーパートイズ／いつまでもつづく夏」の映画化権を取得し、保持していた。1990年代にキューブリックはスピルバーグに映画化への参加を非公式に打診し、これは自分よりもスピルバーグの感性に向いていると繰り返した。とはいえ、キューブリックはすでに95ページにおよぶ草稿を書き、2,000点ものストーリーボードなどのデザイン製作を発注済みだった。スピルバーグはキューブリックが1999年に急逝したあと自ら脚本を書き、多くの欠落を埋めたが、この映画の基本構成はキューブリックのものであることを強調している。

ポスターの巧妙なタイトルデザインが、この映画におけるレプリカントのテーマを示唆している。

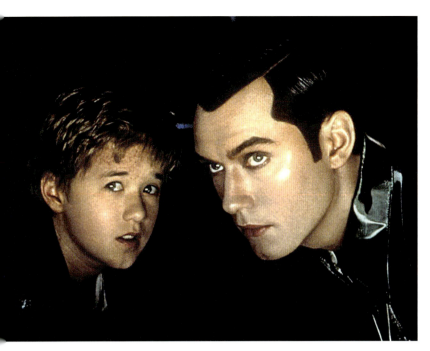

ハーレイ・ジョエル・オスメントの顔面から型取りされたマスクの目の穴ごしからの撮影。

アなど)は海底に沈んだ。天変地異を生きのびた人間たちは温暖な内陸部に住み、外見上は人間と変わらないレプリカントを造った。この「メカ」たちは人間たちに仕えることを目的としていた。ホビー博士(ウィリアム・ハートのもったいぶった演技が今回だけは見事に役柄にはまっている)は、最初の子どものレプリカント、デイヴィッド(ハーレイ・ジョエル・オスメント)を造る。デイヴィッドはヘンリーとモニカ・スウィントン夫妻の養子となる。この両親の実の息子は低温保持装置で冬眠状態にある。彼がかかった病気の治療法がまだ見つかっていないからだ。

スピルバーグ自身が認めているが、デイヴィッドはスピルバーグ映画の孤独な少年たち(ロスト・ボーイズ)の中でも最も捨てられた(ロスト)状態にある。何しろ彼は本物の少年ではなく、人間の模造品なのだ。彼は本当の愛情を持つ能力があり、その愛は本物でない母に向けられる。しかしスピルバーグは彼女が本当に少年を愛していると考えていない。彼女にとってデイヴィッドはおもちゃで、昏睡中の子どものつらさを紛らわせる鎮痛剤なのである。だが突然、息子は蘇生する。実子は意地悪で狡猾な本性をあらわし、彼の計略で、ついに母親はデイヴィッドを暗い森に捨てる。彼のお供となるのは、歩いて話せる(聡明な)クマのぬいぐるみである。『A.I.』には『ピノキオ』との偶然の一致以上の共通点が

スピルバーグによれば、ハーレイ・ジョエル・オスメントは、「ぼくが撮ってきた映画で最も偉大な演技」を見せる。監督と打ち合わせ中の彼(下)と、ジュード・ロウと窮地に陥っている彼(上)。ジゴロ・ジョー役のロウの演技は「完璧な身のこなし」であった。

A.I. 177

> 「『A.I.』の世界では人類は滅亡し、それに取って代わっているのが、人間が地上に生み出したフランケンシュタインたちだ。人間の果てしない欲望が、愛情を持てる少年を作り出す。だけど少年は人間ではなく、その模造品だ。愛の代用品として子どもを作るなんて犯罪もいいところで、人類はその報いを受けている。つまり、これはとても悲劇的な物語だと思う。ぼくはこのキューブリックの思い描いた未来図にできる限り忠実だったと思う」

あるが、彼はジミニー・クリケットのような役割を果たしている。スピルバーグが最高の腕前を発揮した場面の1つは、デイヴィッドが遭遇する身の毛もよだつような「フレッシュ・フェア」だ。ここでは人間たちがレプリカントたちを残虐に公開処刑している。彼はまたジゴロ・ジョーというレプリカント(ジュード・ロウ)と出会う。彼の存在はその名前が体現している。このドラマでは優美な(溌剌と描かれた)登場人物だ。2人はついに水没したニューヨークへとたどり着く。デイヴィッドはそこでブルー・フェアリーに会おうとする。母の愛を求める彼の願いをかなえてくれると信じているからだ。

デイヴィッドは彼女と出会うが、そのときデイヴィッドとぬいぐるみのテディは海底に沈んで動けなくなってしまう。そこで2人は2000年ものあいだ眠りにつき、未来のレプリカントたちに助けられる。レプリカントたちはデイヴィッドを修理して生き返らせ、彼の願いをかなえる。(デジタルで再現された)母親モニカと愛につつまれた再会を果たす。2人はついに完璧な愛に満ちた1日を(きっかり1日だけ)過ごすのである。

複雑なプロットに見えるが、映画は軽快によどみなく展開する。映画の教訓は非常に明解だ。愛はこの世界で最大の力である。それは決してないがしろにできないものだ。結果として手に入れることができるものは、この映画のように、ささやかでつまらないものかもしれない。それでも愛を求める子ども(それがデイヴィッドであっても)の求めを満たすには十分なのである。

だがこれでは映画の公開時に持ち上がった興味深い議論、目立たないが重要な議論が隠れてしまう。つまりスピルバーグとキューブリックのコラボレーションの本質とは何か。どちらの世界観が映画の完成に強く作用しているかということだ。

エンディングが要となる。「デイヴィッドとテディが海中で倒壊した観覧車にはさまり、電池切れで動かなくなったところで、エンドクレジットが流れる。スタンリーの『A.I.』のラストはこうだと思われていた」とスピルバーグは言う。

「これがスタンリーの結末だと思われていたから、映画を2000年後の未来に飛ばしたことでぼくは批判されたよ。その世界では人間の造ったロボットが人間たちに取って代わり、スーパーメカが支配する世界になっているんだからね。どれだけぼくがスタンリーの映画を台無しにしてしまったのかが問題になったけど、実はスタンリーの書いた草稿には2000年後の未来が描かれていたんだ。ぼくは細大漏らさずスタンリーの物語を脚本に盛り込んだ。ぼくが脚本を書いたのは、スタンリーが死んでしまったため、もう彼自身では映画を作れないからにすぎない。筋書きはスタンリーのアイデアなんだよ」。

最も暴力的で印象的なフレッシュ・フェアに焦点が当てられているのも同様である。人間たちがメカを処刑する、このホロコースト的なイベントを映画の中心にしようとスピルバーグは考えていた。「人間たちはこの召使いが——このあわれで救いようのないメカたちが——自分たちのアイデンティティや仕事を奪うことを恐れているんだ」。キューブリックのストーリーボードがすでにこのシーンを22世紀のホロコーストのように見せていたことをスピルバーグは強調している。

さらに重要なのは、この映画の最も根本的な問題を、きわめて率直かつ暴力的な表現で提起していることである。「観客に問いかけられているのは、人間の知覚行動と人形の行動との違いなんだ。人間の道徳的判断はどこから生まれるのか。ぼくたちと外見も行動も同じに見える存在をどのように判断すればいいのか」。

スピルバーグはさらに言う。「人工知能についての基本的な考えに反感を抱いている人が大勢いる。他所の人間が造ったものを愛せるのだろうか。人形を愛せるだろうか。バービー人形を愛せるだろうか。もちろんできる。子どものときにはね。で

デイヴィッドは水没したコニー・アイランドでブルー・フェアリーに出会う。

も母親は本当の子どものような外見と行動をするバービー人形を愛せるだろうか」。

　なるほどこれは深い問題であり、スピルバーグよりむしろキューブリックが問いかけそうな問題ではある。思うにスピルバーグの最良の映画は、自然に答えが出せる問題を扱っている場合だ。普通の感受性を備えた人々が理解できるテーマを正面から提起するのがスピルバーグ映画のモラルなのだ。『A. I.』はそうしたタイプの映画ではない。これは結論の出ない映画である。もしデイヴィッドのような人間そっくりの存在がアヒルのように鳴いているのなら、外見はどうあれその行動から判断してアヒルだと考えていいに違いない。また別の言葉でいうと、デイヴィッドが何マイルもの長さのワイヤーと電気回路で組み立てられており、その構成要素から判断して魂の入る余地などないモノだと信じてもいい。つまり、彼を虐待しようが、何者だと思おうが我々の自由なのだ。我々は彼らを捨てることもできる。壊すこともできる。何の咎（とが）めもなく。

　しかしもちろん人間を解剖して魂の座を突き止めた者は誰もいない。我々はただその存在を信じるか、信じないかである。ここから人生における核心的で実存的な謎かけが起こる。我々は誰もそれに答えることはできない。スピルバーグは人道主義的傾向があるだけ一層明らかに、デイヴィッドが完全な人間性を獲得する可能性を信じようとしている。スピルバーグは、キューブリックも自分に賛同するだろうと言いたげだが、どうだろう。キューブリックは全体としてダークな感受性の持ち主であり、だからこそ彼はスピルバーグにこの映画を撮ることを強く求め続けたのだろう。スピルバーグは、身代わりの母親の養子の子どもとの完璧な1日という構想が最初からキューブリックの映画で計画されていたことを主張しているのだが、キューブリックがこの映画の曖昧なハッピーエンドを本心では望んでいなかった可能性はある。

　だが結局のところそれは重要なことではないのかもしれない。この映画はさきほども述べたように、どちらかというとシンプルな内容の、1人の少年（どうしても人間と見なす言葉で考えてしまう）の物語である。少年の求める愛は永遠にも思えるほどの長きにわたって奪われ、その最後にほんのわずか報いを得ることになる。しかしながらこの筋立てはその複雑さ、恐怖、哀切、暗いユーモアへと思いがけなく転じていく。その奥行きの深さと広がりには驚かずにはいられない。そして俳優たちの演技、とりわけジュード・ロウとハーレイ・ジョエル・オスメントは目をみはるものがある。特にロウについてスピルバーグは「彼の身のこなしは完璧だ……あの頭や手の動かし方は非の打ち所がなかったね。あの演技には無駄な動きなど1つもなかったよ」と言っている。だがこれは技術的達成にとどまるものではない。彼はよこしまな男娼であり、音もなく現れる怪盗であり、影の立役者であり、少年と一喜一憂してくれる同伴者という役柄を同時にこなしたのだ。

　ハーレイ・ジョエル・オスメントは、スピルバーグの考えでは「ぼくの撮ってきた映画で最も偉大な演技」をもたらした。それはかなりしたたかな演技ともいえる。オスメントはまったく同情を求めず、恐怖を見せず、冒険を諦めない。ただ敢然と前進し続けるだけである。少年がまばたきをしない——文字どおり一度もしない——ことを提案したのはオスメントだといわ

A. I. 179

2000年間、海底にとらわれた後で、デイヴィッドは未来のレプリカントたちのおかげで生き返る。彼らはモニカと1日過ごしたいという少年の願いをかなえる。

れている。彼が人間ではないことを示す、これは唯一の手がかりである。

　キューブリックはデイヴィッドを含めたすべてのメカたちをCGによる画像処理で創作するべきだと考えていた。スピルバーグは撮影を振り返ってオスメントの功績を賞讃しつつも、キューブリックに同意している。その方がより居心地の悪い、観客はどこか不吉で落ち着かない気分にさせられただろうというのだ。ただ映像の先端技術は──ほんの10年ほど前のことではあるが──まだその域には達していなかった。恐竜は可能だが、ヒューマノイドはまだ無理だった。

　結局のところ、私にはそれがさして重要には思えない。これは、監督たちが思い浮かべる「こうならいいのに」というないものねだりなのである。だが観客は(映画がよければ)出されたもので満足し大きな関心をはらうことはない。私自身の判断では、『A.I.』はおそらくスピルバーグの最も複雑で難解な映画であり、答えるのに最も難しい問題を提起している。とても心地よく快適でありながら(スピルバーグは観客を魅了しようという衝動を抑え込もうとしているが、貫徹できていない)、この映画は残酷で妥協のない映画である。この「ハッピー」エンドはあまりハッピーとはいえず、考えさせられる。この映画のあいだ中、人類というものの醜悪さに光が当てられるからだ。本作のアイロニーは、メカたちが優しい人道主義者(ヒューマニスト)として描かれることだ。これはスピルバーグ的ではなくキューブリック的な表現である。つまるところ、この映画にはスピルバーグからにじみ出る温もり(ぬく)が必要だったのであり、そうでなければとても見るにたえなかった。

　だが、そうはならなかった。批評的には全体として好意的に迎えられた。寒々しい内容であるが、深刻で微妙な問題を円熟した手並みですくい上げていると評価されたのである。ここに物語以上の何か特別なものを必死になって探し求めようという間違いを犯す者はなかった。世界興収は上々で、十分に報われたといえる。この作品は正直、本書の執筆のために再見するのが楽しみな映画とはいえなかった。だが私は十分に満足した。スピルバーグには答えの出ない題材に取り組む力量が十分備わっていると納得できたからである。スタンリー・キューブリックが生きていてこの作品を見れば、必ずや賞讃することだろう。

マイノリティ・リポート

Minority Report(2002 年)

「いわゆるポップコーン・ムービーだよ。けれど、グルメのためのポップコーン・ムービーだ」

スピルバーグとトム・クルーズは、3年後に『宇宙戦争』で再度コンビを組む。

9.11後の最初のスピルバーグ作品は、政府の権能と市民の自由との境界線を反映している。

「かねがねジョージ・オーウェルのようなスタイルの映画を作りたかったんだ。若い頃に読んだ『1984年』が大好きなのでね」とスピルバーグは語る。彼はまた同時に、絶頂期のハンフリー・ボガートとローレン・バコールによる、フィルム・ノワール探偵ミステリのようなものをやりたいと思っていた。まだ一度も手をつけていない分野だ。当初はジョン・コーエンが手がけ、続いてスコット・フランクが、長い時間をかけて取り組んだ、『マイノリティ・リポート』の脚本は、その両方を同時に実現できる可能性があると彼は考えた。設定がまた興味深い。舞台は2054年。首都ワシントンD.C.では、基本的にいわゆる凶悪犯罪はなくなっている。

［前ページ］スピルバーグによる、オーウェル風フィルム・ノワールの雰囲気を出した、アメリカ版ポスター。

液体タンクの中に浮かぶ3人の"プリコグ"は、予知能力を持ち、犯罪の発生を未然に幻視することができる。そこで警官隊はやがて犯罪が発生するはずの現場に出動し、実際の危害が加えられる前にそれを阻止するのだ。素晴らしい身体能力を持つトム・クルーズが、選りすぐりの犯罪撲滅班の中でも、さらに最高の腕を持つジョン・アンダートンを演じる。そして"プリコグ"の中で、最も聡明なアガサを、サマンサ・モートンが演じている。

　クルーズはしかし、深い苦悩を持つ人物でもある。彼の愛息子はかつてスイミング・プールで誘拐され、今も行方不明だ。そしてそれをきっかけに妻とは別れ、打ちひしがれた日々を過ごしている。この犯罪予知システムは、今や国家全体に広がろうとしていた。アガサはジョン自身が36時間以内に殺人を犯すと予言するが、その被害者となるであろう男性は、彼の知らない人物だった。そこで彼は、全力で「少数報告（マイノリティ・リポート）」を手に入れなければならなくなる。これはアガサの予言した内容とは異なる、もう1つの予知結果だ。

　『マイノリティ・リポート』は、その最も基本的なレベルでいえば、チェイスとアクションの連続が最大限の効果を発揮するよう、見事に構成されたスリリングな作品である。それらのシークエンスを扱うスピルバーグの手腕は、これまでの最高水準だ。それにヤヌス・カミンスキーによる撮影は、不吉な青みを帯びて実にいい効果をあげている。ただし、いくぶんありがちなプロットを備えてもいる。いかにも好々爺然（こうこうや）としたマックス・フォン・シドーではあるが、彼の真の計画が暴かれようとするとき、犯罪予知システムを無効にし、任務に忠実だったコリン・ファレルを殺害するという展開などがそうだ。

　とはいえ、アンダートンとアガサが、追跡の目を逃れてショッピング・モールの中を突破するシーンは素晴らしい。一例を挙げると、追っ手たちが彼らを探す視線から姿が隠れるよう、ちょうど完璧なタイミングでやって来る店内の風船売りの陰に入る。それに、軽く笑いを誘う部分もある。たとえばアガサは通りすがりの女性に、今晩は帰っちゃだめだと忠告し、「浮気、バレるわよ」と彼女を驚かせる。

　しかしこの映画はもっと高い意識で作られている。そこを質問すると、スピルバーグはこう語った。「いかに9.11の余波といえど、見えもしないテロから我々を守ってくれるという名目で、我々はいったいどれだけ市民としての自由を、すすんで政府に差し出すのか」。この映画はその最も高邁な次元においては、自由についての疑問を提示している。「まだ実行されてもいない殺人を理由に、残りの人生すべてを葬り去る法的権利など本当に政府にあるのか、そんな政府を我々は望むのか」とスピルバーグは問う。「そう、今からたった5分のうちに何が起こるかわかるということは、究極の権力になる。未来を予見できることほど強力なパワーはない。"プリコグ"であるアガサは、その力だけで世界を支配できる」。

　もちろん彼女は世界征服などしない。幸いにも"プリコグ"の存在とは、あくまで話として面白く、かつ示唆に富んだフィクションなのだ。しかしアメリカ合衆国政府──もしくは、あらゆる近代国家の政

セットにてトム・クルーズと。スピルバーグは1980年代初めに、初めてクルーズと会って以来、一緒に働くのにふさわしい機会を探してきた。『レインマン』の監督に決まりかけていたが、『インディ・ジョーンズ／最後の聖戦』のために降板していたのだ。

まるで子宮のようなプールに浮かぶ"プリコグ"。ここで彼らの思念は、犯罪防止の目的に利用される。

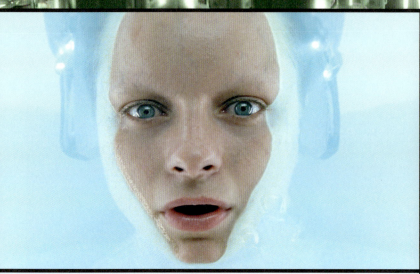

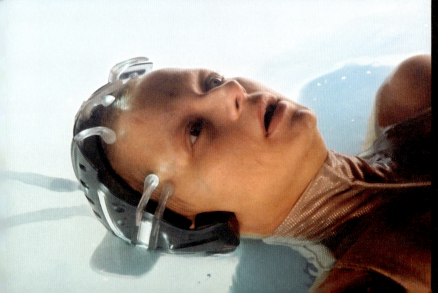

「SFは社会への警鐘を発するのに適した分野だ。SFが常に、やがて来たるべき事柄について考えるための、第一段階の警報となってきたことを忘れてはいけない。SFというのは、説教がましくならず、よりわかりやすく観客の胸に警告を与えてくれる方法なんだ」

アガサ「ジョン、ごめんなさい。また逃げなきゃいけないわ」。続くアクションのリハーサルをする、トム・クルーズ(ジョン・アンダートン)とサマンサ・モートン(アガサ)。

府——は、我々の秘密を知るための手立てを山ほど持っている。

それは高性能とはいえ、融通もきかず、情報の重複もある。そのうえ、誤作動で多くの告発のチャンスを失いもする。しかし、システムがあるということは、おそらくそれだけで悪質な行動をただちに改めることにつながりはするだろう。

そうした示唆を含むとはいえ、そのことは『マイノリティ・リポート』の全面的な成功作たることを意味しない。スリラーという面では、最良の結果をあげている。クルーズが全力で逃走をくりひろげている限り——ある時には2つの眼球の交換さえする(眼球の虹彩が入室禁止区域への制限など生体認証のために利用されている)——実に魅惑的で、エキサイティングな映画だ。とはいえ、ややこしすぎるきらいもある。切り抜けるべき難関があまりにたくさんあって、いくらか拙速であるうえ、やや丁寧さを欠いている。そのため、時に我々は好奇心の根本のところを満足させてもらえず、説明をはぐらかされたようにも感じる。とはいえそれも、昨今の映画では珍しくない。

1つには、この作品の上映時間は2時間を優に超える。終わる頃にはぐったり消耗するが、それだけ見てもどこか満たされない思いが残る(マックス・フォン・シドー演じる人物が企てる陰謀は、私にはやはり失敗だったのではないかと感じる)。そしてまた私としては、見ているうちにフィルム・ノワールとしても、しくじっているように思えてくるのだ。たしかにそうした外観を持つ映画ではあるが、いかんせんハンフリー・ボガートとローレン・バコールが交わしていたような、ウィットに富み機転のきいたやりとりを決定的に欠いている——それにはクルーズと彼の別れた妻という、映画の主人公である肝心な2人の男女が、子を失った悔恨にとらわれすぎているし、どこか精神的な未熟さを感じずにいられないからだ。

それはやはり、多くの要素を盛り込みすぎたからだろう。いずれにせよ、観客を満足させようとするあまり、すべてにおいて過剰になってしまったのだ。とはいうものの、当然のことだが、過剰であろうとすることは、不足があるよりもずっといい。最近の映画はむしろ不足だらけなものばかりなのだから。それに、観客はそんなことを気にもとめなかったようだ。彼らはこの映画のスリリングな面白さを堪能した。要は観客が楽しむうえで最もベーシックなレベルであるところのものが、うまく作用したのだろう。世界興行でも大いに潤った。

偉大なフィルムではない。しかし無意味な作品でもない。「上々の乗り心地」というわけだ。そして、我々の市民生活への政府の介入について、決定的な正解はないにせよ、興味深い問いを投げかけるエンタテインメントなのだ。

キャッチ・ミー・イフ・ユー・キャン

Catch Me If You Can(2002年)

「レオの目には、いたずら好きそうな才気がきらめいているんだ。彼のパフォーマンスはものすごく洗練されている。フランクがあらゆる危機を切り抜けられたのは、80％のパフォーマンスと、たった20％の想像力だったのさ。これは、パフォーマンスについて語りつくした映画だといえる」

きらびやかな衣装とキャストとセットのせいで、『キャッチ・ミー・イフ・ユー・キャン』は軽い泥棒映画と見なされがちだが、相当な皮肉が込められている。

「『キャッチ・ミー・イフ・ユー・キャン』はぼくにとって一服の清涼剤だったよ」とスピルバーグは言う。これはフランク・アバグネイル・Jrの奇想天外な実話の映画化だ。この若き詐欺師は、航空機パイロット、医師、弁護士になりすまし空手形を切って約400万ドルをせしめるという短くも濃密な半生を送った。レオナルド・ディカプリオによって演じられたように、彼は上品で軽妙だが必ずしも滑稽とはいえない勝負師である。彼が伊達男ぶりを発揮して軽快に人を騙すところはごくわずかであるが、それがこの映画にあっては見所だ。彼の行動は不真面目という以上にあまりにも真剣なために魅力的である。それをより引き立たせているのが、アバグネイルに対抗する追っ手側の人物——トム・ハンクスが見事に演じる、どこか格好悪い偏執狂的なFBI捜査官カール・ハンラティ——である。

[188ページ／右]贅沢な毎日。フランク・アバグネイル・Jr役のレオナルド・ディカプリオは騙しと変装の達人だ。

「詐欺師が出る映画の大ファンなんだ。『空とペテンと青空と』も、ジーン・ハックマン主演の『スケアクロウ』も、『エルマー・ガントリー／魅せられた男』——これも詐欺師の映画に入ると思う——も大好きだよ。『スティング』や『明日に向って撃て！』もいわば詐欺師の映画といえる。こうした悪党たちには思わず心を寄せてしまうね」

『マイノリティ・リポート』に続く「おっかけ」映画であるが、まったく種類が違う。

「おっかけ」後のFBI捜査官カール・ハンラティ(トム・ハンクス)は、アバグネイルにまんまと逃げられ、クリーニングすることに。

　ハンクスは不格好なメガネをかけ、へんてこな小さな帽子を頑固にかぶり、クリスマス・イブだって独りの身だ。ぼそぼそとチャイニーズ・フードを食べ、追っ手をかいくぐるアバグネイルを追っているのだ。彼は結婚に失敗し、ボストン訛りでがなり立てるうちに、次第に自分の捕獲対象に親しみを覚えるようになる。

　この映画は必ずしも、アバグネイルの行動理由に関心をはらっていない。彼はスピルバーグの孤独な少年たち（ロスト・ボーイズ）の1人といえる。彼は世界をまたにかけながら、心のよすがを、より正確には、頼れる父親像を追い求めている。それなのに彼の父親は、失敗続きのさもしいいかさま師なのだ。クリストファー・ウォーケンは生真面目でありながら、奇矯なところのある人物を絶妙なバランスで見事に演じている。この父はまず優良ロータリー・クラブの市民賞の受賞者として描かれる。だが彼はすでに税金滞納のために映画のあいだ中、国税庁と争いを繰り広げている。映画にラブストーリーの要素があるとしたら、アバグネイル家の父子の関係だろう。父親はわが子がこの稼業で自分を超える存在となったことを喜ぶが、息子の成功から利益を得ることは拒む。

　いよいよ、ハンラティはアバグネイル・Jrをフランスの小村まで追いつめる。彼の父と、美人だが本性は不実な母親は第二次世界大戦末期にこの村で出会ったのである。ハンラティはアバグネイルが裁判にかけられ、拘置されるよう手配する──しかしその後、彼の更正を手助けし、FBIで同業者逮捕に協力させる（と最後に字幕が出る）。かつて彼が得意とした詐欺を試みる輩を妨害（少なくとも攻撃）するべく、彼は様々な機器を発明し財を成す。あらゆる点で、ハッピー（そして真実の）エンディングといえよう。

　「フランク・アバグネイル本人に会ったとき、強烈な人柄が伝わってきた。会った瞬間に思ったね。『彼はどんな人間でも騙せるな』とね」。映画の評価は総じてよかった。もっと愉快なチェイスを見たかったと思う映画評論家もいたが、つまり面白いだけの映画、ただとてつもない大金以外には何も犠牲になることのない毒にも薬にもならぬ映画を求めていたのである。物語としてその形跡はあるが、映画の大半で観客が感じるのは皮肉（アイロニー）であり、かなりの割合を占める抑えたサスペンス、そしてわずかな自由奔放さということになる。

　「彼は詐欺と変装の驚くべき達人だった。でも妙なことを言うけどぼくにはどこかオスカー・シンドラーを思わせるものがあったね」。いったいどこが？「つまり彼には自分の計画をその人の計画だと信じ込ませてしまう才能がある。でも実際の彼の計画は別にある。オスカー・シンドラーはナチスを手玉に

撮影したフィルムの出来栄えに満足するスピルバーグとディカプリオ。

取って自分を彼らの仲間だと信じ込ませました。彼らから財を巻き上げ人類が行った最大の偉業の1つをなしとげたんだ。偉大な詐欺師であったからこそユダヤ人たちに避難所をもたらせたのさ」。

思いもよらない考えだ。

「今ここで思いついたことなんだ。こういうことはインタビューを受けていると、よくあることだよ。今まで見えていなかったことが見えてくるということがね。ここで話をしていて初めてわかったんだ」。

ここからいささか気がかりな視点が浮かび上がることになる。すなわち、あらゆる映画は、どんなに生真面目で意欲的な映画であっても、詐欺の要素が含まれているのではないかということである。映画の最も根本的な目的とは、つまるところ映画館の席に観客を座らせるということだ。それは罪ではないし、いかさまですらない。それは誰もが興じるゲームなのであり悪意などはないのだ。だから、『キャッチ・ミー・イフ・ユー・キャン』の場合のように、もし観客がこの映画を実際以上に明るくうきうきした映画だと思って、見に来たとしても何の問題があるだろう。楽しい思い出はできるのだ。観客はそれなりの楽しみを享受し、映画会社は大きな収益を得、そしてスピルバーグは誇るに足る新作の企画に取り組むことができる。まさに次のプロジェクトで、彼はまた同じ手口をさらに愉快に披露してみせるのだ。

監督とトム・ハンクスが話をしている間に、逃走経路をチェックしているレオナルド・ディカプリオ。

ターミナル

The Terminal（2004 年）

「ぼくが作りたかったのは、みんなが笑って、泣いて、この世界に生きていてよかったと思える映画だった」

[前ページ]空港で行き場を失った、少し大柄の難民ヴィクター・ナボルスキーを演じたトム・ハンクスは、スピルバーグが絶品と賞讃するパフォーマンスを披露する。

ジェフ・ナサンソンとサーシャ・ガヴァシ脚本による"招かれざる男の物語"は魅力的で独創的なものだとスピルバーグには思えた。架空の国クラコウジアから来たヴィクター・ナボルスキーは、クーデターで故国を失い、旅先のアメリカで無国籍者となる。こうしてJFK国際空港に仮住まいすることになった彼は、アメリカで果たすはずのある目的も果たせず、祖国にも戻れなくなってしまう。トム・ハンクスが主演のヴィクター役なら準備万端、スピルバーグは撮ることを決めた。彼も言うように「トムはアメリカで誰もが好きになる人物の典型だ。つまり、今日の映画界では誰よりもアメリカの俳優の象徴(アイコン)たらんと自らを作り上げてきたんだ」。

旅行者や空港職員からの無関心に業を煮やしたヴィクターは、周りに注目されるために苦肉の策を講じる。

　トム・ハンクスが演じるのは、アメリカのことなどまったく知らない、ちょっと大柄で、強い訛(なま)りで話す人物だ。彼は、こんな場所で人が暮らせるなどとは想像だにしない、利用客にとって通常通りすぎるだけの空港に幽閉されてしまう。要するにトム・ハンクスが演じているのは、これまで彼が映画で演じてきた役柄とまったく正反対のものだった。

　映画が公開されると、(当然ながら)映画評論家たちはその点を指摘した。だが彼らは自分たちが指摘するほどハンクスの変化を意識していたとは思えない。スピルバーグは違う。「こんなこと言ったら偉そうだけど、これはトムの出演作の中でも最高の演技だよ。アカデミー主演男優賞を獲った『フォレスト・ガンプ』や『フィラデルフィア』を含めてもね。これは客観性なんてまるでない映画監督としてのつまらない意見だけど」。

　ヴィクターは、スタンリー・トゥッチが扮する国土安全保障省の職員フランク・ディクソンに事情をくんでもらって支援を取りつけようとし続ける。頑として筋を曲げないフランクも、最後にはいくぶん態度を和らげるがさしたる救いにはならない。それはヴィクターがどの国にも属さない誰でもない人、いわば世界(ユニヴァーサル)からの難民だからである。だがヴィクターは持ち前の機転で仲間を増やし、この融通のきかぬ、無機質に見える世界で何とか生きのびていく。

　たとえば食べ物をどうするか。クラッカーと塩コショウは入手できる。笑顔を作ってマスタードとケチャップとマヨネーズを手に入れ、初めてつましい夕食にありつく。さらに荷物カートを元の場所に戻すと25セント稼げると知る。これで小遣い銭を手に入れてバーガーキングでハンバーガーを買う。こうして少しずつどん底からはい上がり、ついに空港の修理工として専属スタッフを持つまでになる。そしてキャサリン・ゼタ＝ジョーンズが演じる客室乗務員と淡い恋に落ちる。何度も顔を合わせるこの客室乗務員はどこか物憂げな、いわくありげな雰囲気を漂わせている。

　マーハン・カリミ・ナセリという名のイランの移民がヴィクターと同じようにパリのシャルル・ド・ゴール空港にほぼ18年間住み続けた。彼の物語の映画化に対してドリームワークスは25万ドルを支払ったのはたしかだが、脚本に取り入れられたのは大枠の設定だけで、それ以外は皆無のようだ。スピルバーグが念頭においていたのは、フランク・キャプラと「彼の真心」であり、それからジャック・タチの「才気のすべて、身の回りのあらゆるものを使ってぼくたちを笑わせる才能」である。

　ハンクスや俳優たちが演じる舞台となった空港は高くついた。実際の空港を借りて空き時間に撮影するのは不可能だった。そこでカリフォルニアのパームデールにある廃棄された飛行機格納庫に空港を再現した。高さ約18メートル、面積約9.3平方キロメートルもの空間に、200人のスタッフが5カ月がかりで建造したのである。そのリアルさは驚異的だが、要するにトム・ハンクスの演技の引き立て役だったといえよう。スピルバーグも言うように、ハンクスの演技は「アンサンブル・キャストの一部ではなく抜きん出た名演」だったのだ。

　映画評論家なら周知のことだが、スピルバーグはシリアスで暗い映画群(『アミスタッド』、『プライベート・ライアン』、『A.I.』、『マイノリティ・リポート』)を撮った後、『キャッチ・ミー・イフ・ユー・キャン』と『ターミナル』を撮る理由があっ

ターミナル　197

「誰でも人生のどこかでヴィクターとちょっと似た気持ち——なんとか人生をつかみ取ろうとする難民のような気持ちを味わうことがあると、ぼくは信じている」

ヴィクターは災難で大損害をこうむるが、映画が進むにつれて驚くべき胆力と才覚を発揮する。

た。スピルバーグいわく「ぼくは青春時代に立ち戻り、気楽でたわいもない映画を作ろうと思った。そうすることで、ぼくの中に脈打っている暗黒面（ダークサイド）への衝動から解放され気持ちを落ち着かせるんだ。ぼくが撮っているこうした2種類の映画は文字どおり背中合わせの関係にあるといえる」。しかしこの後で『宇宙戦争』と『ミュンヘン』を撮ったとき、彼は「この暗い作品が続いた時期に肩のこらない映画を2本撮ったことなどまるで忘れられてしまったよ」と顔をしかめている。

だが、こうした明るさと暗さとのバランスをとることは意識的にしていることではないと言う。スピルバーグいわく「ぼくは計画を立てない。『ぼくの中に潜む悪魔の声が、もっと重くて暗い歴史的なテーマの作品に取り組めとぼくを駆りたてても、よし、今度は楽しく明るいポップコーン映画を作るぞ』というふうには思えない。時機が来たときにそのつど映画を撮っているだけさ」。

これは重要だが看過されがちな点だ。スティーブン・スピルバーグは完全な映画監督ではないのである。これまで見てきたように、騒がしいドタバタ喜劇『1941』であれ、甘い恋愛映画『オールウェイズ』であれ、一風変わった冒険映画『フック』であれ、撮影のふるわなかった映画が何本かある。だがここで言わなければならないのは、今日の映画監督のうちでただ1人、異なる3つの面を持っているということである。

たいがいの映画監督たちは早々に自分の特技を見つける。コメディ映画が得意分野だと思う監督もいれば、自分はアクション映画、自分は恋愛映画が得意分野だと知る。時には自分が得意とするジャンル以外の映画にも挑戦するが、そういう映画は自己満足的な作品で、会社もまた自分の得意分野の作品に戻ることを条件として監督のわがままに目をつぶるのだ。しかしスピルバーグには、正攻法のアクション映画（『JAWS／ジョーズ』、『ジュラシック・パーク』）、『E.T.』のような感動ドラマ、また彼自身に深く関わる題材を扱ったシリアスな映画（『シンドラーのリスト』、『カラーパープル』など）のそれぞれに優れた実績がある。

要するに彼は型にはめられない、とらえがたい監督なのだ。私はそれが映画評論家たちはもちろん、観客の悩みの種となっているように思う。もちろん彼らは文句を言っているわけではない。むしろ評論家も観客もスピルバーグに、メディア芸術の歴史上、どんな監督たちよりもはるかに賞讃を与えてきた。スピルバーグが発表する映画のプロジェクトならどれも「見たい！」と思う。少なくとも評論家も観客も注目に値するものだとわかっている。だがまあ「統一感は重要」だ。少なくとも予想可能だと都合がいい。おそらく彼の振れ幅の広さゆえ、スピルバーグを映画世界のどこに位置づけたらいいのかよくわからない人がいるのだ。スピルバーグはいうなれば天衣無縫なのだ。予測がつかないことだけが彼について唯一予測できることなのである。そのことで彼を残念に思うことなどありえないし、おかしな話だが、振れ幅の広さと旺盛な創作力ゆえに、いくらか（ほんの少しだが）まじめな映画解説者たちがスピルバーグを真剣に論じづらくなっていると私は考える。彼の撮った映画に関する評に目を通すと、内容については「悪くはないが」、

つまり逆にいえば、気難しげな態度でやりすごし、焦点をしぼり込んだ映画作家たちに対するような期待はしない構えで論じているものがある。スピルバーグが、可能な限り広い観客たちを常に想定しているという事実——彼が「アート映画」を作らず、いつも金儲けのための映画を作ろうとしているということ——も彼を弁護しづらくしている。おそらくこれはポピュリストの宿命なのだ。我々がここまで探求してきたとおり、スピルバーグには彼なりのテーマとオブセッションがあり、彼は何度でもそこに立ち戻る。ただ、たいていの監督よりも巧妙に——注意深く平静を装いつつ——自分の職業人としての人生と私生活を隠しているというだけだ。

本物に見えるが完全に作り物の空港である。そのツルツルの床は、キックスクーターで遊びまわるのには申し分ないが、ハイヒールで歩くのには不便だ。

「これはファンタジーさ。フランク・キャプラの世界だよ。『ターミナル』を作りながら、ぼくたちは常にキャプラへの敬意を胸に抱いていた」

それはともかく、『ターミナル』はスピルバーグの最も魅力的な映画に数えられると私は考える。ハンクスのたたずまいは繊細だ。ハンクスの演じたヴィクターはしたたか者で、空港内で何とか食いつなぐという単純な問題を、そしてこの空港という世界が象徴する煉獄で生きるという困難な問題を、要領よく解決していくのだ。けれどヴィクターには憐憫を誘うような何か――ほとんど切実さといっていいもの――が漂っている。彼には本質的に愛さずにいられない性質がある――しかもそれを我々の感傷面に媚びることなくやってのけるのだ。

平凡で誰の目にもとまらなかったヴィクターは、いつしか空港の従業員たちすべての親愛と尊敬を勝ち取っていく(上)。

宇宙戦争
War of the Worlds（2005年）

「『宇宙戦争』を家族向け映画には決してしなかった。『宇宙戦争』は9．11以後の、世界の終末を過酷に描いた黙示録なんだ」

H・G・ウェルズの原作を大幅に改変しているとはいえ、映画は小説のディテールに忠実である。地球の動植物を侵食して地表にはびこる赤い地球外植物もその1つ。

愛すべきE.T.とはほど遠い宇宙人に地球が掌握されている。身の毛もよだつポスターのイメージ画。

「『宇宙戦争』の大部分はテロリズムに対するぼくたちの反応なんだ」とスピルバーグは言う。「本当の群集心理とはどんなものか。集団恐慌こそ人間という危険動物の正体なんだ。もし社会が、他人をさしおいて我先(われさき)に生きのびようとする無頼の徒と化してしまったら、ぼくたちはどうするだろう」。さらにこうも付け加えている。「ぼくたちはいわば安全で快適な揺りかごの中で生活しているから――南北戦争以来、アメリカは本土で紛争に苦しんだことがない――テロリズムはアメリカ人の心理にとって異質(エイリアン)なものなんだ。そんなぼくたちはテロリズムをいかに考え、対処していけばいいのだろう」。

[202ページ／右] 異常事態におかれた平凡な男。トム・クルーズはジェットコースター映画の再搭乗に承諾する。

スピルバーグは続けて言う。「ぼくたちにとって海はもう広大ではない。コンピューターと携帯電話が、ぼくらの世界を新聞やネットの見出しサイズにまで小さくしてしまった。こうした情報のおかげで、ぼくたちは今までにないほど傷つきやすくなっている。『宇宙戦争』は、ぼくらの恐怖と傷つきやすさを突いているとぼくは思っている」。

こうした問題を扱うには、1898年に発表されたH・G・ウェルズの原作小説の抜本的な改変と、映画への最適化がなされなければならなかった。地球外から到来した超高度な知性を持つ侵略者たちとの戦闘に途方に暮れる科学者や政府当局者たちの視点からすると、これは「トップダウン」方式と呼ばれるやり方かもしれない。今回の映画で要求されたのは、いわば戦闘の民衆的視点ともいうべきものである。

この目的のために、スピルバーグと脚本家のデヴィッド・コープとジョシュ・フリードマンが考え出したのが、レイ・フェリエ(トム・クルーズ)という名の平凡な男で、離婚後、娘レイチェル(ダコタ・ファニング)と息子ロビー(ジャスティン・チャットウィン)の面倒をみている、がさつな港湾労働者である。週末、宇宙人たちが現れて猛威をふるう。彼らは命からがら全速力で逃げながら、生きのびる術を身につけていかなければならない。

宇宙人もウェルズの原作版と違っている。宇宙人たちは数千年の太古から、たいそう巨大で恐ろしい殺戮マシーンを地中に埋め込んでいる。レイがたまたま子どもたちの世話をすることを楽しみに待っていたとき、偶然にも、宇宙人の襲来によってそのマシーンが起動する。

宇宙戦争

隠れるところはどこにもない。レイとレイチェルは台所のテーブルの下に身を潜める。

　この2点の変更は、どちらも映画にとって好都合なものに思える。宇宙人たちが数千年の長きにわたってこの侵略を計画していたという設定によって、宇宙人たちの狡智な奸計ぶりが示され、彼らの底知れない邪悪さを予感させる。また、クルーズと子どもたちが一般的な知的水準に設定され、彼らの傷つきやすい、脆さが加味された。これにより苦境におかれた彼らへの共感がもたらされるのである。この親子は（他の人間たちもであるが）宇宙人と勝負することになるが、それは見たところ絶望的なまでに不利な勝負なのだ。

　恐怖場面満載のこの映画は、おぞましいことばかりが次々と起こるスピルバーグ映画の1つだ。すべては見事に演出され、クルーズをはじめとする俳優たちの演技も素晴らしい。「子どもの世話に手を焼くぐうたらな父親が、たちまち頼もしいお父さんとなり、子どもをかばい、ばらばらになりかけた彼の小さな世界を救う。統合参謀本部や副大統領の視点から語られるより、この方が観客を映画に引き込めると思ったんだ。トム・クルーズの演技のおかげだよ。たちどころに、彼は親として欠点だらけのまったく普通の男になりきってしまったんだからね」。

　スピルバーグが言うには実生活のクルーズは、「信じられないくらい完璧なお父さんなんだ。クルーズがそれとは思いきり違う、不完全な父親を演じるのは面白いことだね」。これはまったくそのとおりだ。クルーズは世評よりもずっと優れた役者であり続けているのであり、ここでの彼の演技は、おそらく他の役者が演じては出せなかったであろう人間味を、この映画にもたらしている。

　炎上する列車について触れるのを忘れてはならないだろう。お定まりどおりに作られたスリラー映画が、たった1つの斬新なショットで真に記憶に残るものへと変わることがあるが、これがその好例である。スピルバーグがコンピューターで映画の特殊撮影の確認をしていたある日のことである。「フェリーに乗ろうと人々が歩いているとき、列車が通りすぎるというのはどうだろう。踏切が降りて、みんなが立ち止まる。するとそこへ火だるまになった列車が通過する。そして列車が消えると、みんなまたフェリーに向かって歩きはじめるんだ」。この着想が暗示しているのは、「ぼくたちが観客に見せている以上のことが起こっているということなんだ。ある方角の5マイル離れた別の所ではすべてが破壊され、10マイル離れたまた別の所では殲滅と略奪が行われている。ここで起きているのは、すべての父親や母親たちが巻き込まれつつあることだ。ぼくは、これがただの家族の話以上に大きな物語だと観客に知ってほしかったんだ」。

　このショットは非常に短いが、列車が轟音を立てて疾走する

宇宙船が光線にさらされたダコタ・ファニングを捕捉する。

宇宙戦争　207

トム・クルーズとダコタ・ファニングを演出するスピルバーグ（左）。レイ・フェリエ（クルーズ）と子どもたち、レイチェルとロビー（ダコタ・ファニングとジャスティン・チャットウィン）はこの災厄の原因を突きとめようとする（右）。

あいだ、踏切であっけにとられた群衆が、これといった衝撃や恐怖を見せないところが面白いところである。このときまでに群衆は信じがたい恐怖を味わっているせいで、列車が通過し踏切が上がっても、ただどこへともなく歩き続けるだけなのである（こうした場面のスピルバーグの演出は、第二次世界大戦初期、ドイツ軍による占領後に住居を追われて道を歩くパリ市民たちのニュース映像に大きな影響を受けている）。

このショットは映画を「救って」はいないが、そもそもこれは「救い」を必要としていない映画である。それでもこれはスピルバーグ印ともいうべきショットであり、今、『宇宙戦争』を振り返るときに、まず思い浮かべるイメージである。見事な仕上がりで、興行的にも成功をおさめたこの映画は、非常に特異な状況における「家族愛」の讃歌となっている。これはそれ以前に存在した他のSF映画にはなかったものだ。この映画が「代表的（メジャー）」なスピルバーグ映画だと誤解する人間はいないだろうが、これは、テクニックと興奮に満ちたスピルバーグ初期作品の世界への、ほぼ10年ぶりとなる喜ぶべき回帰作となった。そして本作は大ヒットとなった。

「SFがいつも潜在意識にあるわけではないんだ。ぼくにとってSFは物語の決まりごとのわずらわしさから自由になれる気晴らし（ヴァケーション）なんだ。物理の法則から自由になれる気晴らしさ。SFのおかげで、わずらわしさを一切忘れて空を飛びまわれるんだ」

ミュンヘン
Munich（2005年）

「この映画は平和のための祈りだ。撮影している間は
いつもそのことを考えていた」

「『意図せざる結果』。それがキーワードだった」。スピルバーグは『ミュンヘン』についてそう語る。この映画はまず一義的にはスリラーだ。しかし、もちろん最も絶望的な状況においてもなお、時として人間性が勝るのはいかにして可能か、ということを熟考する作品でもある。スリラーとしての面から述べると、1972年のミュンヘンオリンピックにおいて、パレスチナの過激派グループ「黒い九月(ブラック・セプテンバー)」は、イスラエル選手団の11名を人質にとり、ついには全員を殺害する。無論この犯罪に泣き寝入りなどありえない。イスラエル首相ゴルダ・メイアは、このテロに対し報復のための秘密部隊を組織した。

エルサレム・ポスト紙の一面に並ぶ犠牲者たちの顔(上左)。イスラエル首相ゴルダ・メイアを演じるリン・コーエンに、テレビでテロ攻撃の推移を追う演技をつけるスピルバーグ(上右)。

映画のポスター(前ページ)でのアヴナー(エリック・バナ)のポーズを再現する監督。

「仕事」に向かうアヴナーと、彼が率いるチーム。(左から)ダニエル・クレイグ、エリック・バナ、キアラン・ハインズ、マチュー・カソヴィッツ、ハンス・ジシュラー。

　この映画が描くのはアヴナー(エリック・バナ)率いる、暗殺チームの運命だ。その他のメンバーに、後のジェームズ・ボンド俳優ダニエル・クレイグや、キアラン・ハインズらがいる。ほどなく彼らは、ヨーロッパもしくは中東の様々な街で、首尾よくターゲットの居場所を割り出していく。ここまでは、映画は手に汗握る、時には血なまぐさい事件を満載した、一級のサスペンス・スリラーとして機能している。

　しかしこの映画はまた別の側面も備えており、そのことは、スパイ映画の歴史の中でも非常に特異なことに思える。他に適切な表現がわからないのだが、それはアヴナーの心に忍び寄る疑念というものだ。それは彼のチームのミッション遂行が、自分たちの想定以上に長期にわたるようになったことで生じてくる。本質的にアヴナーはつまり、「自分の魂の潔癖さを失わないようもがいているんだ」とスピルバーグは言う。すなわち、「彼は仕事をやりとげようとする。なぜなら彼は与えられたミッションを信じているからだ。それに自分の祖国を愛しているからでもあるし、さらにチームのリーダーなのだから。しかし人を至近距離で殺すという、普通の人生とはかけ離れた経験から、すなわち人には二重の生活があるという認識が芽生える。人を殺すようなことに手を染めていなければ、敵である彼らもまったく完璧な常識人で、ごく普通の生活者にしか見えない。そこには人の心を試すような何かがある。アヴナーは物語全体を通じて、常に自分の魂の潔癖さを失わないよう、もがいているように思えてならないんだ」。

　そのテーマはひときわ痛切なシーンで提示される。それは、まだ年端もいかぬテロリストの娘が、置き忘れた宿題を取りに、家族の暮らすアパートメントに戻ってくるところだ。そこへちょうど電話のベルが鳴る。少女はその電話に出ようとするが、その電話器には表の車で娘を待つ父親を爆死させるための、爆弾が仕掛けられていることを彼女は知らない(訳注：ここは著者の記憶違いだろう。ここで少女の父がいるのは彼の書斎である)。少女にはまったく罪はなく、父親の陰の姿がテロリストなどとは知る由もない。彼女もまた、もしかしたらこの映画が示している「意図せざる結果」の1つになりかねなかった。

　少女は難を逃れる。男たちはその限りではない。とりわけアヴナーは。一連の事件に関わった後、いつか彼は心の平安を得ることができるのだろうか。物語を深めていく中で、アヴナーという人物についての理解が進んだスピルバーグに、その疑問をぶつけてみた。「まさか。そんなものが得られるはずはない。このことは彼を永遠に変えてしまっただろうと思う。彼がやがて安息を見出すなんてことがあるとは思えない」。

　混乱したアヴナーの良心は、彼が終わりのないミッションに取り憑かれてしまったために、気持ちが通じ合わなくなった妻とのセックスシーンに象徴的に示される。性に没入することで得ようとする、この和解の試みは頓挫する。なぜなら彼とチームのメンバーが関わった暴力の凄惨なイメージが、彼の心に常に去来するからだ。

　これはしかし、スピルバーグがこれまで易々と作ってきたような映画ではない。パートナーのキャスリーン・ケネディは、この復讐を目的とするミッションについてわかった事実を解明した、ジョージ・ジョナスの『標的は11人——モサド暗殺チームの記録』の権利を獲得した。多くの細部における正確さの点

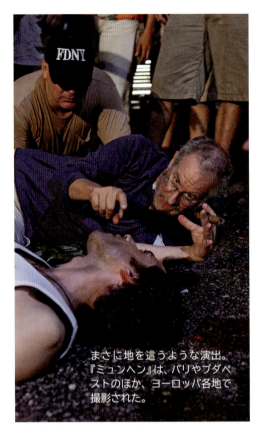

まさに地を這うような演出。『ミュンヘン』は、パリやブダペストのほか、ヨーロッパ各地で撮影された。

　で、「議論の的」となった本だ。真偽は、いつの日かファイルの封印が解かれるまでは、決してわからないが、モサド（イスラエルの秘密組織）のメンバーの多くは、この本に激怒した。一方、スピルバーグは本の大枠について事実であると主張し、そのためにこの映画を実話に「基づく」と銘打って発表したのだった。

　いずれにしても、映画は事実に反するという旨の幾度もの否定的意見を受け、スピルバーグはついに自らその製作過程の中で、事態の収拾にかかる。そこで数人のライターが脚本の草稿に手を入れたが、結果は思わしくなかった。そのとき、数々の重要な賞を獲得した自身の戯曲に基づいて、トニー・クシュナー自らが脚色したHBOのミニシリーズ『エンジェルス・イン・アメリカ』に感銘を受けたスピルバーグとケネディは、この才能ある作家にアプローチし、企画への参加を求めた。クシュナーは最終稿を書き上げただけでなく、数カ国にわたる撮影のあいだ中、常にスピルバーグにつき従った。

　ゴルダ・メイアによる、対テロリスト作戦の発動は正しかったという点について、2人の間に意見の相違はなかった。「イスラエル政府がもっと穏便であってもよかったのではないかというと、率直に言ってそうは思わない」とスピルバーグは言う。その一方で、とりわけアヴナーはチャールズ・ブロンソンのようなタフガイに見えてはいけない、というのはスピルバーグにとっての大前提だった。

　「現実にあった歴史的な事実に基づく以上は、『狼よさらば』みたいな作品は作るまいと思ったんだ」。

　これはもちろん、『ミュンヘン』という映画が投げかけているもう1つの、そしてスピルバーグにとっては最重要のテーマだ。「この映画は議論を呼ぶんだ──ユダヤ人コミュニティの中には、パレスチナ側の人物にしかるべき立場を与えるのは、いや、そうしたシーンを織り込むことさえ、不適切だと感じる人がいる。でもトニーとぼくには、それはとても、とても大切なことに思えた。両者の間には何世代にもわたって、血で血を洗う泥沼の抗争が続いてきた。それはいったいどこで終わるんだろう？　どうすれば終わるんだろう？　この映画は平和のための祈りなんだ」。

　この考えは、まるごとクシュナーの創作である架空のシーンにおいて、最も胸を打つ形で示される。それはアヴナーと、彼が敵対するパレスチナ人たちが、ばったり出くわしてしまうところだ。結論として、そのシーンが述べるところは、誰しも帰るべき場所があるのに、パレスチナ人たちにはそれがないということだ。映画はこう語っているかのようだ──もちろん、他の何にもまして──そうしたことは正されてしかるべきである、と。

　しかし当然のことだが、スピルバーグが言うように「いかなる映画も、いかなる書物も、そしていかなる芸術作品も、今日の中東における膠着状態を解決できるなんて思ってやしない。この問題を解決するためには、合理的な精神とたくさんの対話、それから、ただただ精根尽き果てるまで、場を持って語り尽くすことだと思う」。

　『ミュンヘン』を演出するうえで、スピルバーグの中に芽生えていた感覚として、「『ミュンヘン』を作りながら、ぼくの頭の中をぐるぐる回っていたのは、フレッド・ジンネマンの『ジャッカルの日』やコスタ＝ガヴラスの『Z』、ジッロ・ポンテコルボ

おどけてみせるエリック・バナ。

人質となった5人のイスラエル人救出作戦は失敗に終わった。フュルステンフェルトブルックNATO空軍基地滑走路におけるこの行動は、ハンガリーのテゲル空港で撮影された。

の『アルジェの戦い』といった現代のスリラーだった。決して事件の現場に出かけて、政治的な騒動を起こそうと思ったわけではなくて、政治的スリラーを作ろうというつもりだったんだ」と語る。

映画を見ればわかるように、その狙いは実にうまくいっている。しかし私が思うに、この種の映画においてはそれとは別に、きわめて独自の特徴がある。その地理的領野の広さ、引き起こされる問題の大きさにもかかわらず、とても内面的であるということだ。そこでは男たちの小さな集団が、暗い部屋であれこれ議論する場面に、多くの時間が費やされている。この見解をスピルバーグに伝えると、彼は大いにのってきた。「そのとおりなんだ。まったく正しい。まさに舞台劇を演出するかのような緊密さなんだ。そのことは強く意識していた」。

彼が意識していたのはそれだけではない——なぜなら特にクシュナーが考えていたことなのだが、それは人々、特にユダヤ人コミュニティは、映画の中に暗示されたメッセージを、正しく受け止めてはくれないだろうということだった。そう、もちろんミュンヘン事件の犯罪に対して行動を起こすことに賛同している、という次元では同調されもするだろう。しかし、この映画は、長い時間はかかるかもしれないが、究極的にはパレスチナとイスラエルの和解の日はきっと来る、という国際的な認識に対し、クシュナーの言葉を借りると「不意打ちをくらわす」ものだと2人は考えた。そして『ミュンヘン』は痛烈な批判にさらされるだろうという、クシュナーの懸念は正しかった。リベラルであれ保守であれ、ユダヤ人指導者たちは、総じてこの映画を否定した。雑誌や新聞記事は彼らの反対意見でいっぱい

になった。スピルバーグによると、和解を目指すこの映画の精神に肯定的な態度を示したのは、中道のユダヤ人たちだった——とりわけ、ミュンヘン事件の足跡をたどることこそ必要だとするこの映画を支持することに、疑問はなかったとする人々だ。

この作品は大成功をおさめたわけではない。しかし大いに健闘し、世界総興収は1億3,000万ドルにまで達した。賛否両論あったとはいえ、作品賞、監督賞、脚色賞でオスカー候補にもなった。私はスピルバーグがこれらの結果を受けて、とりたてて傷ついたろうとは思わない。ただ、彼はおそらく自分のヒューマニスティックなメッセージに込めた、誠実さと崇高さに対して正当な評価を受け損ねたとは感じているのではないか。あるいは、彼が可能な限り大きな舞台(スクリーン)の上に提示した事実、すなわち永遠に終わることなく繰り返され、流血の事態にまで陥るイスラエルとパレスチナの関係における新たな希望的展開に対して。

この映画は全スピルバーグ作品の中でも、過小評価されたままだ。ほとんどの作品で彼が伝えようとしていることは、そう高邁なモラルではないし、誰の目にも明らかなことばかりのはずだ。『シンドラーのリスト』の恐ろしさや、『アミスタッド』の主人公の奴隷が訴えた苦しみに、疑いの余地はないだろう。

しかし『ミュンヘン』はまるで違う主張を展開している。スピルバーグが言うには、オリンピック選手殺害の実行犯を追跡し、報復することには疑問はないと。さもなければ、中東での終わることのない、血まみれの対立関係において、イスラエルの地位は取り返しがつかぬほど弱体化することだろう。

ブダペストのハンガリー国立歌劇場前でのロケ。オスカー候補となる権利を得るため、クリスマス公開を目指して、マルタとハンガリーで撮影したシーンはすべて即現地で編集された。パリとニューヨークのシーンは撮影後の2週間で編集され、ファイナルカットもその後の2週間で完了した。

「70年代初期のハリウッドや、シネマ・ヴェリテのスタイルを持ち込もうとしたんだ。ズーム・レンズや、それらの映画が使った機材を用いてね ―― 大好きな『ジャッカルの日』みたいな感じだ」

　けれど、それを実際の行動に移すことに伴う、生身の人間の犠牲や苦痛という問題を提起したり、いつの日か目には目をという報復の連鎖から何らかの形で抜け出せるのかと問うたりするならば、事は微妙だ。「報復には報復で応えるやり方は、決して終わることがないし、まったく何の解決にもならない。それではまるで永久機関だ。ぼくはイスラエルの政策における問題点に答えるつもりはない。そんなことはぼくの分ではないからね。ぼくは外交官じゃないし、政治家でもない。映画監督だ。政策立案者でもない。だから解答を示すことはできない。けれど、この映画には探求しようという気持ちを込めたし、多くの課題を提示したつもりだ」。

　そう。たしかにそのとおりだ。そうしたことは、かねてより、映画のように開かれた大衆的な場では、問題提起されなかった内容だ ―― 特にヒット作として人を魅了し、必然的にそれだけ多くの観客が見込まれる映画では。『ミュンヘン』が封切られてまもない頃、スピルバーグは好んでイスラエルの作家アモス・オズの本からの数行を引用した。「個人の一生、そして民族の一生においても、最悪の争いは、しばしば虐待される者の間で起こるものだ。多くの場合、一方の側が相手の中に見出すのは、悲しむべきことに同朋の姿ではなく、実際には双方にとってよく似た弾圧者なのだ」。スピルバーグはこの映画を作っているあいだ中、ずっとこの一節に取り憑かれていたのだという。

インディ・ジョーンズ／クリスタル・スカルの王国

Indiana Jones and the Kingdom of the Crystal Skull（2008年）

「ぼくはジョージが書いた物語にはとても従順だ。自分で信じられない事柄については断固として闘うけれど、最終的にはもしジョージが『インディ・ジョーンズ／クリスタル・スカルの王国』に異次元世界の存在を導入したいと望むのなら、彼のアイデアを最大限に生かし、彼が誇れる作品になるよう、可能な限りベストを尽くす」

「よい考古学者になりたいのなら……図書館から外に出たまえ！」。ハリソン・フォードは牛追いムチとフェドーラ帽を持つ魅惑にどうしても抗えない。

スティーブン・スピルバーグとジョージ・ルーカスは『クリスタル・スカルの王国』のプロットについて、ちょっとした口論になった。南アメリカにあったという失われた都市の物語で、奪われたクリスタル・スカルをそこに戻さなければならない、というもの。悪役となるロシア人諜報員（ケイト・ブランシェットが楽しそうに演じている）は、クリスタル・スカルの神秘の力が冷戦下での国益に資すると信じて疑わない（舞台は1957年、明瞭にではないが、インディの後を追う者などに、マッカーシズムも暗示されている）。旅の途中から、インディのかつての恋人、カレン・アレン演じるマリオンも登場するのは、嬉しい限りだ。そして知ってのとおり、インディはいると知らなかったマリオンとの息子で、シャイア・ラブーフ演じるマット・ウィリアムズも加わってくる。

インディ・ジョーンズ／クリスタル・スカルの王国

今度のインディには若さあふれるマット・ウィリアムズ（シャイア・ラブーフ）が参入。彼のインディゆずりの気質は、ただの冒険好きだけじゃないことはすぐにわかる。

　この映画にはどこか同窓会的な雰囲気が漂っているが、そのことはちっともアクションを阻害していない——ことに目を見張るカーチェイスなど、まさにスピルバーグの独壇場だ。

　総じれば、これは最高にノリのいい、後日談ともいうべき続編だ——何といっても、インディ・ジョーンズ・シリーズ第1作から、実に27年がたっているのだ。今やそこに関わった才能ある面々は、みんなもう60歳を過ぎている。けれど彼らの創造意欲は微塵も損なわれていない。スピルバーグをいらだたせたのは、宇宙人によって建造された南米の神秘の都市という、ルーカスの発想だったのだ。スピルバーグはこのアイデアを無茶で、やりすぎであるように思ったが、彼の「親友」は違っていた。

　2人はそのことを巡ってしばらく、互いに感情的とはいわぬまでも、口論になったが、最後にはスピルバーグが折れた。彼の考えではこうなる。ジョージには何らかの理由があって、このアイデアに強く固執している、だったらそれでいいじゃないか。この映画の基本路線である「登場人物が危険な目に遭い、かけまわる（しかし誰も死なない）」という方向性が崩れるわけではない。スピルバーグは自分には本当のところ選択肢はないのだと漏らしていたようだ。もしも彼の友人が何十年もの間、宇宙人を登場させたがっていたというのなら、それは神の言葉なのだ。宇宙人を出そうじゃないか。

　ハリソン・フォード（訳注：1942年生まれ）も、このときもう60代半ばにさしかかっていた1人だ。時には引退への不安も心をよぎった。しかしこの映画では、年齢のことなど感じさせぬほどの敏捷（びんしょう）な動きを見せる。明らかにスタントを使っているような痕跡は少なく、もちろん使っているにせよ、彼の演技にはある種の熱気が感じられる——たとえば、いつもの軽口や笑いは控え目だ（とはいえ、ヘビ嫌いは相変わらずだ）。また、冒険の道中でふりまいて見せる、自分は自分、他人は他人といったような態度。そんな彼も、若さあふれるラブーフには辛抱強く接していて、彼なりのぶっきらぼうなやり方ではあるが、指導者めいた態度を見せさえする。それにカレン・アレンとの再共演には喜びを隠さない。何年も離れ離れになっていた2人がついに再会を果たし、物語の最後に永遠の愛を誓い合うというのは、この映画の最も幸せな展開の1つだ。

　『クリスタル・スカルの王国』で最も素晴らしいことだと思うのは——インディ・ジョーンズ・シリーズ前3作に比べて個人的にはいくぶん陰鬱なトーンのように感じるし、おおらかさにも欠けるけれど——黙っていても大金を稼げる企画だからと、おざなりの仕事は誰もしていないということだ。常々感じてきたことではあるが、シリアスな作品でも、そうでない作品でも、フォードは自分の出演作には全力で取り組んでいる。決して小手先の演技はしない。作品に携わるときは、事前に隅々まで考えたうえでのことと信じるに足る、十分な成果を我々は見てきた。だから本作に出演を決めたということは、それは心から望んでのことなのだ。それに、彼は内容さえよければ、風変わりなアイデアにも寛容である。どういうわけか私は、インディが窮屈な冷蔵庫に潜り込むことで、核爆発の難を逃れるシーンが気にかかってならない。これはほとんどカットしてもいいような、馬鹿げていて、滑稽

物語の舞台を1950年代の半ばにすることで、悪役はシリーズ1作目と3作目のナチスから、冷戦下のスパイへと変わった。そして核実験計画による大爆発。65歳という年齢にあって、ハリソン・フォードにスタントの助けは無用だった(次ページ〈中央〉)。
安全確保の方法が進歩して、彼はスタントの多くを自らやることができた。そしてそのことで、自分の演技が改善するのも実感できたという。

「撮影最初の2日間で、誰の心にもインディへの思いが甦ってくるのには、すっかり驚いてしまったよ。幸先(さいさき)がよかった。これこそ本物の同窓会だ。まさに最高のスウィートメモリーというやつさ」

[次ページ]スピルバーグが運転席で、ジョージ・ルーカスは助手席に。しかし映画の物語が地球外生物の内容になってくると、立場と役割は入れ換わる。

な、しかしある意味では恐ろしいシークエンスだ。つまり、それはある種の予兆でもある。すべては必然だったかのようであるし、またスピルバーグはかねてから予見的な映画作家だったではないか(今一度、『宇宙戦争』での炎をあげながら走る列車を思い出したい)。

完成作品に対する批評家筋の評価は穏健だった。なるほど、この種の映画はスピルバーグはもう、とっくに過去のものとしたと考える向きもそこそこあって、中にはスピルバーグがまた以前に戻ってしまったと不満を述べた者もあった。「スピルバーグ(Spielberg)」という名前は、字義どおり訳すとドイツ語では「お遊び山(play mountain)」であるとまで書いた者もいた。我々がこれまで見てきたように、遊び心というのは、彼の才能における生命線だ。とはいえ、それがないときの彼はどこか正しい評価をされ損ねている。『シンドラーのリスト』しかり、『リンカーン』しかり。けれど、彼の才能には時として遊びのためのはけ口がないと、その華麗な映画製作歴にもかかわらず、もっと面白みのない監督になってしまうだろう。要するに、彼は自分のルーツに忠実であることが必須なのだ。

この映画のプレミア上映はカンヌ映画祭で実施された——いうまでもないがコンペ外での参加である。そして非常に好意的に受け入れられた。その余波も手伝って、続いての全世界リリースでも同様の結果となった。とはいえ『クリスタル・スカルの王国』について、2時間の上映が終わった後の余韻の中で語られる感想は、見る前の熱狂的な期待に比べれば、やや拍子抜けだったと述べる者もあった——あるいは、そう語られるだろうと感じる者もいた。けれど、そんなことは証拠立てて論じるようなことでもない。スピルバーグが2週間の休暇をとって、ヨットでのセーリングにくり出している間に、映画は最初の封切りにおける世界興収の合計が7億8,000万ドルを超えた。もちろん、いい数字だ。けれど実はそのことはもう、この時点での彼のキャリアにおいては、たいした問題ではなかった。興行収入というのは、今でも彼をやきもきさせる、物的欲求を満たすためのものではない。単に成功の度合いを数値化したものにすぎないのだ。

最後になる可能性もあるハリソン・フォードのムチさばき。パラマウントの上層部は、撮影現場の安全基準に照らして、これをCGにすることを望んだが、ハリソン・フォードは本物を使うことにこだわった。

「1989年に、ぼくはシリーズの幕はおろそうと思っていた。だからラストシーンで登場人物全員を、文字どおり夕陽の彼方に走り去らせ、ハッピーエンドで終えたんだ。ところがそれ以来、ぼくが世界中で受けたいちばん多くの質問は『インディ・ジョーンズの次回作はいつですか？』なんだ」

タンタンの冒険／ユニコーン号の秘密

The Adventures of Tintin：
The Secret of the Unicorn（2011年）

「28年間、心の中で温めてきた映画なんだ。準備に2年、製作にまるまる3年かかったけれども、『E.T.』以来、いちばん楽しんで作ったよ」

パリの北駅で「タンタン」TGV特別車輛にサインする。

『レイダース／失われたアーク《聖櫃》』がフランス公開されてまもなく、スピルバーグは、高校で"Cマイナス"の成績だったフランス語学力で、パリで出た映画評を読んでいた。そのなかで、主演のハリソン・フォードをベルギーのアーティスト、エルジェの描くコミックヒーロー、タンタンと比べているものが目にとまった。興味を持ったスピルバーグはこの映画評を訳させ、「タンタン」シリーズを数冊入手した。そして、不思議と危険がいっぱいの大冒険を繰り広げる、このタイトル名にもなっている主人公（スノーウィという名の賢い忠犬テリアを相棒にしている）が、控え目にいってもインディ・ジョーンズとそっくりであることに納得したのであった。

インディとタンタンの重要な違いは、当然ながら彼が大人の考古学者であるのに対し、タンタンが少年レポーターであるということだ。

「ぼくにとっては文句なしの面白さだったよ」とスピルバーグは言う。タンタンの冒険にはもう1人アーチボルド・ハドックという荒くれ者の船長がいる。だが最も重要なことは、この本が「興奮、サスペンス、アクション、そして色鮮やかな美しさ」にあふれていたということである。スピルバーグはエルジェに電話し、今度フランスに行くときお目にかかりたいと話した。エルジェはこの申し出にとても興奮した。彼は大の映画ファンであり、その作品はサイレント時代の喜劇役者に多大な影響を受けていたからである。

この会見は1983年のエルジェの死によって実現しなかった。だが『インディ・ジョーンズ／魔宮の伝説』の撮影で、ヨーロッパに来ていたスピルバーグとプロデューサーのキャスリーン・ケネディは、未亡人のファニーの歓待を受けることになった。その直後にスピルバーグはタンタンの映画化権を取得。だがこのプロジェクトは中断された。スピルバーグの満足のいく脚本を手に入れることができないまま、10年あまりがたってしまい、ついに彼は映画化権を放棄してしまったのだ。

だからといって、スピルバーグの興味がなくなったわけではなかった。2001年頃、彼はタンタンの映画化権の取得を再び検討する。権利取得は可能だったので、彼は実現を視野に入れて

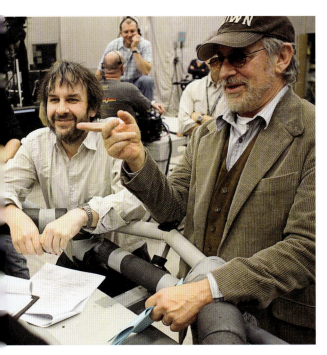

映画化権を再取得し、ついに2011年の秋に日の目をみることになった。スピルバーグが最初にタンタンに興味を示してから28年の月日がたっていた。「ぼくが映画化権をとってからの最長記録だね」。

時が流れ映画技術が飛躍的に進化した。この映画は3Dで製作されたが、さらに重要なのは新しい「パフォーマンス・キャプチャー」テクノロジーの使用である。先端技術好きのスピルバーグにとってはたまらないものだ。説明は難しいが、要は実在の役者の動きを2Dや3DのCGアニメに変換するというものである。

この撮影方法は「ボリューム」と呼ばれる撮影区域で展開する。それはグレーがかった白いステージで、100個以上のカメラが天井の格子から吊り下げられており、実在の役者たちが見せる思い思いの動きの一つひとつに焦点を合わせていく。すべての役者たちの衣服には、関節や筋肉の節々に反射点が装着されており、ドットごとに別々のカメラが追跡していくのである。これは役者たちの骨格イメージを提供するとともに(ヘルメットに搭載された小型カメラでとらえられた)役者たちの顔面の複雑な表情も描出(レンダリング)していくのである。この映画のセットと小道具もデジタル・レンダリングされたものだ。

映画の素材となる1,200以上のショットはアニメーターのもとへ送られ、18カ月以上かけて登場人物全員の肉感と質量、なによりも表情の豊かさが追加された。『ロード・オブ・ザ・リン

プロデューサーであり、大ヒット作『ロード・オブ・ザ・リング』三部作の監督でもあるピーター・ジャクソンと脚本のチェック。2人が初めて一緒に仕事をしたのは2009年、ジャクソンが監督、スピルバーグが製作総指揮を手がけた『ラブリーボーン』である。スピルバーグはいつもかぶっている野球帽から山高帽にかぶりかえて、ジャクソンとドジなインターポールの刑事デュポンとデュボンを即興で演じてみせる(上右)。実際に演じているのはサイモン・ペッグとニック・フロストである。

タンタンの冒険／ユニコーン号の秘密 225

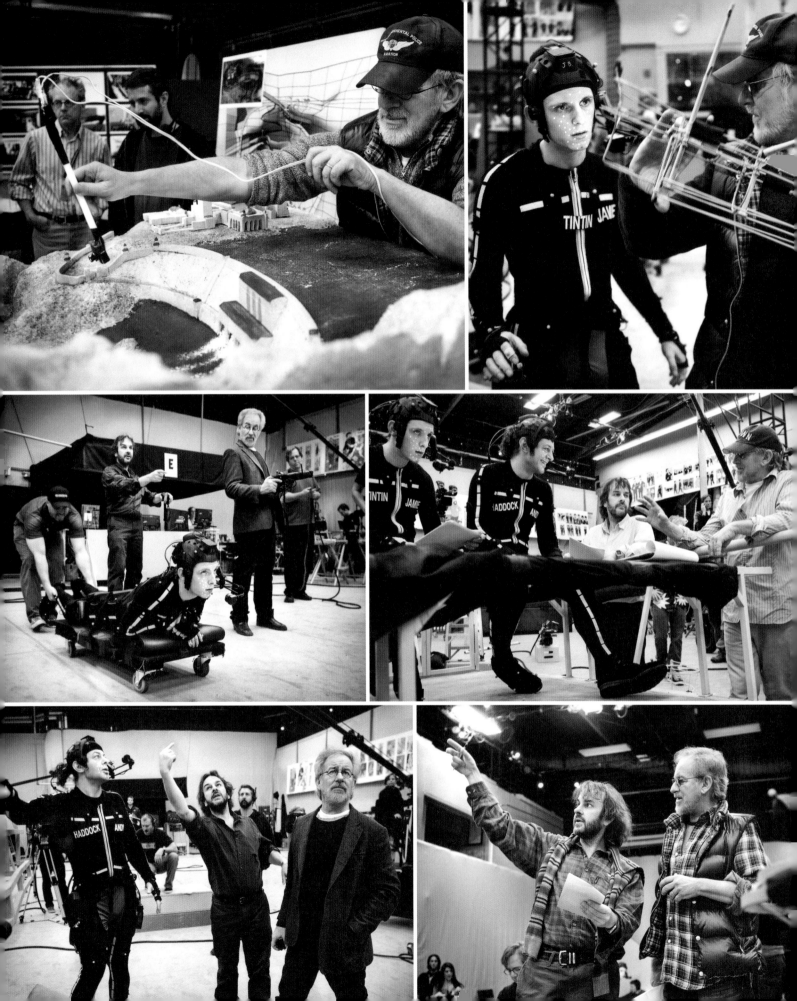

ビフォア・アンド・アフター。タンタン役のジェイミー・ベルと、ハドック船長役のアンディ・サーキス(前ページ)はモーション・キャプチャーされ、壮大な視覚効果へと変換されていく。

「『タンタン』が『レイダース』と並べられるのは光栄だよ。でも、その比較を特別視してはいないんだ」

グ』三部作のピーター・ジャクソンはこの労作を通して、スピルバーグにとってかけがえのない協力者となった。両者にとっても、予想をはるかに越える満足のいく出来栄えとなったのである。

2人の会心にも納得がいく。『タンタンの冒険』はエルジェの魅力的な描画を、私には完璧と思えるほど忠実にレンダリングしている。どうやら、パフォーマンス・キャプチャー方式によって、スピルバーグは現実のスピード以上のアクション演出ができるようになったようだ。つまり役者たちにとって、生身の人体でリアルタイムに達成するには限界があるようなことができるようになったのである。『タンタンとトワゾンドール号の神秘』(1961年)でジャン＝ピエール・タルボがタンタンを演じた時代は遠い昔となってしまったのだ。

『タンタンの冒険』のふんだんなアクションは離れ業というほかない。スピルバーグがこれまで手がけてきたアクション場面はこの映画のような完成形を目指しつつも、到達しえなかったといえるだろう。壁を自在に通り抜ける息もつかせぬ躍動感、盗まれた宝の地図の追跡、おっちょこちょいの双子の刑事、憎々しい敵役、そしてもちろん、タンタンとスノーウィと天邪鬼なハドック船長の、ハラハラドキドキ、でもどこかおかしい危機一髪の冒険である。

当然ながら1つの疑問が浮かぶ。ちょっとやりすぎなので

スピルバーグは「興奮、サスペンス、アクション、そして色鮮やかな美しさ」を見事に再現した。エルジェの原作を尊重しつつ、そこにインディ・ジョーンズ風味を加えている。

は？　少々忙しなさすぎないか？　こうしたたぐいの映画では、大冒険へと進む前には、ちょっと身を引き、状況を整理して、気分を落ち着ける時間が必要なものだ。あまりにマンガ的だと考える向きもあろうが、後になって、いやこれはそもそもマンガではないかと思い直すことにもなるだろう。結論すると、モーション・キャプチャーの活用は素晴らしかったにせよ、やはり大胆すぎる映画であったといえる。

　単純にいって、マンガ『タンタンの冒険』シリーズに子どもたちは夢中だ。話のあらすじは、どんな年齢層にとっても、初めてこれを読む者にとっても、はっきりと読み聞かせられるものだ。両親や保護者たちは子どもたちとともに、この自由奔放なキャラクターと熱狂的な急展開に付き合わされるのだが、やがて自分もその巧みな描写力に心を奪われてしまう。その描写は、技巧を最も洗練された芸術の高みへと引き上げているのである。

　私は『タンタンの冒険』が特に「好み」ではない。このノンストップ・アクションはあまりに力が入りすぎで、人間らしさやユーモアが犠牲になっているように思えるからだ。だがまったく同じ理由から映画技術の力を認めざるをえない。これはまさしく映画の最前線に位置する作品である。これは未来の映画の大波ではないが、来たるべき1つの波である。そして今日の映画界において、これはまさに大いなる達成なのだ。

戦火の馬

War Horse（2011年）

「自分の知らない歴史上のエピソードについて調べていくと、最初のぼくの反応はきまって怒りなんだ。そのことをちっとも教えてくれなかった学校の先生に怒ってしまう」

マイケル・モーパーゴの児童小説『戦火の馬』の、大当たりをとった舞台版でいちばんの目玉は馬の人形(パペット)であった。原寸大で作られた骨組みの模型馬を操作するのは舞台上でそのまま姿を見せている人形師たちだ。ジョーイと名づけられた気高い1頭の馬が第一次世界大戦のため英国軍に売られ、地獄のような西部戦線の塹壕戦を経験する。馬たちの動作や態度を人形師たちが巧妙に模倣し、過酷だが最後には大団円となるジョーイの運命を演じきっている。

スピルバーグによれば、この映画は「放れ馬に乗ってレースに出るような感じだったね。ぼくは、必死に馬のたてがみにしがみついていたんだ」。

「この物語の主人公はあくまで人間だ。1頭の動物が、登場人物たちを結びつける絆がテーマになっている。だからこそ、これは希望の物語なんだ。このうえなく絶望的な状況下でも、希望だけはしっかりあるんだということを物語っている」

純真さと一徹さを兼ね備えたアルバート役のジェレミー・アーヴァインは、愛馬のジョーイを探す(上／左から3つの写真)。「勇敢であれ!」ベネディクト・カンバーバッチ、パトリック・ケネディ、トム・ヒドルストンは、敵陣への破滅的突撃を指揮するために邁進する。

2011年12月4日、リンカーン・センターでのワールドプレミアで、ドリームワークスの共同取締役でCEOのステイシー・スナイダー(左)と、長年にわたってプロデューサーを務めてきたキャスリーン・ケネディ(右)にはさまれて。

　当初、この舞台は最高の出来栄えに見えた。しかし時間がたつにつれ、この馬の大仕掛けが色あせてきた、というより、私にはそう思えた。回を重ねるうちに、ハンドスプリング・パペット・カンパニー特製の馬の人形(特にジョーイ)が、この物語の本質ともいえる簡潔さにとっては余計なものに見えてきたのである。貧困にあえぐ農夫がつまらぬ意地から大枚をはたいて1頭の馬を買う。息子のアルバートがその馬の世話をするようになり、やがて人間と馬との揺るぎない絆が育まれていく。第一次世界大戦が始まるとジョーイは軍に徴用され、映画の後半は、塹壕戦の中でのアルバートによるジョーイの捜索に費される。少年は馬を手に入れ、失い、そして再び手に入れる。

　ドリームワークスの主要パートナーであり、共同取締役のステイシー・スナイダーがロンドンでこの舞台を観劇し、その次に見たキャスリーン・ケネディが興奮してスピルバーグに映画化できると連絡し、見る前に映画化権を買うよう指示する。ロンドンに来たスピルバーグ夫妻が舞台を見て大いに楽しんだ時点で、契約の交渉中だった。

　映画版で馬の人形を使うのは問題外だった。たいがいの作品がそうであるように、映画化で求められるのは、スピルバーグが得意とするロマンティック・リアリズムだった。スピルバーグは次回作として『リンカーン』を計画中で、まだ準備の緒についたばかりであったが、すでに予算と配役でもめていた。それに比べると『戦火の馬』は準備に手間取らなかった。見事な構成の舞台を映画版に脚色するだけですんだからである。リー・ホールと、途中からリチャード・カーティスが加わり短時間で脚本ができあがった。「ぼくが夢中になったのは、力強い物語がぼくの目の前で展開しているところにあった。この映画の人間ドラマの部分、それから戦争叙事詩としての部分に引かれた。馬の人形の素晴らしさはだんだん重要でなくなっていったんだ」とスピルバーグは言う。

　だから「放れ馬に乗ってレースに出るような感じだったね。ぼくは、必死に馬のたてがみにしがみついていたんだ」。

　舞台の映画化において、観客の興味をつなぎ止めるには物語の力強さ——ロマンティック・リアリズム——に頼るほかないことがはっきりとしてきた。私にはその強さを持つのは無理だと思っていたのだが、なんと成功したのである。それはひとえにスピルバーグがのどかな田園ドラマと激しい戦場のアクションとの間にある力強い緊張の糸を、ゆるめることがなかったからだ。少なくとも私にとって、最終的に驚くほど力強い映画ができあがったといえる。構造的にも本質的にもこれはセンチメンタルな映画としかいいようがない。だがスピルバーグは物語のこうした要素から一歩退き、距離を保っている。彼は、波瀾に富みながらも典雅なおもむきを備えた物語に全幅の信頼を寄せ、大いなる簡潔さを持ってこの物語を語っている。

　また一方、この映画でスピルバーグは未知の領域に挑戦した。それは田園劇である。この映画のゆったりとしたオープニング部分で、デヴォンシャー地方が牧歌的なたたずまいの中で描かれる。ほとんど胸が痛くなるような美しさだ。この農家は、借地証書を持っている裕福な地主からたえず脅かされている。だがアルバート——映画ではジェレミー・アーヴァインが純真さと一徹さを兼ね備えた絶妙な演技で好演——とその両親、特に沈着な演技で辛抱強い母親を演じたエミリー・ワトソンが雄

どこかジョン・フォードの影響を思わせる、ダートムーアの夕陽を浴びて帰郷するアルバートとジョーイの姿。

渾に描写されている。

馬と少年、そして両者の間に育まれる絆は、的確だが控え目な調和をもって提示される。これはあるべき理想の世界であり、理想郷と戦争の恐怖が対比となっている。戦争の場面は映画の大半を占め、観客の心をとらえて放さない。戦争場面はスピルバーグになじみ深い領域へと観客を誘うことになる。とはいえ私は、前線でジョーイが味わう徹底的な恐怖が、この馬の力強さとともに描写されたことは稀有なことだといわざるをえない。馬は一種の野獣と化して、恐怖におびえながらも勇敢に、そして幸運にも危機一髪で生きのびながら、4年もの間、孤独に放浪する。長い戦争のためにアルバートはついに従軍することになり、自分の愛馬探しで大半の時間を過ごすことになる。

スピルバーグは『戦火の馬』が神からの賜物であるとほのめかしているようだ。私もそうだったと思っている。この映画からあふれる情熱に、スピルバーグすら驚いている。舞台版では目玉となった人形の馬は、この映画の観客にとっては忘れ去られてはるか昔の挿話でしかなくなるはずだ。

最近では、この人形のない映画版のほうが話題となっている。おそらく間違っていないと思うが、これは私の予想をはるかに上回る力を秘めた映画なのではないか。それは優しさと恐ろしさを合わせ持つリアルな空気感ゆえだろう。それはまさにスピルバーグならではの怒濤の流れとなって、田園的な前半部分と塹壕戦との鋭い対立すら悠々と乗り越えていく。ある場所からまったく別の場所へ。観客がこの映画で見出すのは、少なくとも私の見るところ、主題へのたぐいまれなる情熱である。スピルバーグがこれまで全身全霊で打ち込んだ映画を撮ってこなかったといいたいのではない。だが、『戦火の馬』には何か今までとは違うものがあるように思えるのだ。それは映画好きでなければ説明は無理だし、おそらくスピルバーグにとってもそうだろう。本人は何とか説明しようとしているのだが。

「うーん、ぼくがもっと勤勉ならば自分の人生と作品についてもっと把握できるんだけどね。休みをもっと減らせば深く考える機会ができるだろうね。ぼくのことを嫌っているいちばんの敵たちは、考えることにものすごく時間を使ってくれている。ぼくのことを好きないちばんの味方たちは、その論争を買って出る。一方ぼくは映画を作らないでいる状態からどうやったら抜け出せるかということに時間を使ってばかりいる。もし1つの映画の企画に、何の息抜きもなく、充電期間もおかず、休憩もなく、気分転換もなく打ち込んでいたら、すぐに倒れてしまうね。これから控えている映画が、『リンカーン』や恐竜映画や『E.T.』みたいな映画だけだったら、もう作れない。個人的な人生にとっても、監督の人生にとっても、ぼくはいつも他のことが必要なんだ」。

『タンタンの冒険／ユニコーン号の秘密』と『戦火の馬』はほぼ同時にアメリカで公開された。この2本の極端さこそ、スピルバーグが最も好むシチュエーションの完璧なモデルとなっている。かたや、ほとんど30年かけて温めてきたプロジェクト、かたや突如として人生に舞い込んできたプロジェクト。かたや軽薄で、しかし技術的には冒険的な映画、かたや格調高い伝統的な映画。かたやスピルバーグの中で生き続ける幼児性に訴える映画、かたや彼の中の謹厳実直な文化的気質に呼びかける映画。「両方ともぼくであってはいけないのかな」。スピルバーグ

撮影監督のヤヌス・カミンスキーがとらえたデヴォンシャー地方の雄大な風景と、塹壕戦の凄絶さは、『戦火の馬』の力強い魅力の1つである。

はかつて悲しげに尋ねた。

　もちろん、彼はその両方でありうるというのがその答えだ。その幅広い才能（と野心）が与えられているのは古今の映画監督でもごくわずかではあるのだが。私は、他のどんな美質にもまして、この幅の広さこそがスピルバーグを特徴づけていると思う。そしてスピルバーグの変幻自在な美質を無視して、彼を語る映画評論家はおかしいと私は思う。こうした批評家たちは彼の成功の重層性に目を奪われ、見過ごしてしまうのだ。この絶えざる前進こそ、まさしくこの監督の本質であるということを。

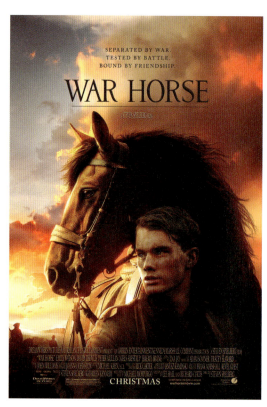

リンカーン
Lincoln(2012年)

「子どもの頃、リンカーン記念堂の階段をせっせとのぼって、あの巨大な石像の足元に立ったことがあるんだ。とはいえ、当時はまだその顔が怖くて、手のところばかりを見ていた。すると、ちゃんと見てごらんと言われたので、気合いを入れてちらっとだけ顔を見たのを覚えてる。すると急に何か温かいものにどっと満たされたんだ。せいぜい小さな子どもが感じる程度のものだけど……それがぼくのリンカーンに対する関心の芽生えだった」

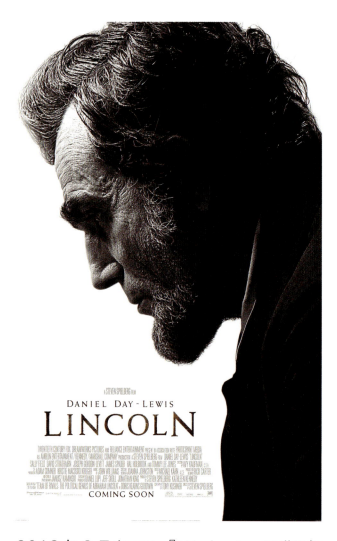

2013年3月までに、『リンカーン』は世界興収2億5,000万ドル以上を稼ぎ出した。その他の副次的な収益を合わせれば、さらに大きな額になる。同時にきわめて正当な評価として、ダニエル・デイ゠ルイスの史上初となる3度目のアカデミー主演男優賞のほか、数々の映画賞を獲得した。あらゆる意味で、その年に最も大きな成功をおさめた作品の1つである。

[前ページ／上]「ダニエル・デイ゠ルイスは、エイブラハム・リンカーンというあまりに困難な役を、あたかも長年着慣れたコートを身にまとうかのように、悠々と演じている」(ニューヨーク・タイムズ紙 A・O・スコット)。

スピルバーグのリンカーンへの関心は少年時代にまで遡る。本作の底本となったドリス・カーンズ・グッドウィンの著書については、執筆段階で映画化権を得ている。

　否定的なレビューがある一方で、それと同じ数だけ絶賛のレビューもある。最終的には、この年の映画賞の多くは『アルゴ』が制することになったが、それはそれなりに生き生きとして活劇的な、いかにもアメリカ的な映画だったからである以上に、大いにノレる、よくできた作品でもあったからだ。一方、丹精を込めて描かれ、才能ある俳優陣によって演じられた『リンカーン』は、それとは正反対といっていい。この野心的な企画についていうならば、スティーブン・スピルバーグが（当初は無意識にせよ）子どもの頃から作りたかった——あられもなくそう告白するのをためらわないほどに——じっと温めてきた作品であるということだ。

　厳密にいうと、彼がその企画に取り憑かれたのは1999年以来のこととなる。後にピューリッツァー賞を受賞する、ドリス・カーンズ・グッドウィンの著書『チーム・オブ・ライバルズ』（訳注：邦訳のタイトルは『リンカーン』）の権利を、彼女がまだ執筆中の段階で獲得したのだった。けれど、より正確には、おそらく彼の胸にこの野心が芽生えたのは、まだ7歳か8歳の頃だった。それは彼の叔父にワシントンD.C.の観光に連れられたときのことだ。目にしたもので最も際立っていたのは、やはりリンカーン記念堂だったという。「ぼくはまだ小さく、玉座に腰かけたリンカーンはとにかく巨大だった」とスピルバーグは振り返る。「あの雄大な椅子。ぼくはすっかりおじけづいてしまって、ほとんどその像の顔に目を向けることもできなかった」。

　けれど、そのことは彼のリンカーンに関する読書熱に、水をさすことにはならなかった。「今でこそ知られているが、ぼくは難読症だった——当時はそんな言葉さえ知らなかったけど、とにかくリンカーンに関することなら、いつもまるで苦労せずに読めるんだ。まったく自動車のリンカーンを買うこと以外は、何でもやったよ。あらゆる本を読み、ドキュメンタリーを見た」。

　いよいよ脚本に取り組みはじめた段階では、そこにはまだ彼を満足させるに足るものがなかった。トニー・クシュナーが加わるまでは。2人は『ミュンヘン』で見事な協働を果たしているが、彼が執筆に加わってからは、脚本のページの中で何かが共振を始めた。スピルバーグの耳に、彼が書き入れたリンカーンの「声」が聞こえはじめたのだ。そして、「リンカーンのライバルたち」の声も。

　とはいえ、この脚本の体裁が早々に整ったわけではない。クシュナーの第一稿は550ページもあったのだ。通常の脚本は120ページ前後である。けれどその第一稿には監督の意向に沿う、ここぞという部分が備わっていた。すなわち、奴隷制の廃止を定めた合衆国憲法修正第十三条と、リンカーンの人生最後の数カ月に関わる内容だ。その成果は最終的に約150ページの脚本にまとめられた。おおむね2時間半の上映時間に相当するもので、通常の映画よりはいくぶん長いが、長すぎるほどでもない。それはきわめて堅牢な作品に仕上がっており、シリアスで文学的、かつ十分に構成されていた。

　エイブラハム・リンカーンに関する映画作品は無数に存在する。もちろん正確には立証できないが、しかるべき内容のある作品で、それより多く映画化されたのはイエス・キリストとウィリアム・シェイクスピア作の映画くらいのものだろう。となるとこんな疑問も浮かんでくる。これ以上リンカーンの映画なんて、本当に必要なのだろうか？

　それに答えるならば、すべての時代において、リンカーンというこの偉大な、しかし永遠に謎めいた人物は、その時その時の時代の感性を反映しつつ、讃えられそして描かれるに値する、ということだ。

　そのプロジェクトは考える以上にリスクの高いものだった。

リンカーン　239

「我々はリンカーンを大理石の台座に据えたいわけじゃない……けれど彼を2つの大きな課題を一挙に掌握しようとした人物として描きたかった。すなわち奴隷制度廃止の憲法修正条項を通すべく票を得るための闘いと、もう1つの課題である戦争の終結だ」

可能な限りシンプルなものにすること。脚本は複雑かつ、きわめて厳格で、会話は細部まで十分に練り込まれているが、その時代における真実味より現代の話し言葉を生かしたい。かなりの部分は、熟練した俳優たちが円座になって、しばしば概念的な議題を語り合う場面で構成されている。それでもやはり見る者を引き込む力がある。たとえそれが、タデウス・スティーブンスを演じるトミー・リー・ジョーンズの優れた助演に多少なりとも（決して出番は多くないながら）よるものであるにせよ。笑いを誘い、しかも推進力ある彼の演技は、作品に必要な秩序と活力を与えている。ただしある意味、内省的でいくぶん閉所恐怖症的でさえあるこの作品にあっては、その演技の大胆さと破天荒さは危うさをはらむものと考える向きもあるかもしれない。

この映画におけるもう1つのリスクは、より根源的なものでもある。いわゆるハリウッドらしさ、というやつだ。一般的には偉大な人物と思われているにせよ、19世紀の大統領の映画など誰が見たいと思うだろうか。実はそのことは、従来それほど大きな問題になってこなかった。過去数十年にわたり、歴史的な人物の映画というのは、映画会社のラインアップとして、かねてより定番のプログラムだったのだ。概して、シリアスに取り組まれた作品ということで、それらはしばしばアカデミー賞向けの作品ととらえられてきた。

だが近年の観客の嗜好は大きく変化している。ずっと若い世代の観客に、間違っても歴史志向があるとはいえないのは明らかだ。猥雑すぎてもいけないが、面白おかしく陽気なコメディが求められ、シリアスな映画の観客は少なくなる一方だ。高年齢層にも、より現代的なテーマが求められている。リンカーンのような人物への関心は、ある種の義務心のようなものなのだ。

彼らは気が向けば、そうした映画を見ることもあるだろう。けれどそれほど喫緊のテーマかというと、どうだろう。興味をかきたてる人物としてのリンカーン。スピルバーグの映画がどれだけ申し分なく、細心に作られているかという評判とはまったく無関係に、優先順位として見たいものはもっと他にあるだろう。あえていうなら、たぶん「見ても見なくてもどっちでもいい」という程度だろうか。

あるいは、そうでもないのかもしれない。映画の公開を目前に、スピルバーグはさして心配しているようではなかった。彼にはリンカーンが大衆にもアピールすると、強く確信しているようだった。リンカーンについての見解、解釈は広く求められており、スピルバーグにはそれに応える用意があった。思うに、彼はこの殉教者めいた大統領の不可解さは、今も変わらぬ関心事だと確信していたのではないか。そしてその魅力についても。この作品がリンカーンに関する最後の映画になることはないだろうし、監督にとってもそれに異存はない。であればこそ、長きにわたって評価されるに足る、最高の作品の1つにしようという、ただそれだけなのだ。

スピルバーグがどれだけ興行成績を『リンカーン』に期待していたかはわからない。おそらく彼にとって、そのことはさして重大ではなかったのだろうと思う。彼には自分が非常に優れた映画を作り上げたということと、まずは妥当で相応の収益をあげるだろうことは、わかっていたはずだ。とはいえ、2012年から2013年の秋冬にかけて、この作品が実際に残した強力な興行力までは、さすがに想像していなかったろうと思う。なるほどたしかに彼はこれまでの作品と同様に、精力的なプロモーションを行った。私は確信しているが、きっと内心では彼の最高の作品群、『E. T.』、『シンドラーのリスト』、『プライベート・ライアン』に並ぶものとして、位置づけているはずだ。

とはいえ、それが彼の求めたすべてではないだろう。彼はしかるべき地位にある映画監督の誰もがそうであるように、いつだって貪欲で野心は満々だ。この映画が最終的に獲得した映画賞の数も、もっと増やしたかったに違いない。私自身も、それに十分値する作品だと考えている。アカデミー賞の結果が出た後、ハリウッドではいかにも欲望の街らしく、その年『アルゴ』が受賞したのは、賞ほしさがあまり見えすいていなかったからだという噂が出たり、また、かつてのような量産体制を持たない映画業界がもはや作らなくなった、きわめて骨太の娯楽作品だったからだという世評もあった。

私はそこには何か語るに値することがあると思う。結局のところ、その年は『リンカーン』の天下とならなかった——非常に真摯で、野心的でありながら、しかも繊細な、熟練の技術で作られているにもかかわらず。しかし、そのことがいつまでも議論されるとは思えない。映画は、少なくとも時には、この作品のように、洗練さと高邁さを持たなければならないからだ。

そうした野心がなければ、映画は（往々にして）面白くはあるにせよ、空っぽなものとなり、芸術とは呼べなくなるだろう。私には——いやおそらくまだ誰にも——『リンカーン』が本当に芸術なのか、それとも単にそれを目指そうとしただけの作品なのかはわからない。しかしこれは、媚びずに観客と向き合い、彼らの期待感を高めつつも、誠実かつ入念に作られた作品だ。映画というジャンルができる以上の何かを追求している。私は確信しているが、今後、振り返るほどに、この作品はさらに評価を高めていくだろう——おそらくは（それを何と呼ぶにせよ）「偉大な」作品になるだけでなく、映画を見にいっては質の低い作品をしぶしぶと受け入れ、「何かもっといい」映画はないものかと、漠然と求めている映画ファンにとって、長年語り継がれる作品となるに違いない。

権力の回廊――合衆国史上、最も偉大な大統領の1人に関する新たな"見解"を示すとともに、『リンカーン』は国家の立法手続きについても説得力ある洞察を提示する。

さいごに

　今やスピルバーグも60代半ばを超えた。そのため、どこか不条理にも聞こえるが、アメリカ合衆国の社会保障制度の受給資格を持っている。彼の正味資産を見積もったものを見たことがあるが、ざっと30億ドルにも達する。それなら、そうすぐに政府の施しが必要になることなど、ありそうにない。

　それだけでなく、健康にも恵まれ、気力もあふれんばかりだ。時折彼は、齢83にしてさらに優れた作品を連発している、友人のクリント・イーストウッドのことに思いを馳せる（訳注：原著執筆時の年齢。イーストウッドは1930年生まれ）。そして、そんな高齢にしてなお多産なその働きぶりに自分も並べるよう熱望している。「もしそうなれたらまさに夢の実現だよ」と言いつつ、こう思う。「というか、どうしてこんな楽しいことをやめられるんだ？」。

　どうしてかって？　仰せのとおりだ。もし映画作りを急にやめたとしても、私の考えでは少なくとも7本もの不滅の作品が業績として残る。『JAWS／ジョーズ』、『E. T.』、『太陽の帝国』、『ジュラシック・パーク』、『シンドラーのリスト』、『プライベート・ライアン』、『リンカーン』だ。そして楽しい時間を過ごすために、映画というものが求められる限り、見続けられるであろう娯楽作品の数々もある。それ以上に、スピルバーグ作品の主題の幅たるや、他のどんな映画監督が扱えるよりも広い。それらの作品はまた、いろいろな主題を扱ってはいるものの、隠れた一貫性があって（コミュニケーション、孤独な少年たち、など）、そうしたことは彼の作品全体を表面的にでも、考えてみれば実に明らかだ。

　それよりむしろ、彼はあまりに成功しすぎている。我々はアーティストというと、苦悩の中で創作する姿を考えがちだが、彼にそうした要素は、仮にあるとしてもそう多くはない。そしてまたあまりにも裕福だ。少なくとも『ジョーズ』の頃以来ずっと。これらのことは、スピルバーグの仕事における本質的なシリアスさや、ケタ外れの技術的才覚を覆い隠してしまう。数本の不発作品はあれど、これらの業績を減じることなどできはしまい。

　もしも本書にテーマがあるならば、それはスピルバーグがあまりに成功しすぎたが故に、正当に評価されなくなっているということを説くことだ。私の考えでは、彼はあまりに軽く見られすぎており、あまりにありがたみが乏しくなっている。彼はすべてを持っている。世界中からの愛情とリスペクト――そしてそれに見合った正当な報償。これ以上、力量を証明すべき相手など誰もいない。となると無論、相手は自分自身だけだ。そして彼には作らずにいられぬ次回作が常にある。少なくとも、そう思わせてくれる監督なのだ。

「どうしてこんな楽しいことをやめられるんだ？」。スピルバーグの生涯かけた映画への愛情は、まったく薄れる兆しがない。けれど最近は、『ポルターガイスト』製作中の1982年に、MGMスタジオ内で乗りまわしていた自転車よりも、もっと座り心地のいい座席（前ページ）をお好みだ。

「ぼくは食べきれもしないのに、がつがつ欲張っている子どもみたいなものだろうね。作りたい映画が山ほどある。こんなことやあんなこと、どうして誰もそれを映画にしようとしないんだろうと、以前はのべつ夢想していたものだ。今のぼくは、そんなまだ見ぬ映画を、自分で作ることができるんだ」

頭のてっぺんから足の先まで愛してる。1991年に結婚したスティーブン・スピルバーグとケイト・キャプショーは、『インディ・ジョーンズ／魔宮の伝説』の上海ナイトクラブの場面から、共に長い道のりを歩んできた。

「ぼくの2つの生き甲斐は家族と映画作りだ。このバランスをとることが人生最大の課題だよ」

さいごに 245

『タンタンの冒険／ユニコーン号の秘密』のコンセプトアートを担った、ウェタ・ワークショップのクリス・ガイズによる監督のイラスト。

『未知との遭遇』(1977年)の
セットにて。

「どの作品もタイムカプセルなんだ。撮影が終わってキャストとクルーにお別れをするとき、その現場にまさにあった自分の人生の断片(ライト・ゼア)が埋め込まれる。そしてそれは永遠に残り続けるんだ」

まだティーンエイジャーだったスピルバーグの、いちばん最初の映画はこの手持ちの8ミリカメラで作られた。

スピルバーグの人生で最もかけがえのない2人の女性とともに。母リアと妻のケイト・キャプショー。1994年の『シンドラーのリスト』による2つのオスカーを祝って。

フィルモグラフィ

監督作品

アマチュア時代の作品

The Last Gun
脚本:スティーブン・スピルバーグ
撮影:スティーブン・スピルバーグ
出演:スティーブン・スピルバーグ
8分　1959年

Fighter Squad
脚本:スティーブン・スピルバーグ
撮影:スティーブン・スピルバーグ
出演:スティーブン・スピルバーグ
8分　1961年

Escape to Nowhere
脚本:スティーブン・スピルバーグ
撮影:スティーブン・スピルバーグ
出演:アン・スピルバーグ
40分　1961年

Firelight
脚本:スティーブン・スピルバーグ
撮影:スティーブン・スピルバーグ
出演:ロバート・ロビン、ベス・ウィーバー、ラッキー・ローア、マーガレット・ピュー
140分　公開:1964年3月24日

Slipstream
脚本:スティーブン・スピルバーグ、ロジャー・アーネスト
撮影:セルジュ・エニュレ
出演:ジム・バクシーズ、トニー・ビル、ロジャー・アーネスト、ピーター・マフィア、アンドレ・オヴィエド
未完　1967年

Amblin'
脚本:スティーブン・スピルバーグ
撮影:アレン・ダヴィオー
出演:リチャード・レヴィン、パメラ・マクマイラー
26分　公開:1968年12月18日

デビュー以後の作品

公開日については特に断りのない限り、全米(一般公開)での封切り日とする。

激突!
Duel（Universal Television）
90分(劇場版)　74分(テレビ版)
脚本:リチャード・マシスン
撮影:ジャック・A・マータ
編集:フランク・モリス
音楽:ビリー・ゴールデンバーグ
出演:デニス・ウィーヴァー(デヴィッド・マン)、エディ・ファイアストーン(カフェの主人)、ジーン・ダイナースキー(カフェの男)
テレビ放映:1971年11月10日(カナダ)　公開:1973年3月21日(ヨーロッパ)　日本公開:1973年1月13日

続・激突!／カージャック
The Sugarland Express（Universal/Zanuck-Brown）
110分
脚本:ハル・バーウッド、マシュー・ロビンス
撮影:ヴィルモス・ジグモンド
編集:ヴァーナ・フィールズ
音楽:ジョン・ウィリアムズ
出演:ゴールディ・ホーン(ルー・ジーン・ポプリン)、ベン・ジョンソン(ハーリン・タナー警部)、マイケル・サックス(マックスウェル・スライド巡査)、ウィリアム・アザートン(クロヴィス・マイケル・ポプリン)、グレゴリー・ウォルコット(アーニー・マッシュバーン巡査)
公開:1974年4月5日　日本公開:1974年6月8日

JAWS／ジョーズ
Jaws（Universal/Zanuck-Brown）
124分
脚本:カール・ゴットリーブ、ピーター・ベンチリー
撮影:ビル・バトラー
編集:ヴァーナ・フィールズ
音楽:ジョン・ウィリアムズ
出演:ロイ・シャイダー(マーティン・ブロディ)、ロバート・ショー(サム・クイント)、リチャード・ドレイファス(マット・フーパー)、ロレイン・ゲイリー(エレン・ブロディ)、マーレイ・ハミルトン(ボーン市長)、ジェフリー・クレイマー(ヘンドリックス)
公開:1975年6月20日　日本公開:1975年12月6日

未知との遭遇
Close Encounters of the Third Kind（Columbia/EMI）
135分
脚本:スティーブン・スピルバーグ
撮影:ヴィルモス・ジグモンド
編集:マイケル・カーン
音楽:ジョン・ウィリアムズ
出演:リチャード・ドレイファス(ロイ・ニアリー)、フランソワ・トリュフォー(クロード・ラコーム)、テリー・ガー(ロニー・ニアリー)、メリンダ・ディロン(ジリアン・ガイラー)、ボブ・バラバン(デヴィッド・ローリン)
公開:1977年11月16日　日本公開:1978年2月25日

1941
1941（Universal/Columbia/A-Team）
118分
脚本:ロバート・ゼメキス、ボブ・ゲイル
撮影:ウィリアム・A・フレイカー
編集:マイケル・カーン
音楽:ジョン・ウィリアムズ
出演:ダン・エイクロイド(フランク・トゥリー軍曹)、ネッド・ビーティ(ウォード・ダグラス)、ジョン・ベルーシ(ワイルド・ビル・ケルソー大尉)、ロレイン・ゲイリー(ジョーン・ダグラス)、マーレイ・ハミルトン(クロード・クラム)、クリストファー・リー(ウォルフガング・フォン・クラインシュミット艦長)、ティム・マシスン(ルーミス・バークヘッド大尉)、三船敏郎(ミタムラ司令官)、ウォーレン・オーツ(マッドマン・マドックス大佐)、ロバート・スタック(ジョゼフ・W・スティルウェル中将)
公開:1979年12月14日　日本公開:1980年3月8日

レイダース／失われたアーク《聖櫃》
Raiders of the Lost Ark（Paramount/Lucasfilm）
115分
脚本:ローレンス・カスダン
撮影:ダグラス・スローカム
編集:マイケル・カーン
音楽:ジョン・ウィリアムズ
出演:ハリソン・フォード(インディアナ・ジョーンズ)、カレン・アレン(マリオン・レイヴンウッド)、ポール・フリーマン(ルネ・ベロック博士)、ロナルド・レイシー(アーノルド・トート少佐)、ジョン・リス=デイヴィス(サラー)、デンホルム・エリオット(マーカス・ブロディ博士)
公開:1981年6月14日　日本公開:1981年12月19日

E. T.
E. T.: The Extra-Terrestrial（Universal）
115分
脚本:メリッサ・マシスン
撮影:アレン・ダヴィオー
編集:キャロル・リトルトン
音楽:ジョン・ウィリアムズ
出演:ディー・ウォーレス(メアリー)、ヘンリー・トーマス(エリオット)、ピーター・コヨーテ(キーズ)、ロバート・マクノートン(マイケル)、ドリュー・バリモア(ガーティ)、K・C・マーテル(グレッグ)、ショーン・フライ(スティーヴ)
公開:1982年6月11日　日本公開:1982年12月4日

トワイライトゾーン／超次元の体験
Twilight Zone: The Movie（Warner Bros.）
（ジョン・ランディス、スティーブン・スピルバーグ、ジョー・ダンテ、ジョージ・ミラーによるオムニバス映画）
101分
第二話「真夜中の遊戯」("Kick the Can")
脚本:ジョージ・クレイトン・ジョンソン、リチャード・マシスン、メリンダ・マシスン(ジョシュ・ローガン名義)
編集:マイケル・カーン
音楽:ジェリー・ゴールドスミス
出演:スキャットマン・クローザース(ミスタ・ブルーム)、ビル・クイン(ミスタ・コンロイ)、マーティン・ガーナー(ミスタ・ワインスタイン)、セルマ・ダイアモンド(ミセス・ワインスタイン)、ヘレン・ショウ(ミセス・デンプシー)
公開:1983年6月24日　日本公開:1984年2月18日

インディ・ジョーンズ／魔宮の伝説
Indiana Jones and the Temple of Doom（Paramount/Lucasfilm）
118分
脚本:ウィラード・ハイク、グロリア・カッツ
撮影:ダグラス・スローカム
編集:マイケル・カーン
音楽:ジョン・ウィリアムズ
出演:ハリソン・フォード(インディアナ・ジョーンズ)、ケイト・キャプショー(ウィリー・スコット)、キー・ホイ・クァン(ショート・ラウンド)、アムリッシュ・プリ(モーラ・ラム)、ロシャン・セス(チャター・ラル)、フィリップ・ストーン(ブランバート)
公開:1984年5月23日　日本公開:1984年7月7日

カラーパープル
The Color Purple（Amblin/Guber-Peters/Warner Bros.）
154分
脚本:メノ・メイエス
撮影:アレン・ダヴィオー
編集:マイケル・カーン
音楽:クインシー・ジョーンズ
出演:ダニー・グローヴァー(アルバート)、ウーピー・ゴールドバーグ(セリー)、マーガレット・エイヴリー(シャグ)、オプラ・ウィンフリー(ソフィア)、ウィラード・ピュー(ハーポ)
公開:1985年12月22日　日本公開:1986年9月13日

太陽の帝国
Empire of the Sun（Amblin/Warner Bros.）
152分
脚本:トム・ストッパード
撮影:アレン・ダヴィオー
編集:マイケル・カーン
音楽:ジョン・ウィリアムズ
出演:クリスチャン・ベール(ジム・"ジェイミー"・グレアム)、ジョン・マルコヴィッチ(ベイシー)、ミランダ・リチャードソン(ヴィクター夫人)、ナイジェル・ヘイヴァース(ローリンズ医師)、ジョー・パントリアーノ(フランク・デマレスト)、レスリー・フィリップス(マクストン)
公開:1987年12月13日　日本公開:1988年4月29日

インディ・ジョーンズ／最後の聖戦
Indiana Jones and the Last Crusade（Paramount/Lucasfilm）
127分
脚本:ジェフリー・ボーム
撮影:ダグラス・スローカム
編集:マイケル・カーン
音楽:ジョン・ウィリアムズ
出演:ハリソン・フォード(インディアナ・ジョーンズ)、ショーン・コネリー(ヘンリー・ジョーンズ教授)、デンホルム・エリオット(マーカス・ブロディ博士)、アリソン・ドゥーディ(エルザ・シュナイダー博士)、ジョン・リス=デイヴィス(サラー)、ジュリアン・グローヴァー(ウォルター・ドノヴァン)、リヴァー・フェニックス(若き日のインディ)
公開:1989年5月24日　日本公開:1989年7月8日

オールウェイズ
Always（Amblin/United Artists/Universal）
122分
脚本:ジェリー・ベルソン
撮影:ミカエル・サロモン
編集:マイケル・カーン

音楽：ジョン・ウィリアムズ
出演：リチャード・ドレイファス(ピート・サンディッチ)、ホリー・ハンター(ドリンダ・ダーストン)、ブラッド・ジョンソン(テッド・ベイカー)、ジョン・グッドマン(アル・ヤッケイ)、オードリー・ヘプバーン(ハップ)
公開：1989年12月22日　日本公開：1990年4月6日

フック
Hook（Amblin/TriStar）
144分
脚本：ジム・V・ハート、マライア・スコッチ・マルモ
撮影：ディーン・カンディ
編集：マイケル・カーン
音楽：ジョン・ウィリアムズ
出演：ダスティン・ホフマン(フック船長)、ロビン・ウィリアムズ(ピーター・バニング)、ジュリア・ロバーツ(ティンカーベル)、ボブ・ホスキンス(スミー)、マギー・スミス(グラニー・ウェンディ)
公開：1991年12月15日　日本公開：1992年6月20日

ジュラシック・パーク
Jurassic Park（Universal/Amblin）
127分
脚本：マイクル・クライトン、デヴィッド・コープ
撮影：ディーン・カンディ
編集：マイケル・カーン
音楽：ジョン・ウィリアムズ
出演：サム・ニール(アラン・グラント博士)、ローラ・ダーン(エリー・サトラー博士)、ジェフ・ゴールドブラム(イアン・マルコム博士)、リチャード・アッテンボロー(ジョン・ハモンド)、ボブ・ペック(ロバート・マルドーン)
公開：1993年6月13日　日本公開：1993年7月17日

シンドラーのリスト
Schindler's List（Universal/Amblin）
195分
脚本：スティーブン・ザイリアン
撮影：ヤヌス・カミンスキー
編集：マイケル・カーン
音楽：ジョン・ウィリアムズ
出演：リーアム・ニーソン(オスカー・シンドラー)、ベン・キングズレー(イザック・シュターン)、レイフ・ファインズ(アーモン・ゲート)、キャロライン・グッドオール(エミリー・シンドラー)
公開：1993年12月17日　日本公開：1994年2月26日

ロスト・ワールド／ジュラシック・パーク
The Lost World: Jurassic Park（Universal/Amblin）
129分
脚本：デヴィッド・コープ
撮影：ヤヌス・カミンスキー
編集：マイケル・カーン
音楽：ジョン・ウィリアムズ
出演：ジェフ・ゴールドブラム(イアン・マルコム博士)、ジュリアン・ムーア(サラ・ハーディング博士)、ピート・ポスルスウェイト(ローランド・テンボ)、リチャード・アッテンボロー(ジョン・ハモンド)
公開：1997年5月27日　日本公開：1997年7月12日

アミスタッド
Amistad（DreamWorks/HBO）
155分
脚本：デヴィッド・フランゾーニ
撮影：ヤヌス・カミンスキー
編集：マイケル・カーン
音楽：ジョン・ウィリアムズ
出演：モーガン・フリーマン(セオドア・ジョッドソン)、ナイジェル・ホーソーン(マーティン・ヴァン・ビューレン)、アンソニー・ホプキンス(ジョン・クインシー・アダムズ)、ジャイモン・フンスー(シンケ)、マシュー・マコノヒー(ロジャー・シャーマン・ボールドウィン)
公開：1997年12月14日　日本公開：1998年2月28日

プライベート・ライアン
Saving Private Ryan（Amblin/DreamWorks/Mark Gordon Productions/Mutual Film Company/Paramount）
169分
脚本：ロバート・ロダット
撮影：ヤヌス・カミンスキー
編集：マイケル・カーン
音楽：ジョン・ウィリアムズ
出演：トム・ハンクス(ジョン・H・ミラー大尉)、トム・サイズモア(マイケル・ホーヴァス軍曹)、エドワード・バーンズ(リチャード・ライベン二等兵)、バリー・ペッパー(ダニエル・ジャクソン二等兵)、アダム・ゴールドバーグ(スタンリー・メリッシュ二等兵)、マット・デイモン(ジェームズ・ライアン二等兵)、テッド・ダンソン(フレッド・ハミル大尉)
公開：1998年7月26日　日本公開：1998年9月26日

A. I.
A. I.: Artificial Intelligence
（Warner Bros./DreamWorks/Amblin）
146分
脚本：スティーブン・スピルバーグ
撮影：ヤヌス・カミンスキー
編集：マイケル・カーン
音楽：ジョン・ウィリアムズ
出演：ハーレイ・ジョエル・オスメント(デイヴィッド)、フランシス・オコナー(モニカ・スウィントン)、サム・ロバーズ(ヘンリー・スウィントン)、ジェイク・トーマス(マーティン・スウィントン)、ジュード・ロウ(ジゴロ・ジョー)、ウィリアム・ハート(ホビー博士)、ケン・レオン(シャチョーサマ)
公開：2001年7月1日　日本公開：2001年6月30日

マイノリティ・リポート
Minority Report（Twentieth Century Fox/DreamWorks/Cruise-Wagner/Blue Tulip Productions/Ronald Shusett-Gary Goldman）
145分
脚本：スコット・フランク、ジョン・コーエン
撮影：ヤヌス・カミンスキー
編集：マイケル・カーン
音楽：ジョン・ウィリアムズ
出演：トム・クルーズ(ジョン・アンダートン)、マックス・フォン・シドー(ラマー・バージェス局長)、スティーヴ・ハリス(ジャッド)、ニール・マクドノー(フレッチャー)、パトリック・キルパトリック(ノット)、ジェシカ・キャプショー(エヴァンナ)、コリン・ファレル(ダニー・ウィットワー)、サマンサ・モートン(アガサ)
公開：2002年6月21日　日本公開：2002年12月7日

キャッチ・ミー・イフ・ユー・キャン
Catch Me If You Can（DreamWorks/Kemp Company/Splendid Pictures/Parkes-MacDonald/Muse）
141分
脚本：ジェフ・ナサンソン
撮影：ヤヌス・カミンスキー
編集：マイケル・カーン
音楽：ジョン・ウィリアムズ
出演：レオナルド・ディカプリオ(フランク・アバグネイル・Jr)、トム・ハンクス(カール・ハンラティ)、クリストファー・ウォーケン(フランク・アバグネイル)、マーティン・シーン(ロジャー・ストロング)、ナタリー・バイ(ポーラ・アバグネイル)、エイミー・アダムス(ブレンダ・ストロング)
公開：2002年12月29日　日本公開：2003年3月21日

ターミナル
The Terminal（DreamWorks/Amblin/Parkes-MacDonald）
128分
脚本：サーシャ・ガヴァシ、ジェフ・ナサンソン
撮影：ヤヌス・カミンスキー
編集：マイケル・カーン
音楽：ジョン・ウィリアムズ
出演：トム・ハンクス(ヴィクター・ナボルスキー)、キャサリン・ゼタ・ジョーンズ(アメリア・ウォーレン)、スタンリー・トゥッチ(フランク・ディクソン)、シャイ・マクブライド(マルロイ)、ディエゴ・ルナ(エンリケ・クルズ)
公開：2004年6月20日　日本公開：2004年12月8日

宇宙戦争
War of the Worlds
（Paramount/DreamWorks/Amblin/Cruise-Wagner）
116分
脚本：ジョシュ・フリードマン、デヴィッド・コープ
撮影：ヤヌス・カミンスキー
編集：マイケル・カーン
音楽：ジョン・ウィリアムズ
出演：トム・クルーズ(レイ・フェリエ)、ダコタ・ファニング(レイチェル・フェリエ)、ミランダ・オットー(メアリー・アン)、ジャスティン・チャットウィン(ロビー)、ティム・ロビンス(ハーラン・オギルヴィ)、リック・ゴンザレス(ヴィンセント)
公開：2005年6月23日　日本公開：2005年6月29日

ミュンヘン
Munich（DreamWorks/Universal/Amblin/Kennedy-Marshall/Barry Mendel Productions）
164分
脚本：トニー・クシュナー、エリック・ロス
撮影：ヤヌス・カミンスキー
編集：マイケル・カーン
音楽：ジョン・ウィリアムズ
出演：エリック・バナ(アヴナー)、ダニエル・クレイグ(スティーヴ)、キアラン・ハインズ(カール)、マチュー・カソヴィッツ(ロバート)、ハンス・ジシュラー(ハンス)、アイェレット・ゾラー(ダフナ)、ジェフリー・ラッシュ(エフライム)
公開：2005年12月23日　日本公開：2006年2月4日

インディ・ジョーンズ／クリスタル・スカルの王国
Indiana Jones and the Kingdom of the Crystal Skull
（Paramount/Lucasfilm）
122分
脚本：デヴィッド・コープ
撮影：ヤヌス・カミンスキー
編集：マイケル・カーン
音楽：ジョン・ウィリアムズ
出演：ハリソン・フォード(インディアナ・ジョーンズ)、ケイト・ブランシェット(イリーナ・スパルコ)、カレン・アレン(マリオン・レイヴンウッド)、シャイア・ラブーフ(マット・ウィリアムズ)、レイ・ウィンストン("マック"ジョージ・マクヘイル)、ジョン・ハート(オクスリー教授)
公開：2008年5月25日　日本公開：2008年6月21日

タンタンの冒険／ユニコーン号の秘密
The Adventures of Tintin: The Secret of the Unicorn
（Paramount/Columbia/Amblin/WingNut/Kennedy-Marshall）
107分
脚本：スティーブン・モファット、エドガー・ライト、ジョー・コーニッシュ
アニメーション：ウェタ・ワークショップ
編集：マイケル・カーン
音楽：ジョン・ウィリアムズ
声の出演：ジェイミー・ベル(タンタン)、アンディ・サーキス(ハドック船長)、ダニエル・クレイグ(イワノヴィッチ・サッカリン)、サイモン・ペッグ(デュポン)、ニック・フロスト(デュボン)
公開：2011年12月21日　日本公開：2011年12月1日

戦火の馬
War Horse
（DreamWorks/Reliance/Amblin/Kennedy-Marshall）
146分
脚本：リー・ホール、リチャード・カーティス
撮影：ヤヌス・カミンスキー
編集：マイケル・カーン
音楽：ジョン・ウィリアムズ
出演：ジェレミー・アーヴァイン(アルバート・ナラコット)、エミリー・ワトソン(ローズ・ナラコット)、ピーター・ミュラン(テッド・ナラコット)、デヴィッド・シューリス(ライオンズ)、ベネディクト・カンバーバッチ(スチュワート少佐)
公開：2011年12月25日　日本公開：2012年3月2日

リンカーン
Lincoln（Office Seekers/DreamWorks/Amblin/Imagine/Kennedy-Marshall/Parkes-MacDonald/Participant/Reliance/Twentieth Century Fox）
150分
脚本：トニー・クシュナー
撮影：ヤヌス・カミンスキー
編集：マイケル・カーン
音楽：ジョン・ウィリアムズ
出演：ダニエル・デイ＝ルイス(エイブラハム・リンカーン)、サリー・フィールド(メアリー・トッド・リンカーン)、ジョゼフ・ゴードン＝レヴィット(ロバート・トッド・リンカーン)、ジャレッド・ハリス(ユリシーズ・S・グラント)、トミー・リー・ジョーンズ(タデウス・スティーヴンス)
公開：2012年11月16日　日本公開：2013年4月19日

ブリッジ・オブ・スパイ
Bridge of Spies（Amblin/DreamWorks/Fox2000/Mark Platt/Participant/Reliance/Babelsberg）
脚本：マット・チャーマン、イーサン・コーエン、ジョエル・コーエン
撮影：ヤヌス・カミンスキー
編集：マイケル・カーン
音楽：トーマス・ニューマン
出演：トム・ハンクス（ジェームズ・ドノヴァン）、アラン・アルダ（トマス・ウォターズ）、エイミー・ライアン（メアリー・ドノヴァン）、オースティン・ストウェル（ゲイリー・パワーズ）
公開：2015年10月16日　日本公開：2016年1月8日

TVシリーズ

四次元への招待（別名：怪奇！真夏の夜の夢）
Night Gallery（Universal Television）
2話　1969年（パイロット版）/1971年

ドクター・ウェルビー
Marcus Welby, MD（Universal Television）
1話　1970年

ネーム・オブ・ザ・ゲーム
The Name of the Game（Universal Television）
1話　1971年

ドクター・ホイットマン
The Psychiatrist（Universal Television）
2話　1971年

Owen Marshall: Counselor at Law
（Universal Television）
1話　1971年

世にも不思議なアメージング・ストーリー
Amazing Stories（Amblin/Universal Television）
2話　1985年
*訳注：日本では「最後のミッション」("The Mission")を「パパはミイラ」("Mummy Daddy" ウィリアム・ディア監督)、「真夜中の呪文」("Go to the Head of the Class" ロバート・ゼメキス監督)とともに劇場公開（1987年7月18日）

TV映画

刑事コロンボ／構想の死角
Mystery Movie: Columbo: Murder by the Book
（Universal Television）
脚本：スティーブン・ボチコー
撮影：ラッセル・L・メティ
出演：ピーター・フォーク（コロンボ）、ジャック・キャシディ（ケン・フランクリン）、ローズマリー・フォーサイス（ジョアンナ・フェリス）
76分　テレビ放映：1971年9月15日

激突！　*249ページ参照
Duel

ヘキサゴン（別名：**恐怖の館**）
Something Evil（Belford/CBS）
脚本：ロバート・クロウス
撮影：ビル・バトラー
出演：サンディ・デニス（マージョリー・ウォーデン）、ダーレン・マクギャヴィン（ポール・ウォーデン）、ラルフ・ベラミー（ハリー・リンカーン）、ジェフ・コーリィ（ゲルマン）
73分　テレビ放映：1972年1月21日

死を呼ぶスキャンダル
Savage（Universal Television）
脚本：リチャード・レヴィンソン、ウィリアム・リンク、マーク・ロジャース
撮影：ビル・バトラー
出演：マーティン・ランドー（ポール・サヴェージ）、バーバラ・ベイン（ゲイル・アボット）、ウィル・ギア（ジョエル・ライカー）
73分　テレビ放映：1973年3月31日

ドキュメンタリー

The Unfinished Journey（CBS）
脚本：ティム・ウィロックス
出演：マヤ・アンジェロウ、ビル・クリントン、オシー・デイヴィス、ルビー・ディー、エドワード・ジェームズ・オルモス、サム・ウォーターストン（本人/ナレーター）
21分　テレビ放映：1999年12月31日

A Timeless Call（Allentown/Jinks-Cohen）
脚本：ローナ・グラハム
出演：トム・ハンクス（本人/ナレーター）、トビー・ムーリ（ブロム・キング）
7分　2008年8月25〜28日の民主党全国大会にて初公開

製作作品

劇場用長編作品

スピルバーグの監督および製作作品。製作者としてのみ関わった作品の詳細を以下に記す。監督作品の詳細は前出を参照。

抱きしめたい
I Wanna Hold Your Hand（Universal）
監督：ロバート・ゼメキス
脚本：ロバート・ゼメキス、ボブ・ゲイル
製作：タマラ・アセイエフ、アレクサンドラ・ローズ
製作補：ボブ・ゲイル
製作総指揮：スティーブン・スピルバーグ
出演：ナンシー・アレン、ボビー・ディ・シッコ、マーク・マクルーア
公開：1978年4月21日　日本公開：1982年5月1日

ユーズド・カー
Used Cars（Columbia/A-Team）
監督：ロバート・ゼメキス
脚本：ロバート・ゼメキス、ボブ・ゲイル
製作：ボブ・ゲイル
製作総指揮：ジョン・ミリアス、スティーブン・スピルバーグ、ジョン・G・ウィルソン
出演：カート・ラッセル、ジャック・ウォーデン、ゲリット・グレアム
公開：1980年7月11日　日本公開：1980年11月22日

Oh！ベルーシ絶体絶命
Continental Divide（Universal/Amblin）
監督：マイケル・アプテッド
脚本：ローレンス・カスダン
製作：ボブ・ラーソン
製作補：ゼルダ・バロン、ジャック・ローゼンタール
製作総指揮：バーリン・ブリスタイン、スティーブン・スピルバーグ
出演：ジョン・ベルーシ、ブレア・ブラウン、アレン・ガーフィールド
公開：1981年9月18日　日本公開：1982年4月24日

E. T.
E. T.: The Extra-terrestrial
製作：キャスリーン・ケネディ、スティーブン・スピルバーグ
製作補：メリッサ・マシスン

ポルターガイスト
Poltergeist（MGM/SLM）
監督：トビー・フーパー
脚本：スティーブン・スピルバーグ、マイケル・グレイス、マーク・ヴィクター
製作：フランク・マーシャル、スティーブン・スピルバーグ
製作補：キャスリーン・ケネディ
出演：ジョベス・ウィリアムズ、ヘザー・オルーク、クレイグ・T・ネルソン
公開：1982年6月4日　日本公開：1982年7月17日

トワイライトゾーン／超次元の体験
Twilight Zone: The Movie
製作：ジョン・ランディス、スティーブン・スピルバーグ
製作補：ジョン・デイヴィソン、マイケル・フィネル、キャスリーン・ケネディ

製作総指揮：フランク・マーシャル
製作（第二話）：キャスリーン・ケネディ

グレムリン
Gremlins（Warner Bros./Amblin）
監督：ジョー・ダンテ
脚本：クリス・コロンバス
製作：マイケル・フィネル
製作総指揮：キャスリーン・ケネディ、フランク・マーシャル、スティーブン・スピルバーグ
出演：ザック・ギャリガン、フィービー・ケイツ、ホイト・アクストン
公開：1984年6月8日　日本公開：1984年12月8日

ファンダンゴ
Fandango（Warner Bros./Amblin）
監督：ケヴィン・レイノルズ
脚本：ケヴィン・レイノルズ
製作：ティム・ジンネマン
製作補：パット・キーホー、バリー・M・オズボーン
製作総指揮：キャスリーン・ケネディ、フランク・マーシャル、スティーブン・スピルバーグ（クレジットなし）
出演：ケヴィン・コスナー、ジャド・ネルソン、サム・ロバーズ
公開：1985年1月25日　日本公開：1986年3月21日

グーニーズ
The Goonies（Warner Bros./Amblin）
監督：リチャード・ドナー
脚本：クリス・コロンバス
製作：ハーヴェイ・バーンハード、リチャード・ドナー
製作総指揮：キャスリーン・ケネディ、フランク・マーシャル、スティーブン・スピルバーグ
出演：ショーン・アスティン、ジョシュ・ブローリン、ジェフ・コーエン
公開：1985年6月7日　日本公開：1985年12月7日

バック・トゥ・ザ・フューチャー
Back to the Future
（Universal/Amblin/U-Drive〈クレジットなし〉）
監督：ロバート・ゼメキス
脚本：ロバート・ゼメキス、ボブ・ゲイル
製作：ニール・キャントン、ボブ・ゲイル
製作総指揮：キャスリーン・ケネディ、フランク・マーシャル、スティーブン・スピルバーグ
出演：マイケル・J・フォックス、クリストファー・ロイド、リー・トンプソン
公開：1985年7月3日　日本公開：1985年12月7日

ヤング・シャーロック／ピラミッドの謎
Young Sherlock Holmes（Paramount/Amblin/ILM）
監督：バリー・レヴィンソン
脚本：クリス・コロンバス
製作：マーク・ジョンソン、ヘンリー・ウィンクラー
製作補：ハリー・ベン
製作総指揮：キャスリーン・ケネディ、フランク・マーシャル、スティーブン・スピルバーグ
出演：ニコラス・ロウ、アラン・コックス、ソフィ・ウォード
公開：1985年12月4日　日本公開：1986年3月8日

カラーパープル
The Color Purple
製作：クインシー・ジョーンズ、キャスリーン・ケネディ、フランク・マーシャル、スティーブン・スピルバーグ
製作補：キャロル・アイゼンバーグ
製作総指揮：ピーター・グーバー、ジョン・ピーターズ

マネー・ピット
The Money Pit（Universal/Amblin/U-Drive）
監督：リチャード・ベンジャミン
脚本：デヴィッド・ガイラー
製作：キャスリーン・ケネディ、アート・レヴィンソン、フランク・マーシャル
製作総指揮：デヴィッド・ガイラー、スティーブン・スピルバーグ
出演：トム・ハンクス、シェリー・ロング、アレクサンダー・ゴドノフ
公開：1986年3月26日　日本公開：1986年12月20日

フィルモグラフィ　251

アメリカ物語
An American Tail（Universal/Amblin/U-Drive/Sullivan）
監督：ドン・ブルース
脚本：ジュディ・フロードバーグ、トニー・ゲイズ
製作：ドン・ブルース、ゲイリー・ゴールドマン、ジョン・ポメロイ
製作補：ケイト・バーカー、デボラ・ジェリン
製作総指揮：キャスリーン・ケネディ、デヴィッド・カーシュナー、フランク・マーシャル、スティーブン・スピルバーグ
声の出演：ドム・デルイーズ、クリストファー・プラマー、エリカ・ヨーン
公開：1986年11月21日　日本公開：1987年8月1日

ハリーとヘンダスン一家
Harry and the Hendersons（Bigfoot and the Hendersons）（Universal/Amblin）
監督：ウィリアム・ディア
脚本：ウィリアム・ディア、ウィリアム・E・マーティン、エズラ・D・ラパポート
製作：ウィリアム・ディア、リチャード・ベイン
製作補：フランク・バウアー（クレジットなし）
製作総指揮：スティーブン・スピルバーグ（クレジットなし）
出演：ジョン・リスゴー、メリンダ・ディロン、マーガレット・ラングリック
公開：1987年6月5日　日本公開：1987年8月8日

インナースペース
Innerspace（Warner Bros./Amblin/Guber-Peters）
監督：ジョー・ダンテ
脚本：ジェフリー・ボーム、チップ・プローザー
製作：マイケル・フィネル
共同製作：チップ・プローザー
製作総指揮：ピーター・グーバー、ジョン・ピータース、スティーブン・スピルバーグ
共同製作総指揮：キャスリーン・ケネディ、フランク・マーシャル
出演：デニス・クエイド、マーティン・ショート、メグ・ライアン
公開：1987年7月1日　日本公開：1987年12月5日

タイム・リミットは午後3時
Three O'Clock High（Universal）
監督：フィル・ジョアノー
脚本：リチャード・クリスチャン・マシスン、トーマス・E・スゾロッシ
製作：デヴィッド・E・ヴォーゲル
共同製作：ジョン・デイヴィス、ニール・イスラエル
製作総指揮：アラン・グライスマン、アーロン・スペリング、スティーブン・スピルバーグ（クレジットなし）
出演：ケイシー・シマーシュコ、アニー・ライアン、リチャード・タイソン
公開：1987年10月9日　日本劇場未公開

太陽の帝国
Empire of the Sun
製作：キャスリーン・ケネディ、フランク・マーシャル、スティーブン・スピルバーグ
製作補：クリス・ケニー
製作総指揮：ロバート・シャピロ

ニューヨーク東8番街の奇跡
Batteries not Included（Universal/Amblin）
監督：マシュー・ロビンス
脚本：ブラッド・バード、マシュー・ロビンス、ブレント・マドック、S・S・ウィルソン
製作：ロナルド・L・シュワリー
共同製作：ジェラルド・R・モーレン
製作総指揮：キャスリーン・ケネディ、フランク・マーシャル、スティーブン・スピルバーグ
出演：ヒューム・クローニン、ジェシカ・タンディ、フランク・マクレー
公開：1987年12月18日　日本公開：1987年12月25日

ロジャー・ラビット
Who Framed Roger Rabbit（Touchstone/Amblin/Silver Screen/Walt Disney〈クレジットなし〉）
監督：ロバート・ゼメキス
脚本：ジェフリー・プライス、ピーター・S・シーマン
製作：フランク・マーシャル、ロバート・ワッツ
共同製作：ドン・ハーン、スティーヴ・スターキー
製作総指揮：キャスリーン・ケネディ、スティーブン・スピルバーグ
出演：ボブ・ホスキンス、クリストファー・ロイド、ジョアンナ・キャシディ、キャスリーン・ターナー（声）
公開：1988年6月22日　日本公開：1988年12月3日

リトルフットの大冒険／謎の恐竜大陸
The Land Before Time（Universal/Amblin/Sullivan Bluth/U-Drive/Lucasfilm〈クレジットなし〉）
監督：ドン・ブルース
脚本：スチュー・クリーガー
製作：ドン・ブルース、ゲイリー・ゴールドマン、ジョン・ポメロイ
共同製作：デボラ・ジェリン・ニューマイヤー
製作総指揮：ジョージ・ルーカス、スティーブン・スピルバーグ
共同製作総指揮：キャスリーン・ケネディ、フランク・マーシャル
声の出演：パット・ヒングル、ガブリエル・デイモン、ジュディス・バーシ
公開：1988年11月18日　日本公開：1989年3月4日

晩秋
Dad（Amblin/Ubu）
監督：ゲイリー・デヴィッド・ゴールドバーグ
脚本：ゲイリー・デヴィッド・ゴールドバーグ
製作：ゲイリー・デヴィッド・ゴールドバーグ、ジョゼフ・スターン
共同製作：リック・キドニー、サム・ワイズマン
製作総指揮：キャスリーン・ケネディ、フランク・マーシャル、スティーブン・スピルバーグ
出演：ジャック・レモン、テッド・ダンソン、オリンピア・デュカキス、イーサン・ホーク
公開：1989年10月27日　日本公開：1990年4月20日

バック・トゥ・ザ・フューチャーPART2
Back to the Future Part II（Universal/Amblin/U-Drive）
監督：ロバート・ゼメキス
脚本：ボブ・ゲイル
製作：ニール・キャントン、ボブ・ゲイル
共同製作：スティーヴ・スターキー
製作総指揮：キャスリーン・ケネディ、フランク・マーシャル、スティーブン・スピルバーグ
出演：マイケル・J・フォックス、クリストファー・ロイド、リー・トンプソン、トーマス・F・ウィルソン
公開：1989年11月22日　日本公開：1989年12月9日

オールウェイズ
Always
製作：キャスリーン・ケネディ、フランク・マーシャル、スティーブン・スピルバーグ
共同製作：リチャード・ベイン

ジョー、満月の島へ行く
Joe Versus the Volcano（Warner Bros./Amblin）
監督：ジョン・パトリック・シャンリー
脚本：ジョン・パトリック・シャンリー
製作：テリ・シュワルツ
共同製作：ロクサーヌ・ロジャース
製作総指揮：キャスリーン・ケネディ、フランク・マーシャル、スティーブン・スピルバーグ
出演：トム・ハンクス、メグ・ライアン、ロイド・ブリッジス
公開：1990年3月9日　日本劇場未公開

バック・トゥ・ザ・フューチャーPART3
Back to the Future Part III（Universal/Amblin/U-Drive）
監督：ロバート・ゼメキス
脚本：ボブ・ゲイル
製作：ニール・キャントン、ボブ・ゲイル
共同製作：スティーヴ・スターキー
製作総指揮：キャスリーン・ケネディ、フランク・マーシャル、スティーブン・スピルバーグ
出演：マイケル・J・フォックス、クリストファー・ロイド、メアリー・スティーンバージェン、トーマス・F・ウィルソン、リー・トンプソン
公開：1990年5月25日　日本公開：1990年7月6日

グレムリン2／新・種・誕・生
Gremlins 2: The New Batch（Warner Bros./Amblin）
監督：ジョー・ダンテ
脚本：チャーリー・ハース
製作：マイケル・フィネル
共同製作：リック・ベイカー
製作総指揮：キャスリーン・ケネディ、フランク・マーシャル、スティーブン・スピルバーグ
出演：ザック・ギャリガン、フィービー・ケイツ、ジョン・グローヴァー
公開：1990年6月15日　日本公開：1990年8月3日

アラクノフォビア
Arachnophobia（Hollywood/Amblin/Tangled Web）
監督：フランク・マーシャル
脚本：ドン・ジャコビー、ウェズリー・ストリック
製作：キャスリーン・ケネディ、リチャード・ヴェイン
共同製作：ドン・ジャコビー
製作補：ウィリアム・S・ビーズリー
製作総指揮：フランク・マーシャル、スティーブン・スピルバーグ
共同製作総指揮：ロバート・W・コート、テッド・フィールド
出演：ジェフ・ダニエルズ、ジュリアン・サンズ、ジョン・グッドマン
公開：1990年7月19日　日本公開：1991年3月8日

夢
Dreams（Akira Kurosawa's Dreams）
（Warner Bros./Akira Kurosawa USA）
監督：黒澤明
脚本：黒澤明
製作：井上芳男、黒澤久雄
共同製作：飯泉征吉、アラン・H・リーバート
製作総指揮（海外版）：スティーブン・スピルバーグ
出演：寺尾聰、倍賞美津子、根岸季衣
公開：1990年8月24日　日本公開：1990年5月25日

ケープ・フィアー
Cape Fear（Amblin/Cappa/Tribeca）
監督：マーティン・スコセッシ
脚本：ウェズリー・ストリック
製作：バーバラ・デ・フィーナ、ロバート・デ・ニーロ（クレジットなし）
製作総指揮：キャスリーン・ケネディ、フランク・マーシャル、スティーブン・スピルバーグ（クレジットなし）
出演：ロバート・デ・ニーロ、ニック・ノルティ、ジェシカ・ラング、ジュリエット・ルイス
公開：1991年11月13日　日本公開：1991年12月21日

アメリカ物語2／ファイベル西へ行く
An American Tail : Fievel Goes West
（Universal/Amblin/Amblimation）
監督：フィル・ニベリンク、サイモン・ウェルズ
脚本：フリント・ディル
製作：スティーブン・スピルバーグ、ロバート・ワッツ
製作補：ステファン・ヒックナー
製作総指揮：キャスリーン・ケネディ、デヴィッド・カーシュナー、フランク・マーシャル
声の出演：フィリップ・グラッサー、ジェームズ・スチュワート、エリカ・ヨーン、ドム・デルイーズ、エイミー・アーヴィング、ジョン・クリーズ
公開：1991年11月22日　日本公開：1992年7月25日

恐竜大行進
We're Back ! A Dinosaur's Story
（Universal/Amblin/Amblimation）
監督：フィル・ニベリンク、サイモン・ウェルズ、ディック・ゾンダグ、ラルフ・ゾンダグ
脚本：ジョン・パトリック・シャンリー
製作：ステファン・ヒックナー
共同製作：サド・ワインライン
製作総指揮：キャスリーン・ケネディ、フランク・マーシャル、スティーブン・スピルバーグ
声の出演：ジョン・グッドマン、チャールズ・フライシャー、ブレイズ・バーダール
公開：1993年11月24日　日本公開：1994年8月20日

シンドラーのリスト
Schindler's List
製作：ブランコ・ラスティグ、ジェラルド・R・モーレン、スティーブン・スピルバーグ
共同製作：ルー・ライウィン
製作補：アーヴィング・グロヴィン、ロバート・レイモンド
製作総指揮：キャスリーン・ケネディ

フリントストーン／モダン石器時代
The Flintstones（Universal/Amblin/Hanna-Barbera）
監督：ブライアン・レヴァント
脚本：トム・S・パーカー、ジム・ジェニウェイン、スティーブン・E・デ・スーザ
製作：ブルース・コーエン
共同製作：コリン・ウィルソン
製作総指揮：ジョセフ・バーベラ、ウィリアム・ハンナ、キャスリーン・ケネディ、デヴィッド・カーシュナー、ジェラルド・R・モーレン、スティーブン・スピルバーグ（スティーブン・スピルロック名義）
出演：ジョン・グッドマン、エリザベス・パーキンス、リック・モラニス、ロージー・オドネル
公開：1994年5月27日　日本公開：1994年7月30日

キャスパー
Casper（Universal/Amblin/Harvey）
監督：ブラッド・シルバーリング
脚本：シェリー・ストナー、ディーナ・オリヴァー
製作：コリン・ウィルソン
共同製作：ジェフ・フランクリン、スティーヴ・ウォーターマン
製作補：ポール・ディーソン
製作総指揮：ジェラルド・R・モーレン、ジェフリー・A・モンゴメリー、スティーブン・スピルバーグ
出演：ビル・プルマン、クリスティーナ・リッチ、キャシー・モリアーティ
公開：1995年5月26日　日本公開：1995年7月29日

バルト
Balto（Universal/Amblin/Amblimation）
監督：サイモン・ウェルズ
脚本：デヴィッド・スティーブン・コーエン、エラナ・レッサー、クリフ・ルビー、ロジャー・S・H・シュルマン
製作：スティーヴ・ヒックナー
製作補：リッチ・アロンズ
製作総指揮：キャスリーン・ケネディ、ボーン・ラドフォード、スティーブン・スピルバーグ
声の出演：ケヴィン・ベーコン、ボブ・ホスキンス、ブリジット・フォンダ
公開：1995年12月22日　日本公開：1996年8月10日

ツイスター
Twister（Warner Bros./Universal/Amblin/Constant c）
監督：ヤン・デ・ボン
脚本：マイケル・クライトン、アン＝マリー・マーティン
製作：イアン・ブライス、マイクル・クライトン、キャスリーン・ケネディ
製作補：グレン・サローム
製作総指揮：ローリー・マクドナルド、ジェラルド・R・モーレン、ウォルター・F・パークス、スティーブン・スピルバーグ
公開：1996年5月10日　日本公開：1996年7月6日

メン・イン・ブラック
Men in Black（Columbia/Amblin/MacDonald-Parkes）
監督：バリー・ソネンフェルド
脚本：エド・ソロモン
製作：ローリー・マクドナルド、ウォルター・F・パークス
共同製作：グラハム・プレイス
製作補：ジェラルド・R・モーレン
製作総指揮：スティーブン・スピルバーグ
出演：トミー・リー・ジョーンズ、ウィル・スミス、リンダ・フィオレンティーノ
公開：1997年7月2日　日本公開：1997年12月6日

アミスタッド
Amistad
製作：デビー・アレン、スティーブン・スピルバーグ、コリン・ウィルソン
共同製作：ティム・シュライバー
製作補：ボニー・カーティス、ポール・ディーソン
製作総指揮：ローリー・マクドナルド、ウォルター・F・パークス
共同製作指揮：ロバート・クーパー

ディープ・インパクト
Deep Impact（Paramount/DreamWorks/Zanuck-Brown/Manhattan Project）
監督：ミミ・レダー
脚本：ブルース・ジョエル・ルービン、マイケル・トルキン
製作：デヴィッド・ブラウン、リチャード・D・ザナック
製作補：D・スコット・イーストン
製作総指揮：ジョーン・ブラッドショウ、ウォルター・F・パークス、スティーブン・スピルバーグ
出演：ロバート・デュバル、ティア・レオーニ、イライジャ・ウッド、ヴァネッサ・レッドグレーヴ、モーガン・フリーマン
公開：1998年5月8日　日本公開：1998年6月20日

マスク・オブ・ゾロ
The Mask of Zorro（TriStar/Amblin/David Foster/Global/Zorro）
監督：マーティン・キャンベル
脚本：ジョン・エスコウ、テッド・エリオット、テリー・ロッシオ
製作：ダグ・クレイボーン、デヴィッド・フォスター
共同製作：ジョン・ガーツ
製作補：タワ・R・マロイ
製作総指揮：ローリー・マクドナルド、ウォルター・F・パークス、スティーブン・スピルバーグ
出演：アントニオ・バンデラス、アンソニー・ホプキンス、キャサリン・ゼタ＝ジョーンズ
公開：1998年7月17日　日本公開：1998年10月10日

プライベート・ライアン
Saving Private Ryan
製作：イアン・ブライス、マーク・ゴードン、ゲイリー・レヴィンソン、スティーブン・スピルバーグ
共同製作：ボニー・カーティス、アリソン・ライオン・シーガン
製作補：ケヴィン・デ・ラ・ノイ、マーク・ハファム

ホーンティング
The Haunting（DreamWorks/Roth-Arnold）
監督：ヤン・デ・ボン
脚本：デヴィッド・セルフ
製作：スーザン・アーノルド、ドナ・アーコフ・ロス、コリン・ウィルソン
製作補：マーティ・P・ユーイング
製作総指揮：ヤン・デ・ボン、サミュエル・Z・アーコフ（クレジットなし）、スティーブン・スピルバーグ（クレジットなし）
出演：リーアム・ニーソン、キャサリン・ゼタ＝ジョーンズ、オーウェン・ウィルソン
公開：1999年7月23日　日本公開：1999年10月2日

シュレック
Shrek（DreamWorks Animation/DreamWorks/PDI）
監督：アンドリュー・アダムソン、ヴィッキー・ジェンソン
脚本：テッド・エリオット、テリー・ロッシオ、ジョー・スティルマン、ロジャー・S・H・シュルマン
製作：ジェフリー・カッツェンバーグ、アーロン・ワーナー、ジョン・H・ウィリアムズ
共同製作：テッド・エリオット、テリー・ロッシオ
製作補：ジェーン・ハートウェル
製作総指揮：ペニー・フィンケルマン・コックス、サンドラ・ラビンス、スティーブン・スピルバーグ（クレジットなし）
声の出演：マイク・マイヤーズ、エディ・マーフィ、キャメロン・ディアス
公開：2001年5月18日　日本公開：2001年12月15日

エボリューション
Evolution（Columbia/DreamWorks/Montecito）
監督：アイヴァン・ライトマン
脚本：デヴィッド・ダイアモンド、デヴィッド・ウィスマン、ドン・ジャコビー
製作：ダニエル・ゴールドバーグ、ジョー・メジャック、アイヴァン・ライトマン
共同製作：ポール・ディーソン
製作補：シェルドン・カーン、ケネス・シュウェンカー、ロネル・ヴェンター
製作総指揮：ジェフ・アップル、トム・ポロック、デヴィッド・ロジャース、スティーブン・スピルバーグ（クレジットなし）
出演：デヴィッド・ドゥカヴニー、ジュリアン・ムーア、オーランド・ジョーンズ
公開：2001年6月8日　日本公開：2001年11月3日

A. I.
A. I.: Artificial Intelligence
製作：ボニー・カーティス、キャスリーン・ケネディ、スティーブン・スピルバーグ
製作総指揮：ヤン・ハーラン、ウォルター・F・パークス

ジュラシック・パークIII
Jurassic Park III（Universal/Amblin）
監督：ジョー・ジョンストン
脚本：ピーター・バックマン、アレクサンダー・ペイン、ジム・テイラー
製作：ラリー・J・フランコ、キャスリーン・ケネディ
製作補：シェリル・A・トカーチ、デヴィッド・ウォマーク
製作総指揮：スティーブン・スピルバーグ
出演：サム・ニール、ウィリアム・H・メイシー、ティア・レオーニ
公開：2001年7月18日　日本公開：2001年8月4日

メン・イン・ブラック2
Men in Black II（Columbia/Amblin/MacDonald-Parkes）
監督：バリー・ソネンフェルド
脚本：ロバート・ゴードン、バリー・ファナロ
製作：ローリー・マクドナルド、ウォルター・F・パークス
共同製作：グラハム・プレイス
製作補：マーク・ヘイムズ、ステファニー・ケンプ
製作総指揮：スティーブン・スピルバーグ
出演：トミー・リー・ジョーンズ、ウィル・スミス、リップ・トーン
公開：2002年7月3日　日本公開：2002年7月6日

キャッチ・ミー・イフ・ユー・キャン
Catch Me If You Can
製作：ウォルター・F・パークス、スティーブン・スピルバーグ
共同製作：デヴォラ・モース＝ハンキン
製作補：セルジオ・ミミカ＝ゲッザン
製作総指揮：バリー・ケンプ、ローリー・マクドナルド、トニー・ロマーノ、ミシェル・シェーン
共同製作指揮：ダニエル・ルピ

ターミナル
The Terminal
製作：ローリー・マクドナルド、ウォルター・F・パークス、スティーブン・スピルバーグ
共同製作：セルジオ・ミミカ＝ゲッザン
製作総指揮：ジェイソン・ホッフス、アンドリュー・ニコル、パトリシア・ウィッチャー

レジェンド・オブ・ゾロ
The Legend of Zorro（Columbia/Amblin/Tornado/Spyglass）
監督：マーティン・キャンベル
脚本：ロバート・オーチー、アレックス・カーツマン
製作：ローリー・マクドナルド、ウォルター・F・パークス、ロイド・フィリップス
共同製作：ジョン・ガーツ、マーク・ヘイムズ、エイミー・リード・レスコー
製作総指揮：ゲイリー・バーバー、ロジャー・バーンバウム、スティーブン・スピルバーグ
出演：アントニオ・バンデラス、キャサリン・ゼタ＝ジョーンズ、ルーファス・シーウェル
公開：2005年10月28日　日本公開：2006年1月21日

SAYURI
Memoirs of a Geisha（Columbia/DreamWorks/Spyglass/Amblin/Red Wagon）
監督：ロブ・マーシャル
脚本：ロビン・スウィコード
製作：ルーシー・フィッシャー、スティーブン・スピルバーグ、ダグラス・ウィック
共同製作：ジョン・デルーカ
製作総指揮：ゲイリー・バーバー、ロジャー・バーンバウム、ボビー・コーエン、パトリシア・ウィッチャー
出演：チャン・ツィイー、渡辺謙、ミシェル・ヨー
公開：2005年12月23日　日本公開：2005年12月10日

ミュンヘン
Munich
製作：キャスリーン・ケネディ、バリー・メンデル、スティーブン・スピルバーグ、コリン・ウィルソン
製作補：ヴィンセント・サーヴァント

モンスター・ハウス
Monster House（Columbia/Relativity/ImageMovers/Amblin/Sony Animation）
監督：ギル・キーナン
脚本：ダン・ハーモン、ロブ・シュラブ、パメラ・ペトラー

製作：ジャック・ラプケ、スティーヴ・スターキー
製作補：ヘザー・スミス・ケルトン、ベネット・シュナイアー
製作総指揮：ジェイソン・クラーク、スティーブン・スピルバーグ、ロバート・ゼメキス
ラインプロデューサー：ピーター・M・トビヤンセン
声の出演：ミッチェル・ムッソ、サム・ラーナー、スペンサー・ロック
公開：2006年7月21日　日本公開：2007年1月13日

父親たちの星条旗
Flags of Our Fathers
（DreamWorks/Warner Bros./Amblin/Malpaso）
監督：クリント・イーストウッド
脚本：ウィリアム・ブロイルズ・Jr、ポール・ハギス
製作：クリント・イーストウッド、ロバート・ロレンツ、スティーブン・スピルバーグ
共同製作：ティム・ムーア
出演：ライアン・フィリップ、ジェシー・ブラッドフォード、アダム・ビーチ
公開：2006年10月20日　日本公開：2006年10月28日

硫黄島からの手紙
Letters from Iwo Jima
（DreamWorks/Warner Bros./Amblin/Malpaso）
監督：クリント・イーストウッド
脚本：アイリス・ヤマシタ
製作：クリント・イーストウッド、ロバート・ロレンツ、スティーブン・スピルバーグ
共同製作：ティム・ムーア
製作総指揮：ポール・ハギス
出演：渡辺謙、二宮和也、伊原剛志
公開：2007年2月2日　日本公開：2006年12月9日

トランスフォーマー
Transformers（DreamWorks/Paramount/Hasbro/Di Bonaventura/SprocketHeads/thinkfilm）
監督：マイケル・ベイ
脚本：アレックス・カーツマン、ロベルト・オーチー
製作：イアン・ブライス、トム・デサント、ロレンツォ・ディ・ボナヴェンチュラ、ドン・マーフィ
共同製作：ケン・ベイツ、アレグラ・クレッグ
製作補：マシュー・コーハン、ミシェル・マクゴナグル
製作総指揮：マイケル・ベイ、ブライアン・ゴールドナー、スティーブン・スピルバーグ、マーク・ヴァーラディアン
出演：シャイア・ラブーフ、ミーガン・フォックス、ジョシュ・デュアメル
公開：2007年7月3日　日本公開：2007年8月4日

イーグル・アイ
Eagle Eye（DreamWorks/Goldcrest/KMP）
監督：D・J・カルーソー
脚本：ジョン・グレン、トラヴィス・アダム・ライト、ヒラリー・サイツ、ダン・マクダーモット
製作：パトリック・クローリー、アレックス・カーツマン、ロベルト・オーチー
共同製作：ピート・チアレッリ
製作補：ジェームズ・M・フライターク、リジール・メンドーサ
製作総指揮：エドワード・L・マクドネル、スティーブン・スピルバーグ
出演：シャイア・ラブーフ、ミシェル・モナハン、ロザリオ・ドーソン、マイケル・チクリス
公開：2008年9月26日　日本公開：2008年10月18日

トランスフォーマー／リベンジ
Transformers: Revenge of the Fallen
（DreamWorks/Paramount/Hasbro/Di Bonaventura）
監督：マイケル・ベイ
脚本：アーレン・クルーガー、アレックス・カーツマン、ロベルト・オーチー
製作：イアン・ブライス、トム・デサント、ロレンツォ・ディ・ボナヴェンチュラ、ドン・マーフィ
共同製作：ケン・ベイツ、アレグラ・クレッグ
製作補：マシュー・コーハン、K・C・ホーデンフィールド、ミシェル・マクゴナグル
製作総指揮：マイケル・ベイ、ブライアン・ゴールドナー、スティーブン・スピルバーグ、マーク・ヴァーラディアン
出演：シャイア・ラブーフ、ミーガン・フォックス、ジョシュ・デュアメル
公開：2009年6月24日　日本公開：2009年6月20日

ラブリーボーン
The Lovely Bones
（DreamWorks/Film4/WingNut/New Zealand Large Budget Screen Production Grant/Goldcrest〈クレジットなし〉/Key Creatives〈クレジットなし〉）
監督：ピーター・ジャクソン
脚本：フラン・ウォルシュ、フィリッパ・ボウエン、ピーター・ジャクソン
製作：キャロリン・カニンガム、ピーター・ジャクソン、エイメ・ペロンネ、フラン・ウォルシュ
共同製作：マーク・アシュトン、フィリッパ・ボウエン、アン・ブリューニング
製作総指揮：ケン・カミンズ、テッサ・ロス、スティーブン・スピルバーグ、ジェームズ・ウィルソン
出演：レイチェル・ワイズ、マーク・ウォールバーグ、シアーシャ・ローナン
公開：2010年1月15日　日本公開：2010年1月29日

ヒア アフター
Hereafter
（Warner Bros./Kennedy-Marshall/Malpaso/Amblin）
監督：クリント・イーストウッド
脚本：ピーター・モーガン
製作：クリント・イーストウッド、キャスリーン・ケネディ、ロバート・ロレンツ
製作総指揮：フランク・マーシャル、ティム・ムーア、ピーター・モーガン、スティーブン・スピルバーグ
ラインプロデューサー（フランス）：ジョン・バーナード
出演：マット・デイモン、セシル・ドゥ・フランス、ブライス・ダラス・ハワード
公開：2010年10月22日　日本公開：2011年2月19日

トゥルー・グリット
True Grit（Paramount/Skydance/Scott Rudin/Mike Zoss）
監督：イーサン・コーエン、ジョエル・コーエン
脚本：イーサン・コーエン、ジョエル・コーエン
製作：イーサン・コーエン、ジョエル・コーエン、スコット・ルーディン
製作総指揮：デヴィッド・エリソン、ミーガン・エリソン、ロバート・グラフ、ポール・シュウェイク、スティーブン・スピルバーグ
出演：ジェフ・ブリッジス、ヘイリー・スタインフェルド、マット・デイモン、ジョシュ・ブローリン
公開：2010年12月22日　日本公開：2011年3月18日

SUPER 8／スーパーエイト
Super 8（Paramount/Amblin/Bad Robot）
監督：J・J・エイブラムス
脚本：J・J・エイブラムス
製作：J・J・エイブラムス、ブライアン・バーク、スティーブン・スピルバーグ
製作補：ウディ・ネデヴィ、ミシェル・レイワン、ベン・ローゼンブラット
製作総指揮：ガイ・リーデル
出演：エル・ファニング、アマンダ・ミシャルカ、カイル・チャンドラー
公開：2011年6月10日　日本公開：2011年6月24日

トランスフォーマー／ダークサイド・ムーン
Transformers: Dark of the Moon
（Paramount/Hasbro/Di Bonaventura）
監督：マイケル・ベイ
脚本：アーレン・クルーガー
製作：イアン・ブライス、トム・デサント、ロレンツォ・ディ・ボナヴェンチュラ、ドン・マーフィ
共同製作：ケン・ベイツ、アレグラ・クレッグ
製作補：マシュー・コーハン、ミシェル・ケイス、リンダ・ピアニジアニー
製作：マイケル・ベイ、ブライアン・ゴールドナー、スティーブン・スピルバーグ、マーク・ヴァーラディアン
3D製作：ミシェル・マクゴナグル
出演：シャイア・ラブーフ、ロージー・ハンティントン＝ホワイトリー、タイリース・ギブソン
公開：2011年6月28日　日本公開：2011年7月29日

カウボーイ＆エイリアン
Cowboys & Aliens（Universal/DreamWorks/Reliance/Relativity/Imagine/K/O/Fairview/Platinum）
監督：ジョン・ファヴロー
脚本：ロベルト・オーチー、アレックス・カーツマン、デイモン・リンデロフ、マーク・ファーガス、ホーク・オストビー
製作：ジョニー・ドッジ、ブライアン・グレイザー、ロン・ハワード、アレックス・カーツマン、デイモン・リンデロフ、ロベルト・オーチー、スコット・ミッチェル・ローゼンバーグ
共同製作：ダニエル・フォーシー、カレン・ギルクリスト、K・C・ホーデンフィールド、クリス・ウェイド
製作総指揮：ボビー・コーエン、ジョン・ファヴロー、ランディ・グリーンバーグ、ライアン・カヴァナー、スティーブン・スピルバーグ、デニス・L・スチュワート
出演：ダニエル・クレイグ、ハリソン・フォード、オリヴィア・ワイルド
公開：2011年7月29日　日本公開：2011年10月22日

リアル・スティール
Real Steel（Touchstone/DreamWorks/21Laps/Angry/ImageMovers/Reliance）
監督：ショーン・レヴィ
脚本：ジョン・ゲイティンズ
製作：ショーン・レヴィ、スーザン・モントフォード、ドン・マーフィ、ロバート・ゼメキス
共同製作：リック・ベナッター、エリック・ヘダーヤト
製作総指揮：ジョシュ・マクラグレン、メアリー・マクラグレン、ジャック・ラプケ、スティーブン・スピルバーグ、スティーヴ・スターキー
出演：ヒュー・ジャックマン、エヴァンジェリン・リリー、ダコタ・ゴヨ
公開：2011年10月7日　日本公開：2011年12月9日

タンタンの冒険／ユニコーン号の秘密
The Adventures of Tintin: The Secret of the Unicorn
製作：ピーター・ジャクソン、キャスリーン・ケネディ、スティーブン・スピルバーグ
共同製作：ジェイソン・D・マクガトリン
製作補：アダム・ソムナー
製作総指揮：ケン・カミンズ、ニック・ロドウェル、ステファーヌ・スペリ

戦火の馬
War Horse
製作：キャスリーン・ケネディ、スティーブン・スピルバーグ
共同製作：トレイシー・シーウォード、アダム・ソムナー
製作総指揮：レヴェル・ゲスト、フランク・マーシャル

メン・イン・ブラック3
Men in Black III
（Amblin/Media Magik/Parkes-MacDonald）
監督：バリー・ソネンフェルド
脚本：イータン・コーエン、デヴィッド・コープ、ジェフ・ネイサンソン、マイケル・ソッチョ
製作：ローリー・マクドナルド、ウォルター・F・パークス
製作総指揮：G・マック・ブラウン、スティーブン・スピルバーグ
出演：ウィル・スミス、トミー・リー・ジョーンズ、ジョシュ・ブローリン
公開：2012年5月25日　日本公開：2012年5月25日

リンカーン
Lincoln
製作：キャスリーン・ケネディ、スティーブン・スピルバーグ
共同製作：アダム・ソムナー
製作総指揮：ダニエル・ルピ

トランスフォーマー／ロストエイジ
Transformers: Age of Extinction
（Paramount/Hasbro/Di Bonaventura/Tom DeSanto/Don Murphy/Ian Bryce/Amblin/Platinum）
監督：マイケル・ベイ
脚本：アーレン・クルーガー
製作：ドン・マーフィ、トム・デサント、ロレンツォ・ディ・ボナヴェンチュラ、イアン・ブライス
共同製作：アレグラ・クレッグ、マシュー・コーハン、K・C・ホーデンフィールド、マイケル・ケイス
製作補：リーガン・リスカス
製作総指揮：マイケル・ベイ、ブライアン・ゴールドナー、スティーブン・スピルバーグ、マーク・ヴァーラディアン
出演：マーク・ウォールバーグ、ニコラ・ペルツ、スタンリー・トゥッチ
公開：2014年6月27日　日本公開：2014年8月8日

マダム・マロリーと魔法のスパイス
The Hundred-Foot Journey
(Amblin/DreamWorks/Harpo/Imagination/Participant/Reliance/Touchstone)
監督:ラッセ・ハルストレム
脚本:スティーブン・ナイト
製作:ジュリエット・ブレイク、オプラ・ウィンフリー、スティーブン・スピルバーグ
共同製作:ラファエル・ベノリエル
製作総指揮:カーラ・ガーディニ、キャロライン・ヒューイット、ジョナサン・キング、ジェフ・スコール
出演:ヘレン・ミレン、オム・プリ、マニッシュ・ダヤル
公開:2014年8月8日　日本公開:2014年11月1日

ジュラシック・ワールド
Jurassic World
(Universal/Amblin/Legendary/China Film Co.)
監督:コリン・トレヴォロウ
脚本:リック・ジャッファ、アマンダ・シルヴァー、デレク・コノリー、コリン・トレヴォロウ
製作:パトリック・クローリー、フランク・マーシャル
製作補:クリストファー・レイモ
製作総指揮:スティーブン・スピルバーグ、トーマス・タル、ジョン・ジャシュニ
出演:クリス・プラット、ブライス・ダラス・ハワード、オマール・シー
公開:2015年6月12日　日本公開:2015年8月5日

ブリッジ・オブ・スパイ
Bridge of Spies
製作:スティーブン・スピルバーグ、マーク・プラット、クリスティ・マコスコ・クリーガー
共同製作:クリストフ・フィッサー、ヘニング・モルフェンター、チャーリー・ウォーケン
製作総指揮:アダム・ソムナー、ダニエル・ルピ、ジェフ・スコール、ジョナサン・キング

その他の作品

世にも不思議なアメージング・ストーリー
Amazing Stories (Amblin/Universal Television)
製作総指揮(45話)　TVシリーズ　1985〜1987年

ロジャー・ラビット イン トゥーンタウン おなかが大変!
Tummy Trouble (Amblin/Walt Disney)
製作総指揮　短編　1989年

Warner Bros. Celebration of Tradition, June 2, 1990 (Warner Bros.)
製作総指揮　TVドキュメンタリー　1990年

ロジャー・ラビット イン トゥーンタウン ローラー・コースター・ラビット
Roller Coaster Rabbit (Amblin/Touchstone)
製作総指揮　短編　1990年

バック・トゥ・ザ・フューチャー
Back to the Future (Amblin/Universal Cartoon Studios)
製作総指揮(1話)　TVシリーズ　1991年

A Brief History of Time (Amblin/Anglia/Channel Four)
製作総指揮(クレジットなし)　ドキュメンタリー　1991年

A Wish for Wings That Work
(Amblin/Universal Cartoon Studios/Universal Television)
製作総指揮(クレジットなし)　TV短編　1991年

スピルバーグのアニメ タイニー・トゥーン How I Spent My Vacation
Tiny Toon Adventures: How I Spent My Vacation
(Amblin/Warner Bros. Animation)
製作総指揮　ビデオ　1992年

The Plucky Duck Show (Amblin/Warner Bros. Animation)
製作総指揮　TVシリーズ　1992年

アメリカ物語 ファイベルの冒険
Fievel's American Tails
(Amblin/Universal Cartoon Studios/Nelvana)
製作総指揮(13話)　TVシリーズ　1992年

スピルバーグのアニメ タイニー・トゥーン
Tiny Toon Adventures (Amblin/Warner Bros. Animation)
製作総指揮(98話)　TVシリーズ　1990〜1992年

ロジャー・ラビット イン トゥーンタウン キャンプは楽しい
Trail Mix-Up (Amblin/Walt Disney)
製作総指揮　短編　1993年

南北戦争前夜
Class of '61 (Amblin/Universal Television)
製作総指揮　TV映画　1993年

いじわる家族といたずらドッグ
Family Dog (Amblin/Universal Television)
製作総指揮(1話)　TVシリーズ　1993年

シークエスト
SeaQuest DSV (Amblin/Universal Television)
製作総指揮(44話)　TVシリーズ　1993〜1995年

アニマニアックス
Animaniacs (Amblin/Warner Bros. Animation)
製作総指揮(93話)　TVシリーズ　1993〜1998年

Yakko's World: An Animaniacs Singalong
(Amblin/Warner Bros. Animation)
製作総指揮　ビデオ　1994年

Tiny Toons Spring Break
(Amblin/Warner Bros. Animation)
製作総指揮　TV映画　1994年

I'm Mad (Amblin/Warner Bros.)
製作総指揮　短編　1994年

ピンキー＆ブレイン
Pinky & the Brain (Amblin/Warner Bros. Animation)
製作総指揮(70話)　TVシリーズ　1995〜1998年

A Pinky & the Brain Christmas Special
(Amblin/Warner Bros. Animation)
製作総指揮　TV映画　1995年

Tiny Toons' Night Ghoulery
(Amblin/Warner Bros. Animation)
製作総指揮　TV映画　1995年

Survivors of the Holocaust
(Survivors of the Shoah Visual History Foundation/Turner)
製作総指揮　TVドキュメンタリー　1996年

ハイ・インシデント／警察ファイルJ
High Incident (ABC/Donwell/DreamWorks)
製作総指揮(2話)　TVシリーズ　1996〜1997年

The Best of Roger Rabbit (Amblin/Walt Disney)
製作総指揮　ビデオ　1996年

The Lost Children of Berlin (Survivors of the Shoah Visual History Foundation/Fogwood)
製作総指揮　ドキュメンタリー　1997年

Freakazoid! (Amblin/Warner Bros. Animation)
製作総指揮(1話)　TVシリーズ　1997年

スティーブン・スピルバーグのトゥーンシルバニア
Toonsylvania (DreamWorks)
製作総指揮(1話)　TVシリーズ　1998年

The Last Days (Survivors of the Shoah Visual History Foundation/Ken Lipper-June Beallor)
製作総指揮　ドキュメンタリー　1998年

Pinky, Elmyra & the Brain
(Amblin/Warner Bros. Animation)
製作総指揮(9話)　ドキュメンタリー　1998〜1999年

Wakko's Wish (Amblin/TMS/Warner Bros. Animation)
製作総指揮(クレジットなし)　ビデオ　1999年

Eyes of the Holocaust (Survivors of the Shoah Visual History Foundation/InterCom)
製作総指揮　ドキュメンタリー　2000年

Shooting War (DreamWorks/Lorac)
製作総指揮　TVドキュメンタリー　2000年

Semper Fi (DreamWorks/NBC/Peculiar)
製作総指揮　TV映画　2001年

バンド・オブ・ブラザーズ
Band of Brothers (DreamWorks/HBO/Playtone/BBC)
製作総指揮　TVミニシリーズ　2001年

We Stand Alone Together
(Cowen-Richter/DreamWorks/HBO/Playtone)
製作総指揮　TVドキュメンタリー　2001年

Broken Silence
(Survivors of the Shoah Visual History Foundation/Cinemax Reel Life/Historias Cinematográficas Cinemania)
製作総指揮　TVミニシリーズ ドキュメンタリー　2002年

Price for Peace (National D-Day Museum)
製作総指揮　ドキュメンタリー　2002年

TAKEN テイクン
Taken (DreamWorks)
製作総指揮(1話)　TVミニシリーズ　2002年

Burma Bridge Busters (National D-Day Museum)
製作総指揮　TVドキュメンタリー　2003年

Voices from the List (Survivors of the Shoah Visual History Foundation/Allentown)
製作総指揮　ビデオ ドキュメンタリー　2004年

Dan Finnerty & the Dan Band: I Am Woman
(Coming Home/DreamWorks)
製作総指揮　TV映画　2005年

INTO THE WEST イントゥー・ザ・ウエスト
Into the West (DreamWorks/Voice)
製作総指揮　TVミニシリーズ　2005年

Spell Your Name
(USC Shoah Foundation Institute/Film Plus)
製作総指揮　ドキュメンタリー　2006年

The Big Bad Heist
(DreamWorks/IMAGEN/Mark Burnett)
製作総指揮　短編　2007年

Dance with the Devil
(DreamWorks/IMAGEN/Mark Burnett)
製作総指揮　短編　2007年

On the Lot (Amblin/DreamWorks/Mark Burnett)
製作総指揮(4話)　TVシリーズ　2007年

United States of Tara (DreamWorks)
製作総指揮(36話)　TVシリーズ　2009〜2011年

ザ・パシフィック
The Pacific (DreamWorks/HBO/Playtone)
製作総指揮(10話)　TVミニシリーズ　2010年

Rising: Rebuilding Ground Zero (DreamWorks/KPI)
製作総指揮　TVシリーズ ドキュメンタリー　2011年

フォーリング スカイズ
Falling Skies (DreamWorks/Invasion)
製作総指揮(10話)　TVシリーズ　2011年

Terra Nova〜未来創世記
Terra Nova
(Amblin/Chernin/Kapital/Siesta/Twentieth Century Fox)

フィルモグラフィ　255

製作総指揮(10話)　TVシリーズ　2011年

Locke & Key（Amblin/Davis/DreamWorks）
製作総指揮　TV映画　2011年

THE RIVER 呪いの川
The River（ABC/DreamWorks）
製作総指揮(1話)　TVシリーズ　2011年

Transformers: The Ride（3D）（Universal Creative）
製作総指揮　テーマパーク用のアトラクション　2011年

SMASH／スマッシュ
Smash（DreamWorks/Storyline/UMS）
製作総指揮(14話)　TVシリーズ　2012年

The Talisman
（Amblin/DreamWorks/Kennedy-Marshall）
製作総指揮　TVミニシリーズ　2012年
*訳注：ただし放映は現在延期になっている

Lucky 7（ABC/Amblin/Rollem）
製作総指揮　TVシリーズ　2013年

Don't Say No Until I Finish Talking: The Story of Richard D. Zanuck（Amblin）
製作総指揮　ドキュメンタリー　2013年

アンダー・ザ・ドーム
Under the Dome（Amblin/Bear Boss/CBS）
製作総指揮(26話)　TVシリーズ　2013年

Red Band Society（Filmax/Amblin/ABC）
製作総指揮(2話)　TVシリーズ　2014年

エクスタント
Extant（22 Plates/Amblin/CBS）
製作総指揮(26話)　TVシリーズ　2014年

Public Morals（Amblin）
製作総指揮　TVシリーズ　2015年

Auschwitz（Allentown）
製作　ドキュメンタリー　2015年

マイノリティ・リポート
Minority Report（Amblin/Paramount/20th Century FOX）
製作総指揮　TVシリーズ　2015〜

訳注

- 以上のリストは原書に従いました。スタッフ・キャストのビリングも原書ママ。上映時間については資料により誤差がありますが、原書のデータを採用しています。人名カナ表記は、allcinema.com をベースとし、場合により「キネマ旬報映画データベース」を参照。記載なしの場合、同名の人物からの類推を行っています。
- 公開日については、原書のデータを採用。日本公開日は allcinema.com、「キネマ旬報映画データベース」、劇場用チラシを参考にしました。
- 日本での公式公開やテレビ放映、またビデオ化・DVD化のない作品は、原題のみを表記しています。
- 原書刊行(2013年)以後の作品については、上記データを元に訳者が追補を行っています。

図版クレジット

本書における写真の大半はスティーブン・スピルバーグ・アーカイブを出典とし、権利保有者を明らかにするため、あらゆる手段が尽くされた。万一の不備があれば、あらかじめお詫びを申し上げる。またご教示いただければ心よりの感謝とともに、本書重版時には慎んで修正を反映させていただく。（著者）

T：上、B：下、R：右、L：左、C：中央、BG：背景

The Steven Spielberg Archive: 1, 6 (Sony), 10–19, 20–21 (Universal), 24 (Paramount), 26 (Universal), 27 (Universal), 30 (Universal), 33–39 (Universal), 41–42 (Universal), 43 TL, TR (Universal), 45 TR, BR (Universal), 47 TR (Universal), 48 L (Universal), 52 B (Sony), 53 L (Sony), 54 BR (Sony), 55 BL (Sony), 57 (Sony), 59 B (Sony), 60 TL, TR, B ROW (Sony), 63, 66 (Universal), 64 L, TR (Sony), 68 (Universal), 70 B (Paramount), 71 (Paramount), 80 T (Universal), 82 T, B (Paramount), 82–83 BG (Universal), 83 T (Universal), 84 L (Universal), 98 L (Warner Bros.), 100 (Warner Bros.), 101 TL, B (Warner Bros.), 102 TL, TR (Warner Bros.), 105 T (Warner Bros.), 112 (Paramount), 114 B (Paramount), 125 B (Sony), 128 TL, CL, BL (Sony), 132–133 (Universal), 137 TL, TR, C, BL (Universal), 138 (Sony), 140 (Universal), 142 TL (Universal), 145 T (Universal), 148 L (Universal), 150 R (Universal), 152–153, 155 R (Universal), 157, 162 (Paramount), 164–165 (Paramount), 166 T3 (Paramount), 168 B (Paramount), 171 L (Paramount), 172 (Paramount), 177 TR (Warner Bros.), 179 L (Paramount), 180 R (Warner Bros.), 182 T (Fox), 184 R (Fox), 189 B ROW (Paramount), 190 (Paramount), 193 (Paramount), 194 T (Paramount), 195 (Paramount), 196 T, B (Paramount), 198 (Paramount), 200 B (Paramount), 203, 206 (Paramount), 204 TL (Paramount), 208 (Paramount), 210 TL, TR, BR (Universal), 212 L (Universal), 213 L, R (Universal), 225 B (Paramount), 226 (Paramount), 248 (National Museum of American Jewish History); **David James**: 2, 237, 238, 239, 241, 244–245; **Corbis**: 5 (Mitchell Gerber), 9 (Eric Ogden), 67 R (Sunset Boulevard), 78 (Sunset Boulevard), 142 TR (Peter Turnley), 224 L (Stéphane Cardinale/People Avenue), 248 (Steve Starr), 247 (Sunset Boulevard); **Universal**: 23, 32 L, 43 BR, 44, 47 BR, 50 T, B, 62, 67 L, 79 B, 80 T, 119, 123, 131, 136, 142 B, 144, 145 B, 148 R, 149, 151, 154, 209, 212 R, 214; **Alamy**: 28 T, B (Universal), 48 TR (Universal), 61 (Sony), 64 BR, 82 C (Universal), 86 (Universal), 120 B (Universal), 126 R (Sony), 127 R (Sony), 134 (Universal), 137 BC, BR (Universal), 141 (Universal), 146 (Universal), 150 L (Universal), 166 ABOVE B, 168 T (Universal), 175 T (Warner Bros.), 177 TL (Warner Bros.), 182 B (Fox), 183, 189, 192 T (Paramount), 194 B (Paramount), 225 TR (Paramount); **Kobal**: 28 C (Universal), 31 (Universal), 40 (Universal), 43 BL (Universal), 45 L (Universal), 46 (Universal), 48 BR (Universal), 49 (Universal), 54 (Columbia/Sony), 56 T (Sony), 58 T (Sony), 60 C (Sony), 64 BL (Universal), 73 BC (Lucasfilm/Paramount), 74–75 (Paramount), 76 TL, BR (Paramount), 79 T (Universal), 81 T (Universal), 85 (Paramount), 88 C (Paramount), 90 T (Paramount), 93 (Paramount), 97 TR (Warner Bros.), 103 (Warner Bros.), 116 L (Lucasfilm/Paramount), 120 T (Universal), 121 L, R (Universal), 122 L (Universal), 124 (Sony), 127 L (Sony), 135 TR, BR (Universal), 163 (Paramount), 167 (Paramount), 169 T (Paramount), 170 T (Paramount), 181 (Fox), 184 T (Fox), 185 TR, B (Fox), 186–187 (Fox), 188 (DreamWorks/Paramount), 199 B (DreamWorks/Paramount), 200 T (DreamWorks/Paramount), 201 (DreamWorks/Paramount), 211 R (Universal), 223 (Paramount); www.cinemaposter.com: 32 T (Universal); **Archivesdu7eArt/DR**: 29 (Universal), 32 BR (Universal), 221 BG (Paramount); **Sony**: 51, 52 T, 53 R, 54 BL, 55 BR, 56 B, 58 B, 59 T, 125 T, 129; **Everett Collection**: 64 T (Universal), 73 B (Paramount); **Lucasfilm Image Archive**: 69 (Paramount), 70 T (Paramount), 72 (Paramount), 73 T, TC (Paramount), 76 TR, BL (Paramount), 77 L, R (Paramount), 87 (Paramount), 88 TL, TR (Paramount), 89 (Paramount), 90 B (Paramount), 91 (Paramount), 92 T, B (Paramount), 94–95 (Paramount), 113 L, R (Paramount), 114 TL, TR (Paramount), 115–118 (Paramount), 117 (Paramount), 180 R (Warner Bros.), 184 T, CL (Fox), 207 (Paramount), 216 (Paramount), 217–220 (Paramount), 221 B (Paramount), 222 (Paramount); **Warner Bros.**: 96, 97 TL, B, 99, 101 TR, 104, 106 TL, TR, BL, BR, 107 TR, TL, BR, 108–109, 110, 111 T, B, 174, 175 B, 176 B; **Album**: 130 R (Sony); **Paramount**: 156, 158–161, 166 BL, 171 R, 197, 202, 203 B, 204 T, 225 TL; **WETA Digital**: 227 TL, TC, TR, BL, BR (Paramount), 227 C (Paramount/Everett Collection), 228 T, B (Paramount), 229 T (Paramount/Everett Collection), 246 (Chris Guise); **Dream Works**: 230 (Andrew Cooper), 231, 234 T (Andrew Cooper), 232 TL, 234 B (David Abbleby), 232 B (Andrew Cooper), 232 B, 233 TL (Andrew Cooper), 233 BR (David Abbleby), 236; **WireImage**: 235 L (Eric Charbonneau).

All DreamWorks stills, all rights reserved, including: *Lincoln* © 2012 DreamWorks II Distribution Co., LLC and Twentieth Century Fox Film Corporation. All Sony stills, all rights reserved, including: *Close Encounters of the Third Kind* © 1977 renewed 2005 Columbia Pictures Industries, Inc. Courtesy of Columbia Pictures; *Hook* © 1991 Tristar Pictures, Inc. Courtesy of Tristar Pictures. All Paramount **film stills** © **Paramount Pictures Corporation, all rights** reserved, including: *Amistad* © DW Studios LLC; *Catch Me If You Can* © DW Studios LLC; *Raiders of the Lost Ark* © **Lucasfilm Ltd. (LFL) 1981**; *Indiana Jones and the Last Crusade* © **Lucasfilm Ltd. (LFL) 1989**; *Indiana Jones and the Temple of Doom* © **Lucasfilm Ltd. (LFL) 1984**; *Indiana Jones and the Kingdom of the Crystal Skull* © **Lucasfilm Ltd. (LFL) 2008**; *Saving Private Ryan* © DW Studios LLC and Paramount Pictures and Amblin Entertainment; *The Terminal* © DW Studios LLC; *The Adventures of Tintin* © DW Studios LLC and Columbia Pictures Industries, Inc; *War of the Worlds* © 2005 by DW Studios LLC and **Paramount Pictures**. All Universal **film stills**: Courtesy of Universal Studios Licensing LLLP, all rights reserved (*E.T.* photography by Bruce McBroom). All Warner Bros. **film stills: Licensed by Warner Bros. Entertainment Inc**, all rights reserved.

出典

以下に示す以外のすべての引用は、著者によるスティーブン・スピルバーグとのインタビューに基づく。

Page 1 In *Masters of Cinema: Steven Spielberg* by Clelia Cohen, *Cahiers du Cinéma*, 2010, p.7; 12, 22, 248 Interview with Ruben V. Nepales, *What Excites Steven Spielberg?*, http://entertainment.inquirer.net; 14, 28, 48, 83, 182, 184, 280 Interview with James Lipton on *Inside the Actor's Studio*, 1999; 18, 66, 99, 114, 163, 254 Interview with Anthony Breznican, *Entertainment Weekly*, 2011; 25, 74, 79, 157, 178, 196, 239, 246 Interview with Jim Windolf, *Vanity Fair*, 2008; 15, 26, 40, 122, 130, 153, 188 In *The Complete Spielberg* by Ian Freer, Virgin, 2001, p.26, ibid, p.44, p.171, p.191, p.220, p.273; 35 Interview with Mitch Tuchman in *Film Comment* (1978), in *Steven Spielberg Interviews* by Lester D. Friedman and Brent Notbohm (eds.), University Press Mississippi, 2000, p.47; 38 Interview with David Helpern in *Take One* (1974), in *Steven Spielberg Interviews* by Friedman and Notbohm (eds.), p.6; 41, 47, 53, 61, 95, 126 In *Spielberg: Father of the Man* by Andrew Yule, Little, Brown, 1996, p.47, p.68, p.76, p.106, p.238, p.300; 42, 44 In *Nigel Andrews on Jaws* by Nigel Andrews, Bloomsbury, 1999, p.32, p.32; 54 Interview with Richard Combs in *Sight & Sound* (1977), in *Steven Spielberg Interviews* by Friedman and Notbohm (eds.), p.31; 63 From the Directors Guild of America, *A Tribute to Steven Spielberg*, 2011; 85 Interview with Michael Sragow in *Rolling Stone* (1982), in *Steven Spielberg Interviews* by Friedman and Notbohm (eds.), p.117; 89, 224 Interview with Mark Lawson for BBC Radio 4's *Front Row*, 2012; 91 In *Blockbuster—How Hollywood Learned to Stop Worrying and Love the Summer* by Tom Shone, Simon & Schuster, 2004, p.136; 104 Interview with Glenn Collins in *New York Times* (1985), in *Steven Spielberg Interviews* by Friedman and Notbohm (eds.), p.122; 112, 136 In *The Films of Steven Spielberg* by Douglas Brode, Citadel Press, 1995, p.143, p.204, p.11; 116, 119 Interview with Myra Forsberg in *New York Times* (1988), in *Steven Spielberg Interviews* by Friedman and Notbohm (eds.), p.129, ibid; 140 Interview with Ana Maria Bahiana in *Cinema Papers* (1992), in *Steven Spielberg Interviews* by Friedman and Notbohm (eds.), p.154; 144 Interview with Stephen Schiff in *New Yorker* (1994), in *Steven Spielberg Interviews* by Friedman and Notbohm (eds.), p.176; 149 From "The Spielberg Formula," *Harper's Magazine*, 1998, p.32; 155, 160 From "The Real Thing" by Zoe Heller, *Independent on Sunday*, 1993, p.27, p.24; 164, 169 Interview with Peter Biskind in *Premiere* (1997), in *Steven Spielberg Interviews* by Friedman and Notbohm (eds.), p.198, pp.200–201; 167 From "The Man With a Monster Talent" by Ian Johnstone, *Sunday Times*, 1997, p.12; 172, 200 From "Inside the Dream Factory" by Stephen J. Dubner, *Observer Magazine*, 1999, p.15, p.18; 191 Interview with Stephen Pizzello in *American Cinematographer* (1998), in *Steven Spielberg Interviews* by Friedman and Notbohm (eds.), p.208; 204 Interview with Alec Cawthorne, www.bbc.co.uk/films; 209, 212 Interview with Steve Head, http://uk.movies.ign.com; 217, 220 Interview with Jenny Cooney, *Total Film*, 2004; 228 Interview with Dan Portnoy, www.thecinemasource.com; 240 Interview on www.examiner.com; 247 Interview with Terrence Rafferty, *Creator of the Lost Art*, www.scotsman.com; 257 Interview *War Horse Brought Spielberg to Tears* on www.canada.com/entertainment; 258 Interview on www.moviesonline.ca; 264 Interview with Jon Snow, Channel 4 News, 2013; 268 From "The Patriot Brings a Smile to the President" by Will Lawrence, *Telegraph*, 2013; 270 Interview *What I've Learnt: Steven Spielberg* on www.timeslive.co.za/lifestyle.

謝辞

パラッツォ・エディションより、下記の皆さんからいただいた本書への多大なご支援につき、心からの感謝を申し上げる。ドリームワークスのキャスリーン・ケネディ、マーヴィン・レヴィ、クリスティ・マコスコ、クリスティン・スターク、メアリー・ユレット、サム・ベッカー。スティーブン・スピルバーグ・アーカイブのミシェル・ファンデッティ、メーガン・フォアマン、リサ・マッツ。パラッツォ・エディトリアルのステファニー・ブラムウェル＝ロウズ、マシュー・コニアム、ジェームズ・ホッジソン、マシュー・ペリー、クロエ・ピュー・ラター。パラッツォ・デザインのペン・ハミルトン、ロブ・ペイン（マーク・トムソン・スタジオ）。XYデジタルのエリック・ペイリー・ラッド、テリー・ジェヴォンズ、デイヴ・キング。イマーゴ・パブリッシングのアンディ・ハナン。図版協力として、コバル・コレクションのデイヴ・ケントとフィル・モード、アラミーのアデル・ヘイズ、ゲッティのナイ・ジョーンズとトビー・ホプキンス、ゲッティのフィリップ・グリムウッド・ジョーンズ。そしてユニバーサルのロニ・ラブリナー、デイドラ・シーマン、ジェイミー・A・ブラウクト。ソニー（SPEアーカイブス＆コレクションズ）のコリン・グリーン、ギルバート・エメラリーノ。パラマウント・ピクチャーズのフローラ・ロペス、ラリー・マカリスター、アンドレア・カラス。ルーカスフィルム・イメージ・アーカイブスのティナ・ミルズ。ワーナー・ブラザース・エンタテイメントのジュリー・C・ヘス。ウォルト・ディズニー・スタジオのスティーヴ・ニューマン。

訳者あとがき

　本書は、Richard Schickel, *Steven Spielberg : A Retrospective* の全訳である。原書には未掲載の『リンカーン』の章が著者により新たに書き下ろされ、日本語版のための増補が叶った。2015年の時点で一般公開済みのスピルバーグ監督作品すべてが網羅できたことを、シッケル氏への感謝とともに喜びたい。

　著者のリチャード・シッケルは、1933年ウィスコンシン州ミルウォーキーの生まれ。1946年生まれのスピルバーグよりほぼ一回り年長で、すでに80歳を超える高齢ながら本書を刊行するなど、今も精力的に活躍している。

　シッケルは、ポーリン・ケイル（1919〜2001）やロジャー・エバート（1942〜2013）らとともに、アメリカの著名にして大御所と目される映画評論家の1人だ。ケイルの歯切れのいい、だが独断的ともいえる快刀乱麻な批評スタイル、相棒のジーン・シスケルとともにテレビにも出演し、親指の向きの上下で公開作を評価する（サムズ・アップ）エバートの華やかで、人なつこいポピュラリティとも異なり、シッケルはよりジャーナリスティックな活動を身上とする。映画人への丹念な取材を重ねた評論の執筆のほか、その業績を紹介するドキュメンタリー製作にも力を入れている。DVD特典の音声解説にも積極的に関わり、クリント・イーストウッドの主演または監督の『続・夕陽のガンマン』、『ダーティハリー』、『許されざる者』や、サミュエル・フラー監督の『最前線物語』など、豊富な取材に基づく彼のコメンタリーは、日本でも手軽に聞くことができる。

　そして、スティーブン・スピルバーグについて編まれた本書でも、そうしたシッケルの情報豊かな面が存分に発揮されている。何よりシッケル自身が誇らしげに述べているとおり、本書中に記されたスピルバーグの言葉は、すべて彼自身が直接インタビューしたものであることは特筆に値する。必ずしも初出のものばかりではないが、大多数は本書で初めて明かされる貴重な発言である。

　しかもその多くで、作品の解釈について思いもよらなかった見解が示される。たとえば『シンドラーのリスト』で、多数のユダヤ人たちを救った主人公オスカー・シンドラーと、『キャッチ・ミー・イフ・ユー・キャン』の、親に捨てられた詐欺師の主人公フランク・アバグネイル・Jrに秘かな共通性を感じるというくだりなど、思わず膝を打つ読者もおられるのではないか。また、『インディ・ジョーンズ／クリスタル・スカルの王国』の章で明かされる、スピルバーグとジョージ・ルーカスとの軋轢からほのかに見える、両者の映画作家としての資質の違いも、好奇心を刺激するに十分な内容だ。

年長のシッケルに対して、スピルバーグはきわめて誠実に対応しているといえるだろう。ユーモアを交えた話しぶりからは、スピルバーグがいきいきと話す姿が目に浮かぶようである。

　シッケルはそれら重要なスピルバーグの証言をちりばめつつ、時に断定的な持論、時に一般的な世評とともに、記述を展開する。決して語りすぎないシッケルの筆致は、なるほど既存のスピルバーグ像を鮮やかに刷新したり、ましてや打ち壊したりするものではないかもしれない。だがスピルバーグ映画にこれから出会おうとする世代にとって、スピルバーグ映画への自由な思考を促す、最良の道しるべとなっている。読者は本書を読みながら、うなずいたり疑問を感じたりしつつ、いつしかスピルバーグ作品について熟考させられ、改めて本編を見たいと思わずにいられないだろう。

　スピルバーグは、あまりにも有名であるがゆえに、かえって論じられることの少ない映画作家である。シッケルも本書で繰り返し指摘しているように、スピルバーグが扱う主題の多彩さが、かえって真剣な議論を遠ざけているということもあるだろう。だが、彼の世界にはまだまだ、発見されるのを待っている文脈がふんだんにある。『リンカーン』で描かれた奴隷解放の実現と南北戦争の終焉は、そもそもその時代背景の前提である『アミスタッド』との相互参照を促されるはずだ。そして『シンドラーのリスト』（と『インディ・ジョーンズ／最後の聖戦』）の裏側で起こっていたことが、ノルマンディ上陸作戦とその後を描く『プライベート・ライアン』の物語であることはいうまでもない。あるいは『マイノリティ・リポート』と『A. I.』は、パラレルな世界の出来事なのだ、と考えてみたらどうだろうか。スピルバーグがいかに複数の時間軸で、時代をとらえようとしているか焙り出されてくるように思う。『JAWS／ジョーズ』と『未知との遭遇』も、ほぼ同時期に同じアメリカの西と東で起こった事件ではないか（事実を隠そうとする行政側と、それを逸脱しようとする個人の戦いというテーマにおいても共通する、という仮説も成り立たないか）。

　本書を通じて、スピルバーグ作品を1つずつ見直していくと、だんだんすべての作品をつなぐ、細くて見えにくいが、しかし決して切れない線が何本も浮かび上がってくる。そうした線のいくつかを可視化しようとした試みが、訳者の1人である南波による編著『スティーブン・スピルバーグ論』（フィルムアート社、2013）だ（共訳者の大久保も論考を寄稿している）。本書がスピルバーグを作品ごとにまっすぐ掘り下げる、垂直運動（時系列）の本とするならば、拙編著は全作

品を横に貫く、水平運動(主題論)の本である。前者のx軸と後者のy軸の交点に、「映画」を考えるときに常に中心となる、スピルバーグというゼロ地点があるといえないだろうか。

実は、本書の原著が刊行されたのは、その『スティーブン・スピルバーグ論』の校正作業の真っただ中でのことだった。そのため、本書の成果をそこに反映できなかったことがかすかな心残りだった。こうして完訳の機会を得られた幸運を喜びたい。これを契機に、まだ日本で翻訳されていない海外のスピルバーグの関連書籍の刊行が続くことを願うばかりだ。

なお、翻訳の分担は以下のとおりである。

大久保が、スピルバーグの「序文」、『続・激突！／カージャック』、『未知との遭遇』、『E. T.』、『太陽の帝国』、『オールウェイズ』、『シンドラーのリスト』、『ロスト・ワールド／ジュラシック・パーク』、『アミスタッド』、『A. I.』、『キャッチ・ミー・イフ・ユー・キャン』、『ターミナル』、『宇宙戦争』、『タンタンの冒険／ユニコーン号の秘密』、『戦火の馬』を担当。

南波が、『激突！』、『JAWS／ジョーズ』、『1941』、『レイダース／失われたアーク《聖櫃》』、『インディ・ジョーンズ／魔宮の伝説』、『カラーパープル』、『インディ・ジョーンズ／最後の聖戦』、『フック』、『ジュラシック・パーク』、『プライベート・ライアン』、『マイノリティ・リポート』、『ミュンヘン』、『インディ・ジョーンズ／クリスタル・スカルの王国』、『リンカーン』、「まえがき」「さいごに」、およびカバーまわりの全テクストなどを担当している。

また、「修業時代」は、前半(17ページまで)を大久保、後半(18ページ以降)を南波が担当した。

作業にあたっては、大久保、南波がそれぞれの担当作品を訳出し、吟味を経た後に互いの原稿を交換して訳語・文体調整、疑問点の洗い出しを行うことで進めている(一部で仏訳版を参照したものもある)。どのテクストも、2名の訳者の推敲作業を経ており、まぎれもなく共訳といっていいものになっている。訳については原文を尊重しつつ、何よりも日本語としての読みやすさを心がけた。

本書は、原テクストはもとより、原書に掲載された貴重な図版を1枚たりとも削除することなく、完全収録が実現した。権利処理が複雑なスピルバーグ関連書として画期的なことだ。原書レイアウトから適宜、図版およびキャプション位置の移動を行ったが、もっぱらリーダビリティに配慮した結果である。

最後に、語学上の疑問にいつも気軽に応じてくださる茨城大学の関友作さん、軍事上の専門用語や歴史的事実に関して、厳密な訳文チェックやアドバイスをくださった西田博至さんには、心からの感謝を捧げたい。

27歳で『JAWS／ジョーズ』を放ったスピルバーグも、今や70歳を目前にしている。スピルバーグがしばしば言及するジョン・フォードなら『シャイアン』(1964)、ハワード・ホークスなら『エル・ドラド』(1966)、アルフレッド・ヒッチコックは『トパーズ』(1969)、黒澤明は『影武者』(1980)を撮った年齢だ。いずれも「代表作」は出そろっている。しかし今のスピルバーグの創作ペースでは、これからまだいくつの代表作・重要作を生み出すことか、見当もつかない。

近年、内省的な作風を深めているスピルバーグが、もう一度(もし実現したら4度目となる！)興収第1位をとる可能性は、さすがに低いかもしれない。けれどその分、より高いテーマ性を持つ作品選びをしていることから、作品世界の豊穣さがさらに増すことは間違いないはずだ。本書に記されているとおり、老齢のキャリアとしてスピルバーグが意識しているという、クリント・イーストウッドの現在が、まさしくそうであるように(70歳のイーストウッド作品は、まだ『スペース カウボーイ』〈2000〉)なのだ)。

「わたしは撮影のあいだずっとスピルバーグには感嘆していたが、完成した映画を見たとき、彼の才能への尊敬の念はいや増すばかりだった」と、『未知との遭遇』に出演したフランソワ・トリュフォーは述べたことがある。訳者たちも(そして本書の読者も)、まだしばらくのあいだは、スピルバーグの新作のたびごとに、トリュフォーが感じたであろう尊敬の念を覚えることであろう。

そんなスピルバーグの「進化」の過程で、さらに作品数が重ねられるほどに、本書はますます価値を高めるはずだ。

2015年11月
『ブリッジ・オブ・スパイ』の日本公開を前にして
大久保清朗／南波克行

● 訳者 ●

大久保 清朗（おおくぼ・きよあき）

1978年東京都生まれ。映画研究者。山形大学人文学部准教授。東京大学大学院超域文化科学専攻表象文化論博士課程満期退学。共著に蓮實重彦・山根貞男編『成瀬巳喜男の世界へ』（筑摩書房）、南波克行編『スティーブン・スピルバーグ論』（フィルムアート社）など、訳書にフランソワ・ゲリフ『不完全さの醍醐味―クロード・シャブロルとの対話』（清流出版）などがある。映像学講義の傍ら、「ユリイカ」などで幅広く執筆している。

南波 克行（なんば・かつゆき）

1966年東京都生まれ。映画評論家・批評家。慶應義塾大学法学部法律学科卒業。茨城大学教育学部教養科目の授業において年に1度、映画に関する講義も行う。著書に『宮崎駿 夢と呪いの創造力』（竹書房新書）、編著に『スティーブン・スピルバーグ論』『トム・クルーズ キャリア、人生、学ぶ力』（ともにフィルムアート社）などがある。アメリカ映画を中心に「キネマ旬報」などへも寄稿している。

スピルバーグ　その世界と人生

2015年12月17日　初版第1刷発行

著　者	リチャード・シッケル
序　文	スティーブン・スピルバーグ
訳　者	大久保清朗　南波克行
発行人	西村正徳
発行所	西村書店
	東京出版編集部
	〒102-0071 東京都千代田区富士見2-4-6
	Tel. 03-3239-7671　Fax. 03-3239-7622
	http://www.nishimurashoten.co.jp
印　刷	三報社印刷株式会社
製　本	株式会社難波製本

日本語翻訳権所有：西村書店
本書の内容を無断で複写・複製・転載すると、著作権および出版権の侵害となることがありますので、ご注意ください。

ISBN 978-4-89013-721-3